W0465042

Frieder Lauxmann

Der philosophische Himmel

Frieder Lauxmann

Der philosophische Himmel

Wer erklärt uns die Welt
am Beginn eines
neuen Jahrtausends?

NYMPHENBURGER

Für Ferdinand in der Hoffnung,
daß er im 21. Jahrhundert,
in das er hineinwachsen wird,
einiges von dem erfahren und erspüren kann,
was hier gesagt ist.

© 1999 nymphenburger in der F. A. Herbig
Verlagsbuchhandlung GmbH, München
Alle Rechte, auch der photomechanischen Vervielfältigung
und des auszugsweisen Abdrucks, vorbehalten.
Schutzumschlag: Wolfgang Heinzel
Schutzumschlagmotiv: »Die Erschaffung Adams«, Michelangelo,
Archiv für Kunst und Geschichte, Berlin
Satz: Schaber Satz- und Datentechnik, Wels
Gesetzt aus 11/13 Punkt Stempel Garamond in XPress
Druck und Binden: Graphischer Großbetrieb Pößneck
Printed in Germany
ISBN 3-485-00828-1

*Mit dem materialistischen Denken
kommen wir zwar auf den Mond,
aber nicht in den Himmel.*

Inhalt

II. Teil: *Gottesvorstellungen und Sinn der Welt*

III. Teil: *Die Suche nach Heil und Heilung*

Einleitung

Als am 20. Juli 1969 Neil Armstrong als erster Mensch den Mond betrat, bedeutete dies für viele Millionen in aller Welt einen Triumph menschlicher Größe und Überlegenheit. Was einst kühne Träume waren, wurde nun faßbare Wirklichkeit. Der Mensch hat sich nach der Erde nun auch den Himmel untertan gemacht! So dachten viele und wagten Ausblicke auf eine Welt der beherrschten Probleme. Doch die Probleme gaben nicht nach. Hunger, Not, Krankheiten, Gewalt und Flüchtlingselend gehören nach wie vor zum politischen Alltag. Ernüchterung prägt den Beginn eines neuen Jahrtausends. Wir haben Grund zur Annahme, daß diese Ernüchterung gegenüber einem nur an materiellen Erfolgen meßbaren Weltverständnis das Ende einer fünfhundert Jahre lang dauernden Epoche einleitete. Den sichtbaren und meßbaren Himmel haben wir erforscht. Aber wo blieb dabei eigentlich der andere, der raum- und zeitlose, der metaphysische Himmel, von dem die Weisen aller Zeiten und Kulturen sprachen? Haben wir zuviel im falschen Himmel gesucht?

Wenn ein neues Jahrtausend beginnt, dann fragt man sich: Ist die runde Jahreszahl in der Chronologie der Menschheit nichts als ein Zufall, oder keimt nun tatsächlich eine ganz neue Zeit auf? Nur eines ist sicher: Wenn etwas Neues beginnen soll, dann kommt es nicht über Nacht. Entwicklungen gehen ineinander über, und ihre Einschnitte lassen sich erst nach langer Zeit feststellen. Selbst der Stern von Bethlehem, mit dem unsere Zeitrechnung beginnt, war keine Silvesterrakete, sondern ein geistiges Licht, das zunächst nur wenige erkennen konnten. Die seither vergangenen zwei Jahrtausende lassen sich ganz grob in vier Abschnitte aufteilen, die jeweils ein halbes Jahrtausend gedauert haben:

1. Gipfel, Abstieg und Ende der römischen antiken Kultur (0–500 n. Chr.)
2. Beginn und Ausbreitung des Islam (500–1000 n. Chr.)
3. Aufstieg und Höhepunkt der christlich-abendländischen Kultur (1000–1500 n. Chr.)
4. Naturwissenschaftlich-technisches Zeitalter (1500–2000 n. Chr.)

Und was folgt jetzt? Änderungen kündigen sich in den Köpfen an. Ohne den Traum von einer Neuen Welt wäre Amerika nie entdeckt worden, und ohne den vom Flug zu den Sternen wären Menschen nie in den Weltraum gelangt. Wovon träumen wir heute? Träumen wir denn immer noch davon, mit unserem technisch-rationalen Denken weiteren Wohlstand auf Kosten anderer Völker schaffen zu müssen? Träumen wir davon, mit den seit der Renaissance bis zur Perfektion entwickelten Denkmustern die Fragen beantworten zu können, die uns am Beginn eines neuen Jahrtausends gestellt werden? Auch wer nüchtern denkt, kann diese Fragen heute nicht mehr bejahen. Wir können beobachten, wie in unserer Zeit wieder der Traum von einer geistigen Welt entsteht, einer Welt, die ein Denken ermöglicht, das auch anderes bewertet als nur den materiellen Erfolg. Es kommt jetzt darauf an, uns geistig auf das in den wachen Köpfen entstehende Neue einzustellen. Erstaunliches haben wir in der Welt zustandegebracht, aber noch immer bleibt die unerfüllte Verheißung eines Friedens auf Erden und eines menschlichen Wohlergehens, die der ganzen Welt und nicht nur einigen Ländern gegolten hat. Wenn diese vor zweitausend Jahren vom Evangelisten Lukas niedergeschriebene Verheißung ernstgenommen wird, dann bedeutet sie, daß sie nur zu erlangen ist, soweit die Menschen bereit sind, den göttlichen Sinn der Welt zu erspüren, das heißt, den Kosmos als gewollte Ordnung und nicht als ein vor sich hinvegetierendes Chaos zu erleben.

Wir müssen uns fragen, ob wir nicht über geistige Traditionen verfügen, die uns dabei helfen, Wege über die Grenzen hinweg zu finden, die unser Denken zunehmend einzuengen drohen. Solche Denkgrenzen und ihre Überwindung sind Thema dieses Buches. In den hier vorgelegten Texten wird der Versuch gemacht, den immateriellen, geistigen Himmel auf neue und unkonventionelle Weise wieder als etwas vorzustellen, was der Suche lohnt und worüber man sehr wohl sprechen kann, auch wenn man sich bewußt sein muß, daß dieses Sprechen sich nie auf ein logisches, objektiv nachvollziehbares System beziehen kann. Eine neu entstehende Aufbruchstimmung kann dazu beitragen, nach einer anderen als der zur Zeit noch vorherrschenden Welterklärung zu suchen. Das Neue entsteht jedoch nicht aus dem Nichts, es baut auf dem Alten auf, es muß menschheitsalte Erfahrungen aus allen Kulturen mit einbeziehen. Wir brauchen andererseits deshalb noch lange nicht weitere technische Fortschritte zu verwerfen, wir benötigen sie schließlich nach wie vor, es kommt jedoch darauf an, sie mehr als bisher in eine Welt aus Erde *und* Himmel einzuordnen.

I. Teil

Spurensuche in Richtung Jenseits

Die Vernunft und das mit Sinnen Wahrnehmbare scheinen unser Denken zu umgrenzen. Jenseits dieser Grenzen wohne kein Sinn, der die Suche lohne, wird immer wieder gesagt. Und doch brach der Mensch schon immer aus diesem Denkgefängnis aus und suchte seinen geistigen Halt aus Geschichten über geistige Mächte zu gewinnen, die alles beherrschten. Viele verspürten diesen Geist unmittelbar in sich. Der Streit über die Denkgrenzen ist nicht ausgestanden. Grenzwächter mahnen immer wieder das Bekenntnis zum Diesseits an.

Die Suche nach dem Vorzeigbaren

Religionsphilosophie zwischen Vernunft und Herz

Wie man durch einen Brief über eine Grenze hinweggetragen werden kann, soll hier gezeigt werden. Doch zunächst geht es um die Frage: Welche Grenzen sollen da überwunden werden? Wer die Welt des Sagbaren und objektiv Beschreibbaren verlassen will, der stößt auf Grenzen, die Normaldenker nicht überschreiten können und wollen. Einige solcher Grenzen und Grenzübergänge sollen in den folgenden Texten beschrieben werden. Wer diese Grenzen überwinden kann, wo landet der? Im Niemandsland, im Sinnlosen, in einem Abgrund, in einer geistigen Wildnis, bei neuer Weisheit und Erkenntnis, im Land der Befreiung und Erlösung? Hier tut sich ein altes Rätsel des menschlichen Denkens und Strebens auf; es ist unlösbar, und dies ist der Grund dafür, daß die »modern« Denkenden zu allen Zeiten vom Altertum bis in die Gegenwart vor Grenzübertritten warnen. »Begnügt euch mit der feststellbaren Welt!« raten sie, denn es ist unnütz, etwas wissen zu wollen, was wir doch nie richtig wissen können! Soll man sich an diesen Rat halten, oder ist es besser, den Weisen zu folgen, die sich noch nie mit den Denkbahnen der Alltagsmenschen begnügten?

Unsere Zeit erlebt etwas, was es in der Geschichte der Menschheit noch nie gegeben hat: das Gefühl der Allverfügbarkeit der Information, die Vorstellung: Was wir nicht wissen, könnten wir wissen! Auch wer die Allzugänglichkeit für sich selbst nicht nutzt, weiß doch: Über die Fernbedienung oder per Mausklick entsteht die Welt auf dem Bildschirm und verrät uns ihre Geheimnisse. Für immer mehr Menschen liegt eine wichtige Zukunftsaufgabe darin, das weltumfassende Informationssystem auszubauen und für den Fortschritt zu nutzen. Dem soll hier nicht von vornherein widersprochen werden. Eine Einschränkung muß jedoch gemacht werden: So wichtig diese Entwicklung in mancher Beziehung auch sein mag, mit unseren eigentlich menschlichen Problemen, mit unserem Denken und mit unserem Erleben und Überleben als *Menschen* hat dies alles wenig zu tun. Es gibt nämlich eine Allverbundenheit in der Welt, die älter und umfassender ist als die durch Datennetze herzustellende. Nur wird sie immer schwerer erkennbar, weil wir dabei sind, unsere Denkstruktur den von uns geschaffenen Systemen anzupassen. Der Himmel ist kein Bildschirm. Solange wir am Netz sind, ist er ausgeblendet.

Wer über »Jenseitiges« nachdenkt, der begeht einen schmalen Grat. Man weiß einerseits, es gibt hier eigentlich nichts, was man andern so bewußt und sicher vorzeigen könnte wie eine Statistik, sein neues Auto oder die Urlaubsfotos vom letzten Sommer. Andererseits muß es da doch etwas aus einer anderen Ebene geben, denn sonst wären die Menschen nie – auch früher nicht – auf die Idee gekommen, sich über solche Fragen aus dem Jenseits des Feststellbaren überhaupt Gedanken zu machen. Das ist das Problem der Religionsphilosophie: Sie muß unsere Vernunft bemühen und dennoch bedenken, daß gerade sie – die Vernunft – uns die Antworten vorenthalten kann, auf die es ankäme. Es ist ein Problem, das schon Blaise Pascal umtrieb, der sich um den Ausgleich zwischen Mathematik und Mystik bemühte. Deshalb ist auch der Begriff »Religionsphilosophie« problematisch. Normdenker könnten sagen: Man betreibt entweder Philosophie oder Religion, beides zusammen paßt nicht auf einen gemeinsamen Nenner. Falls es eine solche »Norm« gäbe, wäre dieses Buch eine Normverletzung, es wäre jedoch im Einklang mit den vielen Denkern, die sich auch einst nicht an sie hielten. Wahr ist: Mit Religionsphilosophie gelangt man nie zu richtigen oder eindeutigen Ergebnissen. Das ist auch der Grund, warum nicht nur sie, sondern zunächst einmal alles Religiöse zunehmend aus dem Alltag verbannt wird. Religion ist dabei, für viele Menschen peinlich zu werden. Wenn das aber so ist, so könnte dies ein Zeichen dafür sein, daß entweder mit ihr oder mit uns etwas nicht mehr stimmt.

Viele der zeitgenössischen Wissenschaftler und Denker haben mit Religion kaum noch etwas im Sinn, weil sie nicht in ihr vernunftgeprüftes Denksystem paßt. Wer seine Denkgrenzen eindeutig definieren und erkennen will, wird an ihnen abgewiesen. Wer sich an seinen Denkgesetzen festklammert, bleibt ihr Gefangener. Freizügigkeit in der Denkwelt setzt Großzügigkeit gegenüber der Logik voraus. Wer nicht bereit ist, auch manchmal auf Gelerntes und Eingefleischtes zu verzichten, trägt zu schweres Gepäck auf seiner Reise. Grenzüberschreitungen können manchmal unangenehm sein, es kann zu Auseinandersetzungen mit Grenzhütern kommen, man kann sich an Stacheldrähten verletzen. Vielleicht wird sogar mit Vernunftkanonen geschossen. Man kann jedoch mitunter auch hinüber getragen werden. Davon möchte ich etwas erzählen.

Trotz Taufe, Konfirmation und Religionsunterricht in der Schule, gab es Zeiten, in denen mir religiöse Fragen nicht viel bedeuteten. Ich sah ja, wie vieles in der Bibel den historischen Forschungen nur zum Teil standgehalten hatte. Wenn z.B. Jesus in Wirklichkeit nicht der war, den die Evangelisten schildern, woran sollte man dann noch glauben? Ich sah, mit welcher Menschenverachtung im Alten Testament die jeweiligen Gegner im Namen Jahwes verachtet und niedergemetzelt wurden, und welche Folgen dieses Vorbild auf die Menschheitsgeschichte bis in unser

Jahrhundert hatte. In dieser skeptischen Zeit lebte ich mit meiner Frau Helga und unseren noch kleinen Töchtern Ulrike und Katrin in Friedrichshafen am Bodensee. Da flatterte uns ein Brief ins Haus: Der Chor der Schloßkirche suchte dringend noch einige, die bereit waren, bei einer Aufführung der Johannespassion von Johann Sebastian Bach mitzusingen. Obwohl ich, im Gegensatz zu Helga, noch nie in einem Chor mitgesungen hatte, folgten wir beide der Einladung zu dem Singabend; immerhin kannte ich mich in der Musik vom Klavierspiel her einigermaßen aus. Der Dirigent sagte fast nichts zur Begrüßung, sondern ließ einfach einen Choral aus der Johannespassion singen, dazu noch einen mit einem Text, den ich nicht gerade für ein dichterisches Meisterwerk hielt: »In meines Herzens Grunde, dein Nam' und Kreuz allein funkelt allzeit und Stunde, drauf kann ich fröhlich sein …«

Als wir das sangen, spürte ich, wie mich plötzlich eine ganz andere Welt umfaßte. Und dann in den folgenden Wochen, als wir uns Bachs Werk immer mehr näherten, erlebte ich, wie da eine geistige Ebene um uns herum entstand, auf der Fragen nach Herkunft und historischer Realität der gesungenen Texte immer mehr verschwanden. Das Passionsgeschehen verließ seinen historischen Rahmen und wurde plötzlich aktuelle Wirklichkeit. Wir waren auf eine unbeschreibliche Weise selbst beteiligt.

Was hat dieses Erlebnis mit Philosophie zu tun? Wenn man sie mehr oder weniger auf Erkenntnis- und Wissenschaftstheorie beschränken will, wie es manche tun, dann gibt es nur eine Antwort: nicht allzuviel. Für mich ist Philosophie nach alter Tradition jedoch mehr. Sie umfaßt auch die Bereiche, die sich der Vernunftkritik entziehen. Sie überbrückt die Grenzbereiche zwischen dem »Hier« und dem »Jenseits«. Sie läßt sich nicht auf Systeme und Kategorien festlegen. Sie ist höher und weiter-

greifend als logische und erkenntnistheoretische Gebiete, die einer materialistisch verstandenen Philosophie noch geblieben sind.
Philosophie und speziell die im wahrsten Sinne des Wortes fragwürdige Religionsphilosophie werden heute in unserer scheinbar bis zum Rand aufgeklärten Zeit zu einem höchst aktuellen und interessanten Gebiet des Lebens und Nachdenkens. Es geht nicht um praktikable Himmelfahrtsrezepte und Heilsversprechungen, immerhin aber doch um Wege zu einem Frieden und Heil im weitesten und allgemeinsten Sinne. Wir können uns nicht ausklammern aus dem, was die Menschen seit ihren Uranfängen bewegte und erregte, was sie überhaupt erst zu Menschen machte. Wenn wir uns vor den Fragen nach dem Jenseits (was immer das auch sein könnte) verschließen, verzichten wir auf einen ganz wesentlichen Teil unseres Menschseins und unserer Achtung vor Weisheit. Wer sich in dieser Richtung öffnet, muß wissen, daß hier seine Persönlichkeit gefragt ist und nicht sein Faktenwissen. Selbst eine geniale Folge von Mausklicks auf dem PC schafft da keinen Durchblick. Religionsphilosophie, so wie sie hier verstanden werden soll, verbindet das Lernbare mit dem Erfahrbaren. Sie bildet eine Brücke von der Philosophie zur Religion. Doch die Brücken könnten noch weitergehen: Es geht um die Verbindung *aller* Wissenschaften miteinander. Sie könnten wieder lernen, eine gemeinsame Sprache zu sprechen.
Als vor einigen Jahren mein Buch »Der philosophische Garten« erschien, schrieb der Rezensent einer angesehenen Tageszeitung mit gerunzelter Stirn und erhobenem Zeigefinger, der Lauxmann betone immer wieder seine *eigene* Meinung. Damit hatte er natürlich recht. Er war anscheinend nicht gewohnt, daß da einer Philosophie mit eigenen Erfahrungen und Erlebnissen in Verbindung brachte, wie es auch jetzt gerade wieder in diesen Zeilen

geschieht. Das Mißverständnis besteht nur darin, daß andere das indirekt genauso tun wie ich, nur wagen sie es nicht, sich dazu zu bekennen. Sie versuchen, sich hinter Objektivem, anderswo Nachlesbarem zu verbergen. Vielleicht bilden sie sich sogar ein, ganz neutral und objektiv zu sein. Viele Forscher halten sich anscheinend für einen Teil des Observatoriums und bemerken gar nicht, daß es nicht das Observatorium ist, sondern der Astronom, der etwas am Himmel entdeckt. Es gibt in der Wissenschaft keine größere Heuchelei als die, so zu tun, als könne man wirklich objektiv sein. Wer die Weisheit liebt, wie es der Philosoph schon wegen seiner Berufsbezeichnung tun muß, sollte als erstes einsehen, daß jeder mit seiner privaten Denkbiographie herumläuft und nur das erkennen kann, was in sein eigenes Gemüt paßt. Auch ich kann und will nicht verbergen, daß ich von christlichen Vorstellungen mitgeprägt bin. Wer in seinem Erkennen und Forschen mehr hinterlassen möchte als mit Blabla umgebene Textzusammenstellungen, Strichlisten und Zahlenkolonnen, wer nicht auf einem selbstproduzierten Datenfriedhof bestattet werden will, muß sich zu seinem Ich bekennen und zugeben, daß sein Weg nicht eine von allen befahrene und befahrbare Schnellverkehrsstraße sein kann.

Wenn ich mich hier mit Fragen der Transzendenz befasse, so weiß ich, daß es mir nicht gelingen kann, rüttelfeste Wahrheiten aufzutischen; ich tue dies aber auch nicht im Sinne oder gar im Interesse einer bestimmten Denk- oder Glaubensrichtung, ich bekenne mich nur zu dem, was ich selbst empfinden und beobachten kann, und weiß, wie sehr es mit dem, was andere gesagt, gedacht und geschrieben haben, übereinstimmen muß. Schließlich stammen wir Menschen alle aus der gleichen Werkstatt.

Wer über solche Themen schreibt, läuft immer Gefahr von zwei Seiten aus angegriffen zu werden: Die Atheisten können ihn für einen Frömmler und die Frömmler für einen Atheisten halten. Wer Anhänger irgendeiner hundertprozentigen Wahrheit ist, wird alle, die diese nicht in reiner Form bekennen, im Lager der Gegner vermuten. Wer von einem Autor nur das dulden will, was er selbst zuvor schon dachte und sich einbildete, gewußt zu haben, der bräuchte eigentlich kein Buch mehr zu lesen. Sei's drum! Meine Weisheit besteht darin, daß sich Weisheit nicht festlegen, sondern immer wieder nur neu erfahren läßt.

Unser Denken gerät in zunehmende Abhängigkeit von belegbaren Fakten. Geistige Prozesse spielen sich jedoch nicht *in*, sondern *über* und *zwischen* den Fakten ab. Sie sind daher meist nicht dokumentierbar. Da wir nicht erklären können, wie der Geist (was das auch immer sei) auf die Materie einwirkt, versucht man im Leben, ohne ihn auszukommen. Das war nicht immer so. Es geht also darum zu erkennen, wie und wo wir auf den Geist (ob er nun heilig ist oder nicht) angewiesen sind, um die Welt wieder besser und vielleicht auch in mancher Hinsicht neu zu verstehen. Dabei kann sich zeigen, daß manches, was uns heute ungewohnt und neu erscheint, im Grunde so alt ist wie das menschliche Denken. Die Grenzen, hinter denen der Geist sich verbirgt, lassen sich aufsuchen und vielleicht auch gelegentlich überwinden. Wagen wir Ausbrüche aus der Datenwelt!

Die Abtei ohne Mysterium

Über den Versuch,
Gott durch Maschinen zu ersetzen

Es muß wohl 1983 gewesen sein, als ich mich durch die über sechshundert Seiten des damaligen Superbestsellers »Der Name der Rose« des italienischen Sprachwissenschaftlers Umberto Eco mühte. Trotz des faszinierend und äußerst umfangreich dargestellten Klosterlebens und Klosterdenkens im vierzehnten Jahrhundert und der an manchen Stellen schaurig und düster spannenden Handlung, ließ mich das Buch im Gegensatz zu vielen anderen Lesern merkwürdig kalt. Was mich an seinem Buch überraschte, war die Darstellung einer nur vordergründig auf das Jenseits hin errichteten Geisteswelt, es fehlte den Romanhelden die spirituelle Dimension. Die Abgründe des Klosters führten nicht in die Hölle, sondern nur in ein dunkles Verlies; die Treppen in ein verborgenes Turmstübchen, aber nicht in den Himmel. In der Klostermauer gab es geheime Pforten, sie öffneten sich jedoch nicht in eine andere, transzendente Welt, sondern nur in die eines Intellektuellen im späten zwanzigsten Jahrhundert. Es zeigten sich vielerlei Geheimnisse in der verruchten Abtei, das Mysterium selbst blieb außen vor.

Eco schrieb später einmal (1996), er habe in seinem zweiundzwanzigsten Jahr mit dem Katholizismus gebrochen. Zu bemerken ist dabei, daß in Italien die Worte Katholizismus und Christentum in der Umgangssprache oft die gleiche Bedeutung haben. Eco bekennt: »Die agnostische Perspektive ist für mich kein passiv aufgenommenes Erbe, sondern das leidvoll erkämpfte Ergebnis einer langen und langsamen inneren Wandlung.«[1] Dieses Glaubensschicksal, wenn man das so nennen kann, ist kein individueller

Sonderfall, sondern ein Beispiel für das Denken eines modernen Wissenschaftlers. Über fünfhundert Jahre Denkevolution seit der Renaissance haben in den wachen Gehirnen die Anlage geschaffen, sich zunehmend auf das materiell Nachvollziehbare, auf das Funktionierende zu beschränken. Die etwas kleineren Köpfe werden, soweit sie sich nicht krampfhaft an überkommenen Dogmen festklammern wollen, von diesem Sog der Welt automatisch miterfaßt. Es scheint etwas in der Struktur des wissenschaftlichen Denkens zu sein, das sich dem Religiösen oft mit Gewalt entgegenstellt. Mancher, der so aus seinem Glauben herausgezogen wird, kann sich an ihm nicht mehr orientieren, selbst wenn er wollte. Es bleiben dann vielleicht noch das Bekenntnis zur Humanität, einige gängige Moralbegriffe und im besten Falle das Gefühl einer Verantwortlichkeit für die Welt; es entschwindet jedoch die transzendente Verwurzelung der Ethik. Sie wird zum diesseitigen, intellektuell erforschbaren, vielleicht sogar, wie manche schon leichtfertig hofften, zum jederzeit speicher-, abruf- und anwendbaren Programm.
Der Philosoph Peter Sloterdijk beschrieb diesen Sog einmal mit Sätzen wie diesem: »Wir können heute nicht anders, als uns näher bei der Maschine als bei Gott zu befinden. Wir müssen die Maschine hoch ansetzen, sonst landen wir in Depressionen oder sektiererischen Rettungsversuchen. Wir müssen eine neue Art der Wiederbeseelung versuchen und nicht retten wollen, was keine Rettung braucht. Wir müssen unsere Seele reformulieren.« Damit ist deutlich ein Trend beschrieben, der unaufhaltsam fortzuschreiten scheint. Gegen ihn wirken und lohnen keine traditionalistischen Kampfeinsätze. So weit, so gut. Doch die Frage bleibt, ob sich die Seele eine solche »Reformulierung« so einfach gefallen läßt. Sloterdijk sieht in diesem Zusammenhang eine »funktionalistische Revolution«. Wer sie bekämpft, der lande in »aggressiver Resignation«.[2]

Wie man solche Gedanken auch verstehen mag, – vielleicht als uneingestandene eigene »aggressive Resignation« –, sie münden alle in den gleichen Kanal: Unsere Zeit scheint dazu verurteilt, ohne Gott leben zu müssen, ob es uns recht ist oder nicht. Gott scheint sich der handelsüblich gewordenen Denkstruktur zu verweigern. Es wäre nun voreilig, daraus ein Muß oder sogar einen Dauerzustand für die Zukunft zu folgern, weil das, was wir für unsere Zeit halten, immer nur vorübergehend ist. Es ist sicher richtig, daß wir eine »funktionalistische Revolution« erleben, es fragt sich nur, was nach dieser Revolution geschehen soll, wenn sich gezeigt haben wird, daß sich Gott weder durch Knopfdruck noch durch eine Denkguillotine beseitigen läßt. Das Jenseitige läßt sich nicht ins Jenseits befördern. Es ist mit dem Diesseits unlösbar verbunden.

Weil sich seelische Kräfte eines nicht zu fernen Tages gegen die kampflose Übernahme und »Reformulierung« durch den Maschinenkult sträuben können, darf es derzeit also gerade nicht darum gehen, einfach zu resignieren oder sich in ein technisch motiviertes Mitläufertum zu retten, sondern die wachen Köpfe, und seien sie vorübergehend nur eine kleine Minderheit, müssen Antworten bereithalten. Sie werden gefragt werden, wo die Menschen eine geistige Zuflucht finden können, wenn sie angewidert oder alleingelassen vom trügerischen Glauben an eine vollverdatete Medienwelt heimatlos umherirren. Die anpassungswilligen Massen und die umworbenen Objekte traumhafter Einschaltquoten, mit denen man jede Art von Geschäften machen kann, sind nicht die ganze Menschheit. Auf lange Sicht kam es schon immer auf die qualifizierten Neinsager an, und nicht auf die Einpeitscher, die »herrliche Zeiten« verkündeten, egal, ob sie in der Funktion des Kaisers, Dikatators, Politikers, Professors, Geschäftsmanns oder Rattenfängers auftraten.

Das Problem bleibt, daß kaum einer weiß, wer die echten und wer die falschen Propheten in den Reihen der Jasager und der Neinsager sind.
Am Beginn einer Zeit, die dazu verurteilt ist, ein halbes Jahrtausend Denkentwicklung hinter sich zu lassen, stellt sich die Frage: Warum wird sich etwas ändern, und wohin führt uns der Geist? Dabei muß vor einem Mißverständnis gewarnt werden; es geht nicht um einen billigen Traditionalismus oder gar um den romantischen Ruf: Zurück ins Mittelalter! Eine Entwicklung kann immer nur nach vorn gerichtet sein. Wenn sie altes Material aufarbeitet, dann nur, um daraus etwas Neues zu formen. Das von vielen bewußt oder unbewußt propagierte Denken, das einseitig am Funktionieren der Wirtschaft und der Maschinen ausgerichtet ist, wird allerdings keine lange Zukunft mehr haben. Es verdeckt uns die Sicht auf all das, was nicht in unserem (maschinenfreudigen) Sinne funktioniert. Wir erliegen der Faszination des Anwendbaren und verdrängen alles, was sich dem entzieht. Natürlich kann und soll auch die Maschinenwelt nicht verdrängt werden, es geht schon gar nicht darum, sie zu bekämpfen, sondern darum, ihr endlich den angemessenen, den dienenden Platz in unseren Köpfen zuzuweisen. Ihre Rolle zu definieren und endlich zu relativieren, das ist vermutlich schwerer, als nur gegen sie zu polemisieren, wie es gelegentlich geschieht.
Wenn wir die Zukunft nur dort suchen, wo unsere selbstgebauten Scheinwerfer hinstrahlen, dann bleibt der Teil der Welt unentdeckt, der im Schatten liegt. Weil die Aufklärung das Unaufklärbare vernachlässigen mußte, neigen wir dazu, den nicht bestrahlbaren Teil der Welt zu verkennen. Das wird sie sich nicht gefallen lassen. Wir erleben scheinbar nur das, was sich vor unseren Augen verändert. Geist kann man nicht unmittelbar hören und sehen, man kann ihn nicht registrieren und nicht verdaten. Für

Ludwig Feuerbach galt kurz und bündig: »Öffnungen des Kopfes sind nur die Sinne.«[3] Das materialistische Credo Feuerbachs und seiner geistigen Nachfolger, das außer nachvollziehbaren Sinnesdaten nichts gelten läßt, hat sich überlebt, denn zunehmend beginnen Menschen wieder, sich von ihm zu distanzieren. Für sie gibt es auch ein Hören und Sehen, das uns in der dunklen Stille nicht vergeht, so wie es Menschen seit Urzeiten immer wieder, wenn auch manchmal stammelnd, geschildert hatten. Sie redeten von innerem Licht, von sichtbaren Klängen, von Ohren, mit denen sie etwas aus einer Welt jenseits der Schallwellen vernahmen, von undefinierbaren Wahrheiten. Bilder, Klänge und Kräfte, die sich nicht reproduzieren ließen, waren in den Menschen allgegenwärtig, solange sie das Problem der technischen Reproduzierbarkeit noch nicht kannten. Nachdem wir jetzt aber diese Techniken zu beherrschen vermeinen, fangen sie an, uns zu beherrschen. Dies ist ein Grund dafür, warum immer mehr Menschen damit beginnen, den definierbaren und verkündbaren Fortschritten zu mißtrauen, und sich dafür interessieren, wie man verpaßte Freiheiten zurückgewinnen, wie man in die Stille hineinhören kann. Sie suchen entlang den fast verwehten Spuren alter Traditionen nach dem qualifizierten Abschalten und dem befreienden Neinsagen in einer akustisch übersteuerten Geräuschwelt.

Es geht aber nicht nur um eine neue Bereitschaft, das Unhörbare zu hören, sondern auch um die Erhaltung oder Reaktivierung unserer sprachlichen Ausdrucksmöglichkeiten. Denn wenn wir als menschliche Gesellschaft überleben wollen, müssen wir aufpassen, daß uns nicht die Programme abhanden kommen, ohne die das Zusammenleben nicht gelingen kann. Jürgen Habermas schrieb einmal: »So glaube ich nicht, daß wir Europäer Begriffe wie Moralität und Sittlichkeit, Person und Individualität, Freiheit und Emanzipation (...) ernstlich verstehen können, ohne uns die Substanz des heilsgeschichtlichen Denkens jüdisch-christlicher Herkunft anzueignen.« Ohne die Vermittlung dieser Werte durch eine der großen Weltreligionen »könnte uns eines Tages dieses semantische Potential unzugänglich werden.«[4] Mit anderen Worten: Wenn wir auf die Vermittlung unserer ethischen Werte durch Religion verzichten, dann drohen Begriffe, an denen wir unser Leben orientieren können, eines Tages inhaltsleer und sinnlos zu werden. Wir stünden dann dem, was unsere Kultur und Gesellschaft trägt und prägt, sprachlos gegenüber. Und ohne Sprache sind wir machtlos. Wer ethische Werte erhalten will, muß auch die Welt erhalten, aus der sie begrifflich stammen und ohne die sie nicht existieren können.

Wenn Habermas im Gegensatz zu vielen seiner Kollegen die Koexistenz von Philosophie und Religion für möglich und notwendig hält[5], so geht er mit diesem Bekenntnis anscheinend davon aus, hier würden verschiedene Vorstellungswelten *nebeneinander* existieren. Aber gibt es denn die überhaupt? Kann man einem Menschen heute noch vermitteln, er solle abwechselnd entweder religiös *oder* philosophisch nachdenken und er werde je nachdem zu verschiedenen Ergebnissen gelangen? Natürlich gibt es verschiedene Denkbereiche, ein Gebet ist schließlich keine Internet-Message, und doch wäre es verfehlt, zwischen den verschiedenen Bereichen eine definierbare und unüberwindliche Grenze anzunehmen. Es müßte statt dessen nicht um die mehr oder weniger friedliche Koexistenz von Philosophie und Religion gehen, sondern um Übergänge und Zugänge in einer *einheitlichen* Welt aus Materie und Geist, aus Sagbarem und Unsagbarem, aus Funktionierendem und Unausdeutbarem, aus Philosophischem und Religiösem. Wo sich Gott aus der Philosophie vertreiben läßt, sucht man entweder in der falschen Philosophie oder nach dem falschen Gott. Ein gemeinsames

Denkfundament, auf dem *alle* Wissenschaften miteinander kooperieren und nicht nur koexistieren, war bis zur Renaissance selbstverständlich, es herrschte auch in Umberto Ecos verruchter Abtei. Diese alte Einheit ist längst verlorengegangen, sie ist nicht rekonstruierbar. Jetzt käme es darauf an, nach einem neuen Fundament einer solchen Einheit zu suchen.
Die Zeit ist reif, Denkgräben zu überbrücken und Denkgrenzen durchlässiger zu machen. Dies wird keine leichte Aufgabe sein, aber sie ist zu bewältigen. So könnte beispielsweise ein Professor für Semiotik, der sich gedanklich in ein mittelalterliches Kloster begibt und das Denken der Mönche minutiös beschreibt, eines Tages feststellen, daß er selbst einer verruchten und dann abgebrannten Abtei mit den Mitteln einer nur »weltlichen Religiosität«, zu der er sich bekennt[6], nicht völlig gerecht werden kann. Die Hintergründe der unsichtbaren Mauern können heute ohne Denkvorbehalte neu erforscht werden. Aber wie kam es denn zu dieser künstlichen Abgrenzung der Weltbereiche?

1 Eco-Martini, S. 82
2 Karlsruher Vorlesung am 17. 10. 1996
3 Anthropologischer Materialismus I, S. 154
4 Nachmetaphysisches Denken, S. 23
5 a. a. O., S. 60
6 Eco-Martini, S. 83

Grenzwächter Kant

Warum die Grenze zum Jenseits geschlossen sein soll

Überall umgeben uns geistige Stacheldrähte. Einen der Großmeister im Errichten von Denkgrenzen wollen wir zunächst betrachten. Es ist der geniale Immanuel Kant, nach dem Zeugnis von Kennern der größte deutsche Philosoph und einer der größten in der Geschichte des Denkens. Die Denkgrundlage, die Kant nüchtern und trotz aller Verknöchertheit seines Stils doch glasklar ausgebreitet hat, ist in das Denken auch derer eingedrungen, die den Schriften des großen Meisters nie begegnet sind oder die ihn mißverstehen. Kant wirkt, so paradox das gerade im Zusammenhang mit ihm klingen mag, wie ein Mythos, der auch die erfaßt, die nichts von ihm wissen wollen. Es geht um den Stellenwert der Vernunft beim Erkennen der Welt.
Schon 1766, rund fünfzehn Jahre vor dem Erscheinen seiner »Kritik der reinen Vernunft« machte Kant sich in seiner Schrift »Träume eines Geistersehers« nicht nur über den schwedischen Arzt und okkult-mystischen Naturphilosophen Emanuel Swedenborg (1688–1772) lustig, sondern erfaßte in einem kräftigen Rundumschlag alle, die von Erscheinungen redeten, die grundsätzlich nicht beweisbar sind. Menschen, die von Geist (Kant: »Ich weiß nicht einmal, was das Wort Geist bedeute«[1]), Seele, Leben und *Erfahrungen* im äußerlichen Leben redeten, will Kant aus der Schar der ernst zu nehmenden Menschen verbannt wissen. Alles, was wir heute als geistig, geistlich, spirituell, esoterisch etc. bezeichnen würden, stammt für Kant aus dem »Schattenreich, dem Paradies der Phantasten«. Von dort kommen »hypochondrische Dünste, Ammenmärchen und Klosterwunder«.[2] Der vernünftige

Mensch habe dort, wo jeder Träumer sein privates Geisterreich baue, nichts zu suchen, und er werde dort auch nichts finden. Wenn man endlich nicht mehr auf die Träumer höre, werden die Philosophen »zu der selbigen Zeit eine gemeinschaftliche Welt bewohnen«.[3] Kants erhoffte gemeinschaftliche Denkwelt klammert deren eigene Grundlagen aus; er sagt es selbst: »Das Principium des Lebens aber, d.i. die geistige Natur, welche man nicht kennt, sondern vermutet, könne niemals positiv gedacht werden, weil keine *data* hierzu in unseren gesamten Empfindungen anzutreffen seien.«[4]

Da haben wir schon das Schlüsselwort: die Daten. Dazu gibt es den modernen Merkvers: »Hat man die Daten, muß man nicht raten.« Was sich nicht datenmäßig erfassen läßt, stammt also aus dem unentzifferbaren Menscheninneren. Bezieht es sich auf die Außenwelt, dann steht es im Verdacht, ein Produkt der Phantasie, nicht existent oder zumindest unbeachtlich zu sein. Das Wort »irrational«, in der Bedeutung von »nicht berechenbar und mit der Vernunft nicht ausdeutbar«, hat sich den Rang eines modernen Ersatzschimpfworts erworben, das immer dann geäußert wird, wenn man nicht so unhöflich sein will, das, was man nicht eindeutig nachvollziehen kann, gleich als Spinnerei zu bezeichnen. Das nicht Verdatbare und das Irrationale stammen nicht aus unserer herrlichen Welt der Vordergründe. So wird gerne unterschieden zwischen denen, die hinter dem Mond leben und denen, die ihn (direkt oder indirekt) beflogen haben. Der Himmel im geistigen Jenseits von Sonne, Mond und Sternen liefert uns keine »data«. Was soll der Mensch vom datenlosen Himmel heute noch erwarten? Kant hatte immerhin noch seine Transzendenz in sich selbst verspürt; aber wenn man bei vielen Menschen dort nachbohrt, erscheint mitunter alles mögliche an Gerümpel nur kein »kategorischer Imperativ«, geschweige denn das »moralische Gesetz«. Deshalb soll es hier nochmals gesagt sein: Der Ausbruch aus der seit Kant dominierenden Datenwelt führt zu Erkenntnissen, die ihm nicht ins Denksystem paßten. Was folgte für Kant daraus?

In seiner Schrift »Die Religion innerhalb der Grenzen der bloßen Vernunft« (1793) verurteilt Kant kultische Handlungen im Gottesdienst, aber auch das Gebet als Wahn, Götzendienst, Aberglaube, Schwärmerei und Zauberei.[5] Solche versuchten Gnadenmittel liegen für ihn *außerhalb* der durch die reine Vernunft gezogenen Grenzen. Was *innerhalb* dieser Grenzen von der Religion noch übrigbleibt, sind reine Vernunfterwägungen, Moralvorstellungen und das hehre Pflichtgefühl, mehr nicht. Es bleiben also nur Vorstellungen, die nicht aus der Außenwelt stammen. Wer über Gott, Zeit, Ewigkeit redet, muß – nach Kant – wissen, daß es darüber keinerlei empirische Erfahrungen geben kann. »Man sieht also hieraus wohl, daß transzendentale Fragen nur transzendentale Antworten, d.i. aus lauter Begriffen a priori ohne die mindeste empirische Beimischung erlauben.«[6] Kants »empirische Beimischung«, das eben wäre das, was sich in der Außenwelt abspielen könnte. Weil sich aber nach seiner Ansicht dort vom Jenseits nichts zeigt, muß es außer Betracht bleiben. Kant trennte seine beiden Denkbereiche also zunächst rein säuberlich: »Der bestirnte Himmel über mir und das moralische Gesetz in mir.«[7] Man könnte statt dessen sagen: die äußere Welt der Erfahrungen (Sterne) und die innere Welt der erfahrungsunabhängigen Vernunft (moralisches Gesetz).

Aber kaum war Kant ein paar Jahre tot, versuchten schon einige Widersacher an seinem Denkerthron zu sägen, um an die Macht der Vordenker zu kommen. Sie interessierten sich für die säuberliche Trennung zwischen Vernunft und Erfahrung nicht. Statt dessen redeten sie großzügig von Gott, als einem Etwas, mit dem man seine Erfahrungen machen könne. Kant hätte die Hände über dem Kopf zusammengeschlagen, wenn er den Skandal des Jahres 1843 noch miterlebt hätte. Doch statt Kant, entrüsteten sich seine geistigen Nachfolger.

[1] Träume eines Geistersehers, S. 320
[2] a.a.O., S. 317
[3] a.a.O., S. 342
[4] a.a.O., S. 352
[5] S. 171 ff.
[6] Kritik der reinen Vernunft, S. 324
[7] Kritik der praktischen Vernunft, S. 161

Ein philosophischer Skandal

Der Streit über das Wissen vom Jenseits

Wo findet die Welt statt, die nicht von dieser Welt ist? Hängt sie beziehungslos im Abstrakten, oder hinterläßt sie erkennbare Spuren auf der Erde? Im Jahr 1843 gab es in Berlin einen handfesten philosophischen Skandal, über den damals die geistige Welt in ganz Deutschland redete und der in der Zeit danach zu einem Pressekrieg, einem verlorenen Prozeß und schließlich zu einem resignierenden älteren Professor führte, der daraufhin seine Vorlesungstätigkeit ganz aufgab. Und das alles nur wegen einer philosophischen Grundsatzfrage, die demnächst die Gemüter wieder bewegen wird, obwohl manche noch der Ansicht sind, sie sei seit Kant endgültig gelöst.

Was war geschehen? Friedrich Wilhelm Joseph Schelling, der 1775 in Leonberg bei Stuttgart geboren und im Tübinger Stift zusammen mit Hegel und Hölderlin zum evangelischen Theologen ausgebildet worden war, der zu dieser Zeit berühmteste lebende deutsche Philosoph, versuchte (zehn Jahre nach Hegels Tod) seine Laufbahn in Berlin mit Vorlesungen über »Die Philosophie der Offenbarung« im Winterhalbjahr 1841/42 zu krönen. Seine Hörer waren teilweise von weither gereist: Sören Kierkegaard, Michail Bakunin, Friedrich Engels und zahlreiche andere damals und später berühmte Geister drängten in den Anfangsvorlesungen zu ihm. Aber das Unternehmen gelang nicht so recht, und manche der Hörer waren bitter enttäuscht. Schelling ging nämlich von seiner idealistischen Weltanschauung aus, die damals bei vielen als überholt angesehen wurde. Er verkündete eine geistorientierte Religiosität. In den Vorlesungen saßen aber auch die

Spione eines gegnerischen Denkers, für den es nichts Höheres gab, als Kants »reine Vernunft«.
Was soll und kann denn schon religiöse »Offenbarung« mit Philosophie zu tun haben? Daß es von Gott nichts Empirisches, also keine Daten in der Welt zu entdecken gibt, hatte doch gerade erst Kant dargelegt. Versprach da Schelling nicht Einsichten, die er dann doch schuldig bleiben mußte? Da der Ruhm des Philosophen nach seinen Stationen in Jena, Würzburg, Erlangen und vor allem in München damals noch unangefochten war, dachte sich sein Intimfeind, der achtzigjährige Theologe Heinrich Eberhard Gottlob Paulus eine List aus, um Schelling bloßzustellen. Paulus, der übrigens rein zufällig 1761, also vierzehn Jahre vor Schelling, im selben Haus wie dieser auf die Welt gekommen war, nämlich im Leonberger Pfarrhaus, war im Gegensatz zu Schelling ein Anhänger Kants und des Rationalismus. Er hatte versucht, die biblischen Wunder rationalistisch zu erklären und gab sogar zeitweise eine Zeitschrift mit dem programmatischen Titel »Der Denkgläubige« heraus. Wer durch gründliches Nachdenken zum Glauben findet, der braucht natürlich keine göttliche Offenbarung, was das auch immer sei. Und wer alles auf die bloße Vernunft zurückführen und an ihr messen will, für den gibt es in der Außenwelt, auf dem Boden der irdischen Tatsachen, nichts Religiöses zu entdecken und zu erforschen. Unter dieser Annahme sammelten sich Schellings Gegner. Paulus ließ also die Schellingsche Vorlesung Wort für Wort mitschreiben und veröffentlichte den Text zusammen mit einer umfangreichen Polemik gegen diese Philosophie, die er Satz für Satz zerpflückte, um ihre Unhaltbarkeit, ja geradezu Lächerlichkeit publik zu machen. Schelling war tief verletzt und klagte gegen diese Publikation. Im Kampf zwischen Rationalismus und dem von ihm vertretenen Idealismus mußte er vor Gericht jedoch eine Schlappe einstecken.

Diese nahm er zum Anlaß, von da an keine Vorlesungen mehr zu halten.

Dieser Kampf ist auch heute, über eineinhalb Jahrhunderte nach dieser sichtbar gewordenen Konfrontation, nicht ausgestanden. Was Schelling damals gesagt hat, kann man nicht nur aufgrund seines erhalten gebliebenen Manuskripts, sondern auch dank H. E. G. Paulus – am besten ohne dessen boshaften Kommentar – heute noch nachlesen. Um diesen Zusammenhang zu erkennen, wollen wir aber zunächst unseren Blick auf die Folgezeit richten. Da machten sich nämlich inzwischen nicht nur Kant und seine Schüler, sondern noch ganz andere Geistesgrößen ans Werk, um der herkömmlichen Religion den Garaus zu machen: Ludwig Feuerbach, Karl Marx, Sigmund Freud und vor allem Friedrich Nietzsche.

Nietzsche holte zu einer monumentalen Verfluchung des Christentums aus: »Der Antichrist« (1888) war ein Werk, das aus einem tief verschütteten religiösen Empfinden heraus entstanden ist. Er verfluchte darin indirekt seine christliche Erziehung, seinen einstigen Glauben und sein Ich. Seine Religion wendete sich ihm zur Antireligion, und er litt unter beidem. Er versuchte daher, das Denken aus herkömmlich theologischen Zwängen zu befreien, und um dies zu erreichen, mußte er Gott gesellschaftsunfähig machen. Wer sich auf ihn berief, sollte geächtet werden. »Der christliche Gottesbegriff (...) ist einer der korruptesten Gottesbegriffe, die auf Erden erreicht worden sind. (...) Gott die Formel für jede Verleumdung des ›Diesseits‹, für jede Lüge vom ›Jenseits‹!«[1]

Von dieser Schelte hat sich die Philosophie mit religiösen Inhalten seit Nietzsche nie mehr erholt. Wer nicht den abgrundtiefen Haß und die Verachtung Nietzsches auf sich spüren wollte, mußte von da an entweder alle herkömmlichen Querbeziehungen zur Theologie unterdrücken oder aber sich ganz auf religiöse Überlegungen beschränken, um das kritische Interesse der Philosophen auszuschalten. Und so ist es geblieben bis in unsere Zeit. Die meisten Philosophen haben aufgehört, gegen alles Theologische zu polemisieren, weil es nicht mehr in ihr Fach fällt und es sie daher auch kaum noch interessiert. Vielleicht könnte man sogar sagen: Der unbedeutende und vergessene Theologe Paulus hat gegen den berühmten Philosophen Schelling doch gesiegt.

In der Naturwissenschaft gilt die Nichtbetroffenheit von religiösen Fragen in gleichem Maße. Und wenn es prominente Physiker wie zum Beispiel Einstein, Schrödinger oder Heisenberg gegeben hat und gibt, die bei der Erklärung einiger Phänomene der Welt nicht mehr ohne das Wort Gott auskommen, so sind dies im ganzen gesehen nur Ausnahmen. Nachdem das Religiöse aus Naturwissenschaft und Philosophie seit der Zeit der Aufklärung, des Rationalismus und dann später vor allem durch Nietzsche ausgestoßen war, blieb es das Gebiet der bestallten und bezahlten Theologen. Sie mußten, um ihr Amt nicht zu verlieren, einigermaßen in den Bahnen des Herkömmlichen bleiben. Aber schließlich fing auch diese Bindung bei den Vertretern beider christlichen Konfessionen an, sich zu lockern. Eine neue Art von Literatur entstand: Mit der zunehmenden Distanzierung von den bisherigen Lehren konnte man durch populärwissenschaftliche und manchmal auch reißerisch aufbereitete Schriften auf die Bestsellerlisten und in die Medien vordringen. Atheismus und, noch allgemeiner gesagt, antireligiöse Überzeugung waren im Gegensatz zu früher nicht mehr etwas, worüber man vorsichtshalber nicht spricht wie über den Soßenfleck auf der Krawatte. Jetzt ereignete sich das Gegenteil. Glaube, falls ansatzweise noch vorhanden, wurde zu einer Angelegenheit der Intimsphäre.

Wer nicht gerade als Pfarrer in Ausübung seines Berufs auftritt, hält es für unschicklich, von seinem Glauben zu reden, wenn damit seine eigene, persönliche Bindung an ihn Gegenstand des Gesprächs werden könnte. Es kostet normalerweise weniger Überwindung, zusammen in die Sauna als zum Beten zu gehen. Gebete und religiöse Riten sind aus der beruflichen Alltagswelt verbannt. Als einmal ein Kultusminister vorschlug, das Schulgebet wieder einzuführen, ging ein Aufschrei der Empörung durch das Land. Eigenartigerweise schrien dabei auch offizielle Vertreter der Kirche mit. Als ich brieflich bei einem Kirchenoberen anfragte, warum und gegen was da eigentlich protestiert werde, erhielt ich eine so windungsreiche Antwort, daß ich aus ihr nicht entnehmen konnte, was er eigentlich sagen, bzw. nicht sagen wollte, konnte oder durfte. Trotz des vorherrschenden Einflusses der USA auf unser Leben, sieht es dort in dieser Beziehung ganz anders aus. Im Gegensatz zu Westeuropa hat dort kaum jemand davor Angst, man würde ihn für religiös oder gar für fromm halten.

Was sich gegen den christlichen oder, in bezug auf die gemeinsamen Wurzeln, auch gegen den jüdischen Glauben sagen läßt, ist inzwischen längst gesagt und (trotz Nietzsche und späteren Kleinmeistern) zu einem Teil auch sachlich und unpolemisch dargestellt worden. Was bleibt dem religiösen Denken heute noch erhalten, wenn es die Angriffe und teilweisen Niederlagen der Vergangenheit überstanden und überwunden hat? Um hier eine Antwort schon vorwegzunehmen: Es ist unendlich viel. Die Annahme, Religion sei ein überwundenes Kapitel der Menschheit, ist unbegründet. Es deutet vieles darauf hin, daß mit dem Beginn eines neuen Jahrtausends auch eine Neuorientierung auf religiöse Inhalte beginnen wird. Allerdings wird man dabei erkennen, daß es wenig nützen würde, all das, was an traditionellen Werten irreparabel beschädigt oder zerstört wurde, um jeden Preis wieder zu restaurieren. Für manchen ist der Weg zu Gott mit allerhand Gerümpel verstellt. Aber nicht der Himmel müßte entrümpelt werden, sondern die Bodenstationen. Es bleibt genügend Zeitloses und Unzerstörbares, das Angriffe nicht zu befürchten hat. Dabei taucht das ewige Dilemma wieder auf: Wer Traditionen erhalten will, muß Traditionen in Frage stellen. Den Wald pflegt man, indem man ihn durchforstet.

Der wichtigste Ausgangspunkt für eine *neue* Begegnung mit *alten* Inhalten ist die Erkenntnis, daß wir die klare Abgrenzung zwischen dem mit unseren Sinnen Erfahr- und Erforschbaren einerseits und dem, was wir von einer jenseits dieser Grenzen herüberscheinenden »anderen« Welt, falls es denn überhaupt eine *andere* Welt ist, nicht mehr brauchen. Kants geniale Denkgrenzen beruhen auf einem menschlichen Vorurteil. Diese Grenzen können überschritten oder mißachtet werden. Und so soll hier, gewissermaßen als Geleitwort für das Folgende, ein Wort aus der seinerzeit berühmt-berüchtigten Berliner Vorlesung von 1841 stehen, denn Schelling war ein Denker, dessen weit vorausschauende Einsichten in den Kosmos erst allmählich entschlüsselt werden können: »Gesetzt, es handelte sich um eine in der Welt vorauszusetzende Intelligenz, so wird sie nur erkennbar sein durch ihre Taten, die in die Erfahrung fallen. Der Empirismus schließt nicht alle Erkenntnis des Übersinnlichen aus; es gibt auch einen metaphysischen Empirismus.«[2]

Ein Begriff wie »metaphysischer Empirismus«, also so etwas wie die »Erfahrbarkeit des mit den Sinnen nicht Feststellbaren« war schon in der Mitte des 19. Jahrhunderts für alle rational denkenden Menschen ein rotes Tuch, ein Hirngespinst, ein Paradox. Sie sagten und sagen: Entweder man kann etwas sinnlich erfahren und notieren, dann ist es nicht aus der Welt hinter und jenseits der Naturwissenschaft (Physik), es gehört also nicht zur Metaphysik. Wenn man es aber nicht nachweisbar beobachten und feststellen kann, dann ist es nicht »empirisch«. Doch

Schelling wußte trotz aller Anfeindungen, die er mit dieser Philosophie auf sich zog, wovon er redete. Seine Vision war die auf den zu Materie werdenden Geist, auf das Ewige im Jetzt, auf Gottes Spuren in der Welt. Schellings in vielen verschiedenen Zusammenhängen immer wiederholte Grundthese war: Im Diesseitigen lassen sich die Einflüsse aus dem Jenseits erkennen. Wir leben mitten in der Zeitlosigkeit, oder: »Die Ewigkeit ist gegenwärtig.«

Die Suche nach dem Geist, ob er nun heilig ist oder nicht, ist heute wieder voll im Gange. Es ist die paradoxe Suche nach dem Unsichtbaren und Unfindbaren. Geist ist etwas, was das Erkennbare zugleich unterscheidet und verbindet, er ist also nie *in*, wohl aber *über*, *neben* und *zwischen* dem Erkennbaren. Die naturwissenschaftliche Forschung kann ihn mit ihren herkömmlichen Werkzeugen nicht greifen, weil sie mit ihnen nur das Erkennbare selbst betrachten kann. Dies ist aber kein Grund zur Resignation, sondern im Gegenteil, es ist ein Anlaß, den »Geist« auf andere Weise in sein Denken und Fühlen mit einzubeziehen. Schelling und Hegel haben dies versucht. Aber sie konnten ihre Arbeit nicht beenden. Die Aufgabe, die sie sich gestellt hatten, ist noch längst nicht gelöst. Auch wenn sie vielleicht unlösbar bleibt, muß an ihr weitergearbeitet werden. Und manche zeitgenössischen Naturwissenschaftler tun dies schon. Die Philosophen werden ihnen eines Tages folgen. Zu suchen ist ein Weg aus der Sackgasse, in die das uns begrenzende materialistische Denken führen muß. Der Geist hilft über die Grenzen hinweg und verbindet so das Göttliche mit dem Menschen. Er beflügelt das Denken, ohne es zu ersetzen. Und Gott, von dem in diesen Texten immer wieder zu lesen ist, wer ist er? Erwin Chargaff hat einmal gesagt: »Wer seinen Glauben beschreiben kann, hat keinen.«[3] Man kann dieses Wort auch auf Gott anwenden. Der sprachliche Bezug auf Gott ist, soviel kann man immerhin sagen, zunächst nur eine Unterstellung, eine be-

wußte oder unbewußte Entscheidung eines Menschen, Gott in sein aktives Vokabular mit allen Konsequenzen aufzunehmen, um von und über ihn, und dann auch mit ihm reden zu können. Mehr braucht es zunächst gar nicht zu sein. Alles andere kommt von selbst. Glaube ist dafür ein viel zu unsicheres Wort. Woher soll ein Mensch denn wissen, ob er wirklich glaubt? Glaube kann kommen, gehen, schwanken, sich verdunkeln, aufleuchten und einleuchten. Das hat der Mensch nicht in der Hand, weil der zumindest insoweit auf Gnade angewiesen ist. Was er selbst bestimmen kann, das ist nur die Entscheidung, mit dem Unberechenbaren zu rechnen. Descartes wird mit seinem lateinischen Satz »cogito ergo sum« (»Ich denke, also bin ich«)[4] zitiert. In diesem Stile könnte man auch sagen »credo ergo Deus est« (»Ich glaube, also ist Gott«). Ob und wann das je so geschrieben wurde, weiß ich nicht. Augustinus hat diesen Gedanken einmal etwas differenzierter geäußert. Er sagte, der Glaube sei die Grundlage und Voraussetzung des Erkennens, nicht umgekehrt.[5]
Die zunächst subjektive Entscheidung, Gott »zu unterstellen« hat zur Folge, daß sich der Mensch auch Gott unterstellt und damit der Welt einen Sinn geben kann, der ihr ohne diese Unterstellung fehlen würden. Diese gegenseitige Unterstellung kann dem Menschen dabei helfen, Denkgrenzen zu überschreiten, weil er einen Partner hinter ihnen ahnt.

[1] Der Antichrist, Abschn. 18
[2] Paulus-Nachschrift, S. 145
[3] Bemerkungen, S. 165
[4] Descartes: Von der Methode des richtigen Vernunftgebrauchs, S. 53
[5] »Credimus ut cognoscamus, non cognoscimus ut credamus« (Tractatus in sanctum Joannem)

Das Fräulein am Meere

Heidnische Opferkulte am Beginn der Religion

Erfahrungen mit dem Jenseits stehen schon am Beginn der menschlichen Denkgeschichte, und Grenzen kann der Mensch auch zur eigenen Sicherheit errichten. Sie sollen seine Welt vor der Übermacht aus dem Jenseits schützen. Wie kommen Menschen nun dazu, überhaupt solche Mächte zu erkennen? Ein berühmtes Gedicht von Heinrich Heine, das manchmal als Beleg für seinen Zynismus herhalten muß, beginnt so:

»Das Fräulein stand am Meere
Und seufzte lang und bang,
Es rührte sie so sehre
Der Sonnenuntergang.«

Dieses Gedicht hat zumindest einen gewichtigen Hintergrund: Es geht nicht nur um den zu Heines Zeit aktuellen philosophischen Übergang von der Aufklärung (Kant) zur Romantik (Schelling), sondern aus den Zeilen läßt sich auch eine Grundfrage der Religion erkennen. Das Mädchen und der Mann aus dem zweiten Vers, der hier weiter unten erst zu Wort kommen soll, verkörpern zwei verschiedene Denkwelten.
Der Sonnenuntergang ist ein Abschied, und »ungewiß ist alle Wiederkehr«, wie es in einem berühmten Lied heißt. Vielleicht klingt in dem Mädchen noch eine menschliche Ur-Erinnerung aus alter heidnischer Zeit nach, in der es keineswegs selbstverständlich war, daß die Sonne, die sich am Abend verabschiedete, am anderen Morgen wiederkommen würde. Die Sonne hatte einst in der Vorstellung

der Menschen einen eigenen Willen, man mußte sie um Wiederkehr bitten. Die frühe Welt war der Willkür der Götter ausgeliefert und der Mensch machte sich daran, diese Willkür zu bekämpfen. Dieser Kampf schuf aus Urkult Kultur.
Viele Religionen in alten Kulturen, teilweise bei den sogenannten »Primitiven« bis heute, lebten mit einem Sonnenkult. Die ägyptische Religion geht zurück auf eine Sonnengottheit, von der die Pharaonen abstammen sollten. Aber auch im Christentum gab und gibt es Lichtsymbolik und -mystik. Ganz konkret erscheint sie noch bei Franz von Assisi (1182–1226) in seinem berühmten »Sonnengesang«, in dem zusammen mit den anderen Naturkräften die Sonne hymnisch verehrt wird:

»Gepriesen seist du, Herr, mit allen deinen
Kreaturen;
Besonders mit der edlen Schwester Sonne,
Die uns den Tag bewirkt und uns erleuchtet durch
ihr Licht.«

Der Mensch dankt den Naturkräften und bittet sie um ihre Gunst. Nur, wie erwirbt man diese? Man bringt ihnen Opfer, damit zeigt sich der Mensch erkenntlich und erwartet ebendies von der Gottheit, der sie dargebracht werden. Man errichtet einen Tauschhandel in Gunstbezeigungen über die Grenzen des Irdischen hinweg. Eine Hand wäscht die andere. Auch wenn dies alles wie eine Erinnerung an unvordenkliche Epochen klingt, gibt es doch Relikte aus heidnischer Zeit, die bis in unsere aufgeklärte Gegenwart hineinreichen. Daß wir in der Zeit der Wintersonnenwende, die keineswegs zufällig mit der Weihnachtszeit zusammenfällt, das letzte Grün aus der Natur ins Haus holen und es geradezu kultisch schmücken, hat sicher eine längere Tradition als die des

Weihnachtsbaums, der erst im 19. Jahrhundert allgemein üblich wurde und dessen älteste Belege ins 16. Jahrhundert zurückreichen. Den Kult des Gottes der unbesiegten Sonne (Sol invictus) hat der ansonsten unbedeutende römische Kaiser Elagabal (Heliogabalus) um das Jahr 220 n. Chr. in Rom eingeführt, und Kaiser Aurelian ließ den Geburtstag der unbesiegten Sonne (dies natalis Solis invicti) am 25. Dezember feiern. Die Wintersonnenwende wurde so zur Geburtsstunde eines Lichts, das sich später in das »Licht der Welt« umdeuten ließ, mit dem sich Christus nach dem Evangelisten Johannes identifiziert hat. Sonnengeburt und Christi Geburt fallen also nicht zufällig auf denselben Tag. Der Festtag wurde schon zu römischer Zeit in das Fest der Geburt Christi umfunktioniert.

Aus keltischer und wohl auch germanischer Zeit stammt der Brauch, Stechpalmen oder Mistelzweige, die ihre Beeren erst im Winter ausbilden, ins Haus zu holen. Das war nicht einfach als Schmuck zu verstehen, sondern es hatte kultische, rituelle Bedeutung. Sie können wie Tannenzweige als Dank- oder Bittopfer für das Wiederaufsteigen der Sonne in Richtung Frühling und Sommer gedeutet werden, jedoch auch als Zaubermittel, mit denen die Kräfte von Druiden und Waldgeistern gebannt werden sollten. Alte Namen für die Mistel wie Hexenkraut, Donnerbesen und Kreuzholz lassen die kultische Bedeutung dieser Pflanze erkennen. Das Wort »Donner« in diesem Zusammenhang weist auf den altgermanischen Gott Donar (Thor) hin, dem ja auch heute noch ein Wochentag gewidmet ist (engl. Thursday).

Wie heidnische Bräuche auch in christlicher Zeit noch fortwirken können und von der Kirche geduldet werden müssen, das wurde mir vor Jahren bewußt, als ich im Hochland von Guatemala auf dem Indiomarkt von Chichicastenango beobachtete, wie die Männer auf den Stufen der Kathedrale ihre Maisopfer darbrachten. Sie saßen

in mehreren kleinen Grüppchen um ein wenig brennenden Mais herum, dessen Rauch sichtbar aufstieg und den Markt, der die Domäne der Frauen in ihren bunten Webstoffen war, mit einem unverkennbaren Duft versah. Was mir auffiel, das war die lockere, unzeremonielle Art und Weise, wie die Männer da herumsaßen. Kultische Riten des Dankes und des Opfers sind ein ganz normaler Bestandteil des menschlichen Verhaltens seit Urzeiten gewesen und geblieben, auch wenn sie in der zivilisierten Welt immer mehr überlagert und verdeckt wurden. Vielleicht ist auch das Zigarettenrauchen zunächst als eine Art Rauchopfer entstanden. Statistisch belegt ist zumindest, daß die eifrigsten Anhänger dieses Kultes früher ins Jenseits gelangen als dessen Verächter.
Aber die Welt funktioniert doch auch ohne Weihrauch in Richtung Himmel! Ein Grund für die Profanierung und die Unterlassung von Bitt- und Dankopfern ist die Zuverlässigkeit der Welt, wie sie uns die naturwissenschaftliche Forschung garantiert. Wenn die Sonne ein unbeseelter, unbeweglicher Himmelskörper ist, wozu sollten wir sie dann noch anbeten?
Die Götter verwandelten sich mit der Zeit aus launischen Tauschhändlern in Automaten, die Gratisprodukte verteilten. Die Erde dreht sich eben, das ist doch nichts Besonderes. Und so wird auch der Gegensatz von unaufgeklärter Urseele und dem Aufklärer verständlich. Was sagt der welterfahrene Herr zu der Naiven?

»Mein Fräulein! sei'n Sie munter,
Das ist ein altes Stück;
Hier vorne geht sie unter
Und kehrt von hinten zurück.«

Na also! Wenn das so ist, dann ist ja alles klar. Waren dann der Kult um Aton in Ägypten, der um Sol invictus

in Rom und die Anbetung der Heerscharen von heidnischen Gottheiten in der ganzen Welt nur primitiver Aberglaube, sinn- und wirkungslos? Oder war das Mädchen, das am Abend eines schönen Tages am Meer gerührt Abschied von der Sonne nahm, nicht einer Wahrheit ganz nahe, die dem flotten Besserwisser unbekannt geblieben ist? Mit wem von den beiden identifizierte sich Heine? Mit dem romantischen Mädchen oder mit dem zynischen Aufklärer? Vermutlich mit beiden. Diese Gespaltenheit zwischen romantischem Fühlen einerseits und aufgeklärtem Bescheidwissen andererseits prägte sein Leben und seine Werke. Der Dialog zwischen Mädchen und Mann spielte sich, so gesehen, in Heine selbst ab, jedoch nicht nur in *ihm*, er beherrscht uns alle nach wie vor.
Warum bittet und dankt der Mensch Mächten, die er nicht sieht, nicht kennt und nicht erklären kann? Zwar sieht er die Sonne, sieht und versteht jedoch zunächst nicht das Wesen, das über ihren Auf- und Untergang entscheidet. Zwar sieht er, daß die Welt erschaffen ist, weiß jedoch nicht, wer oder was die Schöpfung veranlaßt hat. Nur eines weiß der Mensch seit Urzeiten sicher: daß er trotz aller Mühen einem Schicksal unterworfen ist, das er nicht selbst in der Hand hat. Der Mensch muß anerkennen, ob er will oder nicht, daß er der Macht des »Himmels«, wie immer man sich auch diese vorstellen oder nicht vorstellen kann, unterlegen ist, daß er der Schwächere ist, daß da auf der Welt und um ihn herum Abläufe in Gang kommen, die er nicht durchschaut und die er nicht steuern kann. Er weiß noch nicht einmal, ob das, was da passiert, der blinde Zufall ist, oder ob da ein höheres System, ein Wille, ein Plan, ein Sinn oder sonst etwas für ihn Unverständliches dahintersteckt. Peilt die Welt ein künftiges Ziel an, ist der heutige Tag bereits ein erreichtes Ziel, oder herrscht der Zufall? Die Antworten auf diese Fragen stehen noch aus, und die Hoffnung, sie

eines Tages mit Hilfe einer rationalen Wissenschaft zu finden, ist naiv.
Mit dieser Unterlegenheit, mit diesem Kriechenmüssen vor einer höheren Allmacht, wollten sich die Menschen noch nie abfinden. Sie haben ihre Hoffnung, wie Gott zu sein, ihn zu beerben oder wie einst Prometheus, ihn vom Thron zu stoßen, noch nicht aufgegeben. Vielleicht ist der einzig sichere Ausgangspunkt jeder Religion die Gewißheit, daß dies nicht gelingen wird. So bleiben die Menschen zwischen Aufbegehren und Demut, zwischen Arroganz und Resignation hin- und hergerissen. Daran hat sich seit den Zeiten von Adam und Eva überhaupt nichts geändert.
Wenn wir uns in unserer rationalen Welt so sicher sind, daß alles funktioniert, wie es muß, dann tut sich dennoch ein neues Rätsel auf. Wo herkömmliche Religionen zurückweichen, dringen erneut alte Kulte aus dem urmenschlichen Untergrund wieder an die Oberfläche. Auf dem nicht mehr bestellten kirchlichen Brachland keimen Arten, die man für ausgestorben halten mußte. Woher kommen sie? Da werden den Menschen neue, ungeahnte Kräfte nicht nur aus noch bestehenden asiatischen Religionen, sondern auch aus ägyptischen, phönizischen, assyrischen, indianischen, keltischen, altgermanischen Kulten empfohlen. Es werden Heilwirkungen aus Steinen und von Feld-, Wald-, Baum- und Höhlengeistern versprochen. Beschwörungspraktiken, Rezepte für Geistheilungen werden gehandelt und natürlich Talismane, Amulette und Orakelrezepte aller Weltkulturen. Anleitungen für okkulte Hexen- und Satansfeste werden verbreitet. Jetzt, da die Angst vor Scheiterhaufen und Fegefeuer gewichen ist, können sich verbannte Geister wieder ans Licht wagen. Wo haben sie nur die ganze Zeit über gesteckt? Führten sie im verborgenen ein zeitloses Eigenleben?

Der Esoterikmarkt boomt, und diese Erscheinung kommt nicht von ungefähr. Sie zeigt, wie viele Menschen sich nicht in die Grenzen einpassen lassen wollen, die ihnen die »Experimentalphysik« weist. Sie wollen andererseits jedoch auch die Grenzen der herkömmlichen Religionen nicht mehr als verbindlich anerkennen. Wir werden wohl nicht an der nüchternen Erkenntnis vorbeikommen, daß Erscheinungsformen heidnischer Kulte einerseits und monotheistische (jüdische, christliche, muslimische) Religionen andererseits sich auf *gemeinsame*, menschheitsweite Kräfte und Wurzeln zurückführen lassen. Die Weisheit der Welt ist so umfassend, daß sie niemand in seine private Schublade stecken kann. Dabei wird sich zeigen, daß Mythen als Keimzelle aller Religionen nicht ausgedient haben.

Das Weltschöpferteam und seine Pannen

Mythen als Teil der Menschwerdung

Sicher gibt es eine Grenze zwischen Dichtung und Wahrheit, zwischen Mythos und Faktenschilderung. Die Frage ist nur, ob wir heute diese Grenze nicht überbewerten. Bei genauem Hinsehen verschwimmt sie ohnehin.

»Da war das ruhende All. Kein Hauch. Kein Laut. Reglos und schweigend die Welt. Und des Himmels Raum war leer. (...) Unbeweglich und stumm war die Nacht, die Finsternis. Aber im Wasser, umflossen vom Licht, waren diese: Tzakòl, der Schöpfer; Bitòl, der Former; der Sieger Tepëu und die Grünfederschlage Gucumatz; Alòm und Cahalòm, die Erzeuger. Unter grünen und blauen Federn waren sie verborgen, darum sagt man Grünfederschlange ...«

So beginnt der Schöpfungsbericht des »Popol Vuh«, der »Maya-Bibel« aus dem Hochland Guatemalas.[1] Die Welt entstand als das Werk einer Arbeitsgruppe: »Also berieten sie und überlegten: Sie kamen überein, und ihre Worte und Gedanken glichen sie aus. Und sie erkannten, während sie überlegten, daß mit dem Licht der Mensch erscheinen müsse. So beschlossen sie die Schöpfung und den Wuchs der Bäume und Schlingpflanzen, den Beginn des Lebens und die Erschaffung des Menschen. (...) So wurde das Werk vollendet, das sie vollbrachten nach reiflicher Überlegung.«

Die Maya-Arbeitsgruppe Weltschöpfung mußte bei ihrem Werk auch etliches Lehrgeld zahlen, denn immer wieder mißlang ein Versuch. »Aus Erde, aus Lehm machten sie des Menschen Fleisch. Aber sie sahen, daß es nicht gut war. Denn es schwand dahin, es war zu weich, es war ohne Bewegung und ohne Kraft. (...) wohl sprach es, aber es hatte keine Vernunft.« Das Schöpfungsteam zog sich zur erneuten Beratung zurück und beschloß einige Nachbesserungen. Erst allmählich gab es Fortschritte. Man war jedoch nicht zufrieden mit dem Ergebnis, denn was dabei entstand, waren schließlich nur Affen.

Ein wunderlicher und auch wunderbarer Schöpfungsbericht ist dies: Kein allmächtiger Schöpfer tritt da auf, dem alles auf Anhieb zur eigenen Zufriedenheit in nur sechs Tagen gelingt, sondern hier erscheint eine Welt als das erst allmählich werdende Ergebnis von intensiven Beratungen und Experimenten einer Arbeitsgemeinschaft. So könnte es also bei den Indios heißen: »Im Anfang war die Beratung, dann der Mißerfolg. Und schließlich machte man doch Fortschritte.« Welch ein geradezu himmelweiter Unterschied besteht hier zu dem mosaischen Schöpfungsbericht: »Und Gott sah, daß es gut war.« Aber auch unser Jahwe mußte im späteren Verlauf der von ihm angezettelten Geschichte einige bittere Erfahrungen machen.

Der französische Ethnologe Claude Lévi-Strauß wies nach, wie sehr die Denkstruktur eines Volkes von seinen Mythen und Symbolen geprägt ist. Sie sind nicht einfach nur etwas, woran man glaubt oder nicht, sie sind viel mehr, sie formen das Denken derer, die in ihr Feld verfangen sind. Da macht es dann natürlich einen Unterschied, ob man die Welt sieht, wie sie aus einem autoritären Hauruck-Akt entstanden ist, oder ob man von vornherein annimmt, da müsse es zunächst tappende Versuche eines Kollegiums gegeben haben, das Pfusch und Flops gelassen hinnimmt.

Eines ist allerdings dem hebräischen und dem guatemaltekischen Schöpfungsbericht, ja überhaupt allen Mythen gemein: Sie breiten nicht ein objektivierbares Denksystem aus, sondern sie zeigen einfach nur Bilder, Symbole und Geschichten. Und diese sind aus einem Guß. Anhand

ihrer lernt der Mensch erkennen und denken. Bevor das Kind zählen lernt und weiß, wie viele Finger es hat, sieht es schon seine ganzen Hände. Deshalb sagte Lévi-Strauß, als er ein Resümee seines Forschens gab: »Ich wollte zeigen, daß sich zwischen dem Denken der sogenannten primitiven Völker und dem unsrigen kein Graben auftut. Als man in unseren eigenen Gesellschaften Bräuche und Glaubensinhalte, die fremd waren und den gesunden Menschenverstand irritierten, aufzuzeichnen begann, erklärte man sie als Spurenelemente oder Überreste von Formen archaischen Denkens. Für mich hatte es im Gegenteil den Anschein, daß diese Denkformen bei uns immer noch gegenwärtig, lebendig sind.«[2]
Solche Überlegungen führen aus der Welt der Objekte hinaus und in eine andere hinein, in der die von uns wahrgenommenen Abgrenzungen fehlen. Der amerikanische Anthropologe Gregory Bateson (1904–1980) schrieb einmal, die Verbundenheit der Menschen ergebe sich daraus, daß sie in Geschichten denken. Daraus folgert er: Was sie verbindet, ist die Teilhabe an der gleichen Geschichte.[3] Die Unterweisung der Kinder bestand in allen Zeiten zunächst darin, ihnen fertige Geschichten zu erzählen, einfach nur zu erzählen, nicht zu erklären. So verstanden, ist auch der Bericht von den Irrtümern der Arbeitsgemeinschaft um den Schöpfer Tzakòl eine abgeschlossene, nicht weiter zu entwickelnde Geschichte. Sie konnte von Generation zu Generation mündlich überliefert werden. Sie wurde nicht hinterfragt, ausgelegt und analysiert, sie war einfach da: »So war es, so ist es, punctum!« Und schließlich reichte dies auch aus, denn die Denkstrukturen entwickeln sich aus den Bildern heraus und um die Bilder herum: Wer einen gemalten Bären sieht, sieht den Bären und nicht die Striche, aus denen er sich zusammensetzt. Natürlich hatten auch Mythen eine allmähliche Entwicklung, aber die war langsam und meist unbewußt. Das Neue in ihnen

wurde nicht beabsichtigt und nicht erkannt, denn die Mythen griffen in eine geschichtslose Zeit zurück, die den Menschen ein für allemal vorgegeben war.
Datiert man (einigermaßen willkürlich) die Entstehung des Menschen auf eine Zeit vor fünfhunderttausend Jahren (Pekingmensch, Heidelbergmensch) und die Entstehung des »Jetztmenschen« (Homo sapiens sapiens) auf fünfzigtausend Jahre zurück, geht man weiter davon aus, die frühesten geschichtlichen Aufzeichnungen von Völkern wie den Hethitern oder Ägyptern seien heute etwa fünftausend Jahre alt, dann erkennt man, wie kurz die Zeit war, die uns bis heute blieb, um unseren Geist an ein Geschichtsbewußtsein anzupassen. Erst in »jüngster« Zeit konnte sich ein Gespür für den Ablauf der Geschichte, für den Wandel des Menschlichen allmählich entwickeln. Die Mythen stecken uns noch, wenn schon nicht im Kopf, dann wenigstens im Rückgrat. Oder, kurz gesagt, wir als Menschheit sind mit Mythen großgeworden und haben uns noch längst nicht von ihnen gelöst, auch wenn unsere Vernunft uns etwas anderes vormacht. Vielleicht sind wir sogar geradezu mythensüchtig geblieben, ohne uns das einzugestehen. Neun Zehntel seiner Zeit bis heute ist der »Jetztmensch« mehr oder weniger ohne Bewußtsein von Zeit, die sein eigenes Lebensalter überschritt, ausgekommen. Man lebte in sein Leben hinein und aus seinem Leben hinaus mit der ewig gleichen Kunde von einer unbeweglichen, zu Bildern erstarrten Vorzeit. Gregory Bateson schrieb daher einmal: »Brich das Muster auf, das die Lerninhalte verbindet, und du zerstörst notwendigerweise alle Qualität.«[4] Sein Ausdruck »das Muster, das verbindet« bezieht sich auch auf Mythen im weitesten Sinne. Die Verbundenheit der Menschen untereinander ergibt sich nach Bateson daraus, daß sie alle mit Hilfe von Geschichten denken, und vor allem daraus, daß es die *gleichen* Geschichten sind.[5] So ist es dann kein Zufall, daß auch in dem

schon genannten mittelamerikanischen Schöpfungsbericht des Popol Vuh eine Jungfrau allein durch die Begegnung mit einem magischen Baum schwanger wird und göttliche Zwillinge gebiert. Der göttliche Keim im jungfräulichen Wesen kehrt in vielen Kulturen wieder, so daß man sich in der Tat fragen kann, ob hier nicht die Schellingsche These bestätigt wird: »Man kann der Mythologie nicht, wie gewöhnlich, die historische Wahrheit absprechen, denn der Prozeß, durch den sie entsteht, ist selbst eine wahre Geschichte, ein wirklicher Vorgang.«[6]

Nichts verbindet die Menschen so sehr wie gemeinsame Mythen. Die äußeren Bedingungen, die der Mensch in der Evolution durchlebt hat, haben auch die Bilder geprägt, in denen er seine Erfahrungen mit dem Grund und Hintergrund der Welt erkennt. Je mehr sich diese geistigen Bilder gleichen, desto näher sind die Menschen miteinander verbunden, weil sie über diese kommunizieren können. Eine gemeinsame Sprache, eine gemeinsame Mythologie und daraus folgend eine gemeinsame Denkstruktur: So entsteht ein Volk. Und nur so lange kann es eines bleiben, wie die Kraft der gemeinsamen Bilder vorhält. Ein Volk erlischt zusammen mit seinen (Vor-)Bildern. Was übrigbleibt, ist allenfalls eine Wohngemeinschaft, in der sich niemand dafür interessiert, wer das Geschirr spült und die Kehrwoche macht. Vermutlich hat mancher noch nicht begriffen, daß Kinder, denen man keine aus der *bestehenden* Kultur geschaffenen Bilder im weitesten Sinne mehr zeigt, sondern sie statt dessen eine internationale, mehr oder weniger orientierungslose Massenproduktion genießen läßt, aus einem Volk hinausgedrängt werden. Man muß zwischen Kulturwandel und Kulturriß unterscheiden. Wer ohne Mythen im weitesten Sinne aufwächst, muß vereinsamen. Mythen kann man sich nicht für Geld kaufen. Was allenfalls angeboten wird, sind Plastikmythen im Sechserpack.

Dem könnte man entgegenhalten, daß gründlich nachdenkende Menschen aller Zeiten schon immer versucht haben, aus dem Denkgefängnis verbindlicher Geschichten zu fliehen, um in neutrale Systeme auszuwandern. Dies waren zunächst die Taten der Helden aus der Vorzeit: Prometheus, der das Feuer brachte, Theseus, der aus dem Labyrinth fand, Dädalus und Ikarus mit ihren gescheiterten Flugversuchen und später schließlich die vielen, die sich seit Thales mit philosophischen Fragen befaßten und damit ein Fundament für unser heutiges rationales Denken bauten. Die Fortschritte dürfen jedoch nicht darüber hinwegtäuschen, daß sie nur Wege aus den Mythen zeigten, diese jedoch als geistige Heimat zunächst mehr oder weniger unzerstört zurückließen.
Daher kommt der Mensch immer wieder auf seine heimatlichen Denk-Fertigprodukte zurück, auf Bilder, auf Mythen aller Art, aber auch auf seine Sprichwörter, die ihm Weisheit und Lebenserfahrung als handlich verpackte Kurzformel liefern. Will man die Sache mit den Geschichten abstrakt sehen, so könnte man sagen: Nimm dem Menschen seine Geschichten, so nimmst du sein Ich, seine Identität und Orientierung. Ein Mensch kann sich nämlich nur zurechtfinden und seine Identität bewahren, wenn er aus seinen eigenen Geschichten lebt und aus denen der anderen, mit denen er sich verbunden weiß. Passen die Geschichten nicht zusammen, so versteht man sich nicht. Sprachen kann man übersetzen, Geschichten nicht.
Ohne hier auf psychologische Konstruktionen einzugehen, kann man sagen: Wenn wir denken, werden nicht nur abstrakte Gedanken auf eine mehr oder weniger logische Weise entwickelt und fortgeschrieben oder Programme verarbeitet, sondern es werden Bilder und Symbole miteinander verglichen. Gehen die Bilder verloren, so verliert unser Denken jede Orientierung. Wir hängen dann im luftleeren Raum und leiden schließlich auch physisch.

Die gemeinsame Vorstellung eines identitätsstiftenden geistigen Reiches ist ein Phänomen, das in allen Kulturen der Menschheit zu allen Zeiten hervortritt. Auch wenn die Unterscheidung zwischen körperlichen und geistigen Bedürfnissen sich nicht trennscharf erkennen läßt. Über den Bildern muß eine feldbildende Kraft angenommen werden, die sie hervorbringt, aus der sie stammen und die allen, die sie erkennen, zu einer zeitlosen Heimat werden kann. Denn Mythen existieren nirgends aus sich heraus, ihnen allen ist gemeinsam, daß sie einen nicht näher zu definierenden Ursprungsort haben sollen, eine Quelle aus dem Jenseits. Sie sollen von dort auf den irdischen Menschen herniederdringen. Dieser Ort kann lokalisiert sein: der heilige Berg, der Olymp, das himmlische Jerusalem; aber jeder weiß, daß dieser Ort mehr ist als ein Stück irdische Landschaft. Man benötigte eine solche Lokalität, weil man in früheren Kulturen keine Sprache hatte, mit der man auf gemeinverständliche Weise ein nichtirdisches Ziel beschreiben konnte. Man redete vom Jenseits in einer diesseitigen Sprache, ohne es dadurch zu verraten. Fern jeder Abstraktion und Systematisierung vereinigten sich Traum, Hoffnung und Wirklichkeit zu neuen Bildern aus gewohnten Farben und Details. Jenseitshoffnung verdichtete sich zu Visionen, die Gestalt annehmen und die im Überlebenskampf weiterhelfen konnten. An dieser weltweiten Hoffnungs- und Glaubenspraxis hatte sich Jahrhunderte und Jahrtausende im Prinzip nichts geändert.

Wer Mythen als etwas Erfundenes und, weil nicht auf historischen Tatsachen beruhend, als Überholtes ansieht, wie es z. B. Rudolf Bultmann tut, auf den wir noch zu sprechen kommen, hat ihre Bedeutung im Prozeß der Menschwerdung *und* des Menschseins nicht erfaßt. Positive Beispiele gibt es unzählige. Statt vieler ein fast zufällig herausgegriffenes aus »jüngerer« Zeit, nämlich aus der Zeit des Dreißigjährigen Krieges. Dichter war der Coburger Gymnasialprofessor Dr. Johann Matthäus Meyfart (1590–1642), der sich in seinem Beruf und in seiner Stadt nicht besonders wohl fühlte und eine Versetzung anstrebte. Sie ist ihm dann schließlich auch gelungen, allerdings nicht nach Palästina, wie es den Schein hat, sondern nach Erfurt. Das Lied, das unter der Überschrift »Der wunderfrohe Willkommen in dem himmlischen Jerusalem«[7] veröffentlicht wurde, spricht, den geistlich betreuten modernen Flugtourismus geradezu verhöhnend, eine ganz andersartige Reise-Hoffnung aus:

»Jerusalem,
du hochgebaute Stadt,
wollt Gott, ich wär in dir.
Mein sehnlich Herz
so groß Verlangen hat
und ist nicht mehr bei mir.
Weit über Berg und Tale,
weit über blache Feld,
schwingt es sich über alle
und eilt aus dieser Welt.«

Was ist uns von diesen Bildern, die viel mehr sind als nur Bilder, heute geblieben? Hängen sie nur im Museum des Weltgeistes, oder dringen sie über unsere Träume und Hoffnungen noch in den heutigen Alltag als Mittel zur geistigen und geistlichen Lebensbewältigung?
Die Frage, die sich uns heute stellt, ist nicht die: Leben wir mit Mythen *oder* mit Systemen? Sie muß konkretisiert werden: Mit welchen Mythen und mit welchen Systemen leben wir heute? Wer weiß, daß die Menschwerdung und die Mythenentstehung ein gemeinsamer Prozeß sind, der kommt nicht auf die Idee anzunehmen (oder zu hoffen), der Mensch werde je ohne seine vorgefertigten Bilder leben können, er beziehe seine geistige Nahrung lediglich aus rationalen Denksystemen.

Jede Zeit hat ihre Mythologie, auch die unsere. Sie kann allerdings darin bestehen, daß wir uns einbilden, wir bräuchten die Bilder nicht, oder wir hätten keine. Wer unsere Mythen kennenlernen will, braucht nur einen Fernsehabend lang von Programm zu Programm zu zappen und jeweils kurz darüber nachzudenken, was hier eigentlich gezeigt wird. Auf welchen »Vor-Bildern« baut das alles auf? An welche Formen und Inhalte von zumindest unterstellter Gemeinsamkeit appelliert das, was da berichtet, ge- und zerredet, gesungen, gespielt, geliebt, geschossen und gestochen wird? Wer für sich privat zu einem, wenn auch vorläufigen Ergebnis kommt, wird feststellen, daß wir von geistigen Fertigprodukten nach wie vor, vielleicht sogar dichter als je, umfangen sind. Die nächste Aufgabe wäre dann die herauszubringen, ob es da nicht Alternativen gibt, die aus einer langen Vergangenheit auch heute noch tragfähig sind. Diese müssen sich weiterentwickeln können, aber ihre Wurzeln sind beständig. Die »hochgebaute Stadt« im dritten Jahrtausend wird vielleicht andere Mauern haben als die des 17. Jahrhunderts, aber die Quellen, die in ihr fließen, dringen aus der gleichen Erde, die ihr Wasser aus dem Himmel bezieht. Und dennoch gehört es zu unserer Denkwelt, daß Mythen von Zeit zu Zeit mit neuen Augen gesehen werden, auch wenn dabei ein Denker in den Brunnen fällt und von einem Mädchen ausgelacht wird.

1 Popol Vuh, S. 29 ff.
2 Das Nahe und das Ferne, S. 160
3 Geist und Natur, S. 23
4 a. a. O., S. 15
5 a. a. O., S. 23
6 6. Hauptband, S. 218
7 Koch-Lauxmann, Kernlieder, S. 668 (Der Bearbeiter dieses Buchs, Richard Lauxmann, 1832–1890, war der Urgroßvater des Verfassers. Er war der Empfänger des Briefs, der im III. Teil – Kapitel: »Wenn es Brot regnet« – erwähnt wird.)

Thraitta lacht einen Denker aus – oder: Die Helden der Vernunft

Griechische Götter weichen dem einen Gott

Im Jahr 585 vor Christus gab es über der Ägäis eine totale Sonnenfinsternis, ein furchterregendes, unheimliches Ereignis. Die Menschen waren seelisch durcheinander. Was hat das Himmelstheater zu bedeuten, ist das vielleicht ein böses Omen, das die Verärgerung der Götter erkennen läßt? Nur einer konnte seinen Landsleuten die Furcht nehmen: der Mathematiker, Techniker, Naturwissenschaftler und Philosoph Thales von Milet. Er nämlich war es, der das kosmische Ereignis vorhergesagt hatte, und zwar nicht als ein subjektiv, von göttlicher Macht herbeigeführtes Zeichen, sondern als eine aus Sonnen- und Mondbahn notwendigerweise sich ergebende Konstellation.

Thales wirkte wie Heines nüchterner Mensch, der dem beim Sonnenuntergang seufzenden Mädchen die Illusion einer Sonne nahm, in der »das Fräulein« unbewußt ein willensfähiges Subjekt erkennen wollte. Heute haben wir zwar Zweifel daran, ob denn Thales nach dem damaligen Stand der Astronomie die Sonnenfinsternis wirklich schon berechnen konnte oder ob seine Vorhersage vielleicht doch nur das Ergebnis von intuitiver Betrachtung war, die die mathematisch nachvollziehbare Berechnung umging und vorwegnahm. Wie dem auch sei, die Tatsache, daß seine Vorankündigung eintraf, bewegte die Gemüter der damaligen Zeit und noch lange danach. Sie war ein epochemachendes Ereignis.

Am Beginn der Geschichte des abendländischen Denkens steht dieser Mensch, der mit seinen nüchternen Überlegungen am Thron der Götter sägte und seiner Welt ein neues Paradigma vermittelte: das der objektiv funktionierenden, berechenbaren Welt. Thales, der etwa 625–545 v. Chr. gelebt hat, stammte aus der kleinasiatischen Stadt Milet, kannte jedoch von seinen zahlreichen Reisen den weiten, durch Schiffsrouten im Mittelmeer verbundenen Raum der griechischen Kultur. Er war einer der ersten, die Wege aus der reichen und dominierenden griechischen Mythologie suchten und aus gewohnten Bildern ungewohnte Systeme machten. Wo noch Pallas Athene die Wege und Irrwege des Odysseus gelenkt und begleitet hatte – Homers Epos war damals erst rund zweihundert Jahre alt –, suchten Thales und die Denker der überall erblühenden Philosophenschulen nach Methoden, die ohne den allmächtigen und meist chaotischen Einfluß der mitunter auch raubenden, messerstechenden, notzüchtigenden, betrügenden Götter auskamen. Heute nehmen wir an, daß Thales vermutlich der erste namentlich bekannte bedeutende Denker des Abendlands war und zum Gründungsvater der griechischen Philosophie wurde, die bis heute auf und in uns wirkt.

Natürlich sind die Geistesgrößen von damals bei ihrer Suche nach Naturerkenntnis – nach heutigem Wissen – noch viel im dunklen herumgetappt und haben manches behauptet, was uns heute absurd erscheint, aber das Wesentliche war ja nicht, *ob* sie immer die Wahrheit gefunden, sondern *wie* sie nach ihr gesucht haben. Wenn Thales zum Himmel blickte, dann nicht, um dort Zeus und Hermes aufzuspüren, sondern um den Lauf der Sterne zu verfolgen. Sein Blick nach oben war so konzentriert und geradezu besessen, daß er einmal in einen Brunnen stolperte. Thraitta, ein Mädchen, das Zeugin dieses Mißgeschicks wurde, lachte den Philosophen aus und sagte: »Die Dinge am Himmel mußte er unbedingt sehen, und dabei sah er nicht, was vor seinen Füßen ist.«[1] Mit ihrem schadenfreu-

digen Gelächter ist Thraitta in die Philosophiegeschichte eingegangen als erdverbundener Gegensatz zu den abgehobenen Gedanken der Forscher und Grübler.
Aus Ephesos in Kleinasien stammte der Denker Heraklit (etwa 544–483 v. Chr.), dessen Erkenntnisse eine bis in unsere Zeit grundlegende Bedeutung haben. Seine Lehre vom Logos (= Wort, indirekt auch Worterklärung, Weltsinn, Weltgesetz, Weltvernunft, Weltprinzip) führte nicht weg vom Glauben an Mächte aus dem Jenseits, sondern hin zur Annahme einer über allem stehenden unsichtbaren Gottheit, zu einem Gott, im Gegensatz zu dem von zahlreichen Göttern und Halbgöttern dicht besiedelten Olymp. Von dieser weltumfassenden Gottheit ließen sich keine Liebesgeschichten erzählen, wie beispielsweise von dem als Schwan verkleideten und so auf betrügerische Weise die Leda schwängernden Zeus. Ein abstrakter, über der kosmischen Ordnung stehender Gott ließ sich nicht sehen und natürlich auch nicht in Marmor abbilden und vor Altären anbeten.
Nun darf man sich nicht vorstellen, die Lehren der Philosophen hätten die damaligen Kulte, Riten und Götterlehren verdrängt. Im Gegenteil, die griechisch-hellenistische Kultur war so weiträumig und umfassend, daß zu den Zeiten, als unter den wenigen Gebildeten aufklärerische Thesen diskutiert wurden, die prächtigsten Tempel und Opferaltäre gebaut und die wildesten Feste zu Ehren der Götter gefeiert wurden. Die den Thales auslachende Thraitta blieb bei Zeus, Hermes und Apoll, deren Marmorbilder man in aller Herrlichkeit sehen und anbeten konnte, sie blieb von dem Gerede der wunderlichen, weltvergessenen Denker unberührt, denn sie sah ja, wie man mit ihm stolperte. Dem Volk blieben seine Bilder erhalten.
Die große Wende kam erst in dem welt- und denkgeschichtlich entscheidenden Jahr 399 v. Chr. Ein großer

Philosoph wandelte durch Athen und diskutierte mit der Jugend. Er verdichtete die Lehren seiner Vorgänger zu einem Denksystem, das jetzt geeignet war, auch die Massen anzusprechen. Nichts Überliefertes nahm er ungeprüft hin: Er war der große Meister des Hinterfragens und Zerpflückens. Kein Begriff, Urteil und Vorurteil war vor ihm sicher, und er führte alle, die vorgaben, etwas sicher zu wissen, vom Festland in den Sumpf. Man muß nur lange genug fragen, um zu erfahren, daß unser Wissen nirgends einen festen Grund hat. Sein Denken wurde nach Ansicht der etablierten Vordenker Athens zur Gefahr, denn es zerstörte indirekt Mythen und geistig festgefügte Denkbilder, es stellte den offiziellen Kult in Frage. Der gefährliche Denker, der selbst vermutlich das Handwerk eines Steinmetzen erlernt hatte, hämmerte mit geistigen Werkzeugen am Denk-Marmor seiner Landsleute herum. Es konnte gar nicht anders kommen, der geistreiche Zerstörer mußte beseitigt werden: Er hieß Sokrates. Als er im Jahr 399 v. Chr. nach seiner Verurteilung den todbringenden Schierlingsbecher trank, obwohl es ihm ein leichtes gewesen wäre, rechtzeitig das Weite zu suchen, wußte er, daß er mit seinem Tod ein Opfer für die Freiheit des menschlichen Denkens zu erbringen hatte.
Wer nun jedoch meint, die Denker von Thales bis Sokrates und darüber hinaus seien Anhänger eines platten Materialismus und im Grunde sogar Atheisten gewesen, der wird ihnen nicht gerecht. Sokrates und Platon waren religiöse Menschen, auch wenn sie sich kaum für die Marmorgötter interessierten. Denn die Vernachlässigung der staatlich sanktionierten Götterkulte machte vielen Denkern den Weg erst frei, um nach der in der Ewigkeit geborgenen Seele und dem einen, weltumfassenden Gott zu suchen. Natürlich war dieser Gott nicht der im Einzelfall eingreifende, je nach der politischen und kosmischen Welt- und Wetterlage zürnende oder vergebende Zeus

oder Jahwe der Juden. Der Gott der griechischen Denker ist eins mit dem Weltprinzip, zugleich bietet er den Menschen Geborgenheit und Schutz; denn wessen Seele im Kosmos (in der Weltordnung) verankert ist, der fürchtet nicht die Wogen des irdischen Daseins. Eine berühmte Stelle, die ein Licht auf den Glauben des Sokrates wirft, so wie ihn Platon in seinem Dialog »Phaidon« darstellte, stammt aus dem letzten Gespräch, kurz bevor Sokrates den Schierlingsbecher trank. Die Frage, die seine Freunde beschäftigt, ist die nach dem, was uns nach dem Tode erwartet. Sokrates hofft auf die Vollendung dessen, was er im Leben vergeblich gesucht hatte:

> »Dann wird die Seele ganz für sich sein, getrennt vom Leibe, vorher aber nicht. Und solange wir leben, werden wir offenbar in dem Maße dem Wissen am nächsten kommen, als wir mit dem Leib möglichst wenig verkehren und keine Gemeinschaft mit ihm haben, soweit es nicht unbedingt notwendig ist (...), sondern uns von ihm rein halten, bis Gott selbst uns von ihm löst. Und so, rein und von der Unvernunft des Leibes befreit, werden wir dann wohl unter gleichartigen Wesen leben und durch uns selbst die ganze reine Wahrheit erkennen ...«[2]

Zwei zeitlose Gedanken der platonischen Philosophie, die bis heute ihre Kraft nicht verloren haben, kommen hier zum Ausdruck: die unsterbliche, sich mit dem Tod vom Körper lösende Seele und das Vertrauen auf Gottes Handeln. Es ist die Hinwendung zum Geistigen, das sich von dem gängigen, auch damals populären Materialismus abhebt. Was Platon – dem Sokrates in den Mund legend – sagte, läßt sich so verstehen: Der Mensch kann in diesem Leben schon versuchen, das Geistige, die reine Wahrheit zu erfassen, indem er sich so weit wie möglich von seinem

Körper löst. Er muß Besitzstreben, Wünsche und Begierden, ja möglichst auch die kleinsten körperlichen Regungen vernachlässigen, um in das Immaterielle, in die unverfälschte Wahrheit eintauchen zu können. Sokrates wußte nun zwar, wie das »funktionieren« müßte. Wäre er jedoch Mystiker gewesen, dann hätte er in dieser Stunde vor seinem Tod nicht zuzugeben brauchen, daß es ihm zeitlebens wie einem Normalmenschen ergangen sei, der von seinem Körper im Diesseits festgehalten wird, auch dann, wenn er versucht, in die reine Höhenluft des Geistes einzutauchen. Aber das war Sokrates' Glaube am befohlenen Ende seines Lebens: Wenn mein Leib getötet ist, dann wird er meine Seele nicht mehr im Irdischen festhalten können, dann endlich werde ich ganz in die ersehnte Welt jenseits der Materie eintauchen, die ich zeitlebens nur auf so unvollkommene Weise erahnen konnte.

So hat also die griechische »Aufklärung« keineswegs antireligiös gewirkt, im Gegenteil, sie hat ihre vermutlich wenigen Anhänger zur Erkenntnis einer geistigen Weltdurchdringung geführt, zum Streben nach seelischer Geborgenheit im Kosmos, zu einer Freude, die nicht an Riten gebunden ist. Als dann über vierhundert Jahre nach dem Tod des Sokrates der Apostel Paulus nach Athen kam, auf dem Areopag predigte und von dem »unbekannten« Gotte sprach, konnte er einen wohlbestellten Acker bewirtschaften und an eine lange Denk- und Glaubenstradition anknüpfen. Noch gab es die heidnischen Götter, aber sie waren schwächlich und altersstarrsinig geworden. Ihr Marmor war schon ein wenig verwittert. Die Griechen hatten längst erkannt, daß man rationale Wissenschaft betreiben kann, ohne dadurch den Glauben an das Ewige und Weltumgreifende aufgeben zu müssen. Die von Sokrates und Platon erreichte Synthese zwischen rationalem Denken einerseits und der Öffnung gegenüber zeitlosen Einflüssen aus einer nur der Seele zugänglichen

Welt andererseits blieb und bleibt eines der Vorbilder für das abendländische Denken.
Mit Thales hatte es begonnen. Ihm wurde daher von einigen die Urheberschaft der auf dem Apollotempel in Delphi angebrachten Inschrift zugeschrieben: »Erkenne dich selbst!« Aber wer auch immer die Idee zu diesem Satz hatte, sie ist Gemeingut aller Religionen und Weisheitslehren. Wer die Welt erkennen will, muß sich zunächst selbst kennen.

[1] Die Vorsokratiker, S. 55
[2] Phaidon 66e, Platon Werke (Rufener) Bd. 3, S. 18

Das Hans-im-Glück-System

Das Selbst als ein Schlüssel zur Transzendenz

Opferkulte, Mythen und die Vorstellung einer den Kosmos ordnenden Kraft stehen für frühe Wege in Richtung Jenseits. Aber da gibt es noch einen ganz anderen Pfad: den Versuch, Kontakte zum All in sich selbst zu finden. An seinem Beginn steht eine Frage: Wohin geht die Reise unseres Lebens, wenn sie an ein Ziel gelangen soll, das mehr ist als nur einfach der Tod? Diese ihrer Herkunft nach religiöse Frage beschäftigte auch Dichter und Denker seit Urzeiten. In einem Punkt sind sich die Zielsucher und Zielfinder einig: Das Lebensziel ist nichts Materielles und auch nicht etwas, was man zeitlich festlegen könnte. Die Beförderung zum Oberamtsrat und der Einzug ins Eigenheim mögen ja erfreulich sein, doch mit dem, was die Seele sucht, hat das nichts zu tun. Was ist es dann?

Wir dürfen nicht erwarten, den Weg zum Lebensziel, zum Ich, zum Selbst, als Lernprogramm vorgesetzt zu bekommen. Schon seit Urzeiten wurde diese Route umschrieben als steiniger Pfad, als Leiter, als enge Pforte, als Weg durchs Labyrinth, als Fahrt auf stürmischer See, als Hürdenlauf. So erfuhr man gleich zu Beginn unserer Literaturgeschichte von den Irrwegen des Odysseus vom kriegerischen Troja ins heimische Ithaka, wo die brave Penelope wartete. Viel später gab es dann die erfolglose Suche nach einem Einlaß ins »Schloß«, den der Landvermesser Josef K. in Kafkas Roman »Das Schloß« anstrebte.

Der Aufbruch zum Ich ist überall ein Weg in eine innerliche Heimat, zur Herkunft, zu den Quellen des Daseins. Dieser Weg ist eines der immer wiederkehrenden Themen der Weltliteratur. Er ist, ob das nun so ausgedrückt und beschrieben wird oder nicht, immer auch ein Weg aus dem vordergründig Irdischen hinaus in eine Transzendenz, in der das, was mit Worten dargestellt werden kann, zum Zeichen wird für das Hineinragen einer anderen Welt in unser Dasein. Das hat auch der Apostel Paulus deutlich gesagt: »Wisset ihr nicht, daß ihr Gottes Tempel seid und der Geist Gottes in euch wohnt.« (1. Korinther 3,16) Wenn Gott inwendig ist, dann muß er irgendwo im »Selbst« erkennbar werden.

Um dies anzudeuten, wollen wir uns mit Beispielen begnügen, von denen das erste extrem einfach zu sein scheint. Es ist das Märchen vom »Hans im Glück«. Als ich im Kindesalter diese Geschichte hörte, da wunderte ich mich über den dummen Hans. Wie kann man nur so tolpatschig sein, dachte ich, und einen großen Klumpen Gold, den Arbeitslohn für sieben Jahre, nach und nach gegen ein Pferd, dieses gegen eine Kuh, dann die Kuh gegen ein Schwein, dieses gegen eine Gans und die Gans gegen einen Wetzstein einzutauschen, den Hans schließlich im Brunnen verliert. Und dann heißt diese blöde Geschichte auch noch »Hans im Glück«! Dieses Glück kann doch nur ironisch gemeint sein. So dachte ich jedenfalls. Doch wohin führt Hansens Reise? Sie bringt ihn nach Hause, zu seiner Mutter, und dies nicht auf einmal, sondern erst allmählich in sieben Etappen: Gold, Pferd, Kuh, Schwein, Gans, Wetzstein ... Mutter.

Kaum unterwegs, kommt er zur ersten entscheidenden Erkenntnis: »Es ist zwar Gold, aber ich kann den Kopf dabei nicht gerad halten, auch drückt mir's auf die Schulter.« Anstatt nun zu versuchen, wie allgemein üblich und gerade heute zur alleinseligmachenden Ideologie geworden, mit diesem Vermögen zu wuchern, um noch reicher zu werden, findet es Hans nur belastend, reich zu sein. Er spürt: Als reicher Mann kann man »den Kopf nicht gerad halten«.

Hans rechnet nicht, statt dessen spürt er, je ärmer er bei seinen Geschäften wird, desto leichter wird's ihm ums Herz, desto reicher wird er innerlich. Er wirft nach und nach den Ballast ab, der ihn daran gehindert hatte, frei und beweglich zu sein. Und als Hans schließlich gar nichts mehr hat, kniet er erleichtert und befreit nieder »und dankte Gott mit Tränen in den Augen, daß er ihm auch diese Gnade noch erwiesen« hatte. Und das Märchen endet mit dem wahrlich ergreifenden Satz: »Mit leichtem Herzen und frei von aller Last sprang er nun fort, bis er daheim bei seiner Mutter war.«

Eine etwas kompliziertere, aber in die gleiche Richtung weisende Geschichte zeigt der norwegische Dichter Henrik Ibsen (1828–1906) in seinem Drama »Peer Gynt« (1867) mit den Irrwegen seines unsteten und unzuverlässigen Helden. Solveig, die Peer als noch scheues fünfzehnjähriges Mädchen auf einer Hochzeit kennengelernt hatte, leuchtet ihm in seinem ganzen wilden Leben immer wieder auf. Als Peer nach dem Tod seiner Mutter und vielen abenteuerlichen Jahren nach Hause kommt, übernimmt Solveig für ihn die Rolle der Mutter:

> Peer Gynt (sein Gesicht verklärt sich und er ruft):
> O meine Mutter, du sprichst mich los –?
> Verbirg mich, verbirg mich in deinem Schoß!
> (Er klammert sich fest an sie und verbirgt sein Gesicht.
> Lange Stille. Die Sonne geht auf.)
> Solveig (singt leise):
> Schlaf nun geliebter Knabe mein,
> Ich will wiegen dich, ich will wachen (...)
> Schlaf und träume, du Knabe mein!

Mit diesem Lied endet Peers Reise in die Heimat. Hans und Peer kehren zur »Mutter« zurück in die ungefährdete, sorgenlose Geborgenheit, in die Höhle, aus der sie

ins Diesseits entlassen wurden. Solveig ist Geliebte, Mutter und »... an ihrer Seit' der Vater, der dem Sünder verzeiht«.
Die Lebensreise zu sich selbst, in die Geborgenheit, dorthin, wo der Mensch herkommt, in den Mutterschoß, ist ein archetypisches Bild, aber sie ist auch viel mehr als nur ein Bild oder Gleichnis, sie ist ein seelischer Bestandteil des Menschen, für den alles, was wir sagen können, nur ein Drumrumgerede bleiben muß. Im Grunde geht es um den Weg aus der Zeit in eine transzendente Welt, die ihn *vor* und *nach* der Geburt umfängt, weil sich der Mensch aus den Gefahren des irdischen Lebens hinaussehnt in ein Reich, in dem er schon lange vor der Geburt sich verwurzelt fühlen konnte. In der Zeitlosigkeit kann es auch keinen zeitlichen Unterschied zwischen der Zeit vor und nach dem Leben geben. Wo kommen wir her, wo gehen wir hin? Diese immer wiederkehrende Frage geht davon aus, daß wir auf beiden Seiten, jenseits der Grenze des Lebens in gleicher Weise aufgehoben sind, wie es in einer gregorianischen Antiphon heißt: »Media vita in morte sumus«, für die es schon vor Luther eine Übersetzung ins Deutsche aus einem Basler Gesangbuch von 1514 gab »In mittel unsers Lebens zeyt vom tod seind wir umbfangen ...« Die Mutter wird zum Tor des irdischen Lebens in beiden Richtungen. Oder deutet das archetypische Muttersymbol auf etwas hin, das sich wie z. B. bei Paulus auch als Gott benennen läßt?
Hans und Peer kennen und finden schließlich ihr Ziel. Auch Ernest Hemingways Held aus »Der alte Mann und das Meer« landet schließlich wieder am Ufer, auch wenn Raubfische ihm seinen einst fetten Fang zum Gerippe zernagt hatten. Aber wie sieht es mit dem modernen Menschen aus, der gerade dieses Ziel einer inneren, ungefährdeten Geborgenheit nicht mehr vor Augen hat und sich erst gar nicht auf den Weg macht oder scheitert wie

Kafkas Landvermesser K.? Dazu wollen wir uns einen Text aus diesem Jahrhundert, aus der Zeit unmittelbar nach dem Zweiten Weltkrieg ansehen.
Max Frisch erwähnt in seinem »Tagebuch 1946–1949« gelegentlich Marion, einen Holzschnitzer und Puppenspieler. Wenn Frisch im Züricher »Café de la Terrasse« sitzt und seine Gedanken niederschreibt, erscheint er ihm in seinen Wachträumen. Marion – der Name deutet nicht zufällig auf Marionetten hin – läßt eine seiner Figuren auf dem Pflaster spazieren. Ein Gendarm fragt, was das soll. »Der Mensch, indem er auf die Puppe schaut, lächelnd, da jedermann die Antwort sehen kann: ›Jesus Christus‹ – Der Gendarm: ›Das geht nicht ... Hier nicht ... das geht nicht –.‹«
Die Welt, die durch den Gendarmen vertreten ist, wehrt sich gegen Menschen, die ihre innere Sehnsucht offen erkennen lassen. Und wer ist Marion? Ist er ein ausgelagertes Selbst des Dichters? Identifiziert dieser sich hier mit einem Menschen, der er selbst nicht sein will und sein darf? Der Tagebuchschreiber hofft, seiner eigenen Identität und wohl auch der Marions beim Schreiben näherzukommen. Als ob er sich die Frage stellte: Wer sagt mir denn, wer ich bin und was ich will?, kommt Frisch zu einem scheinbar ganz einfachen Ergebnis:

> »Man hält die Feder hin, wie eine Nadel in der Erdbebenwarte, und eigentlich sind nicht wir es, die schreiben; sondern wir werden geschrieben. Schreiben heißt: sich selber lesen.«[1]

Wenn Frisch nun das Gefühl hat: Nicht ich schreibe, sondern ich werde geschrieben, dann entsteht die uralte Frage: Wer oder was ist das dann, das mich schreibt. Gibt es etwas in mir, was mich lebt, was ich zugleich bin und doch nicht bin, weil ich es eigentlich nicht mit Willen und

Verstand beherrsche, weil es aus einer Welt stammt, die nicht durch meinen materiellen Körper begrenzt ist?
Frisch grübelt in seinen Aufzeichnungen darüber nicht weiter nach, schließlich ist er in erster Linie Dichter und nicht Philosoph. Statt dessen berichtet er von Reisen und Begegnungen mit Menschen. Aber dennoch leuchtet gelegentlich noch wie aus einer Traumwelt das auf Marion ausgelagerte Ich auf. So begegnet Marion am Seeufer einem Wesen, das vielleicht ein Engel ist. Auf dessen Frage, warum er nicht komme, erwidert Marion:

»Wo, wenn du ein Engel bist, führst du mich hin?«
»Zu dir –.«

Marion sucht »das Unglaubliche«. Es ist das Lebensziel des Künstlers, er will das Neue, das andere, er will Menschen auf »unglaubliche« Wege führen. Aber der Engel ist davon nicht beeindruckt, er läßt nicht locker, er wiederholt nur seine Frage: »Warum kommst du nicht?« Oder ist das Unglaubliche in uns selbst, sind wir vielleicht selbst das Unglaubliche? Marions Engel weist einen Weg, dabei ist nur eines sicher: Wer kommen soll, darf nicht bleiben, wo er ist, der muß sich auf den Weg machen. Vielleicht besteht das Unglaubliche einfach nur darin, daß wir es in uns selbst finden können, daß wir etwas in uns verbergen, was sich finden läßt. Vielleicht liegt in uns selbst göttliche Offenbarung, die wir nicht erkennen, weil uns Sinne und Sprache dafür fehlen. Aber auf der Suche nach einem Weg zu ihrem Verständnis müssen wir wie der glückliche Hans auf den Goldklumpen und nach und nach auf alles verzichten.
Daran hat sich seit Urzeiten nichts geändert: Es gibt etwas im Menschen, mit dem er im Zeitlosen verankert ist, das ihm und doch nicht ihm allein gehört, das er ist und doch nicht ist, auf das er sich zurückziehen kann,

wenn ihn die Welt bedroht oder betrügt. Die Kunde von diesem Etwas ist so alt wie die Menschheit, aber es kann nur *um-*, niemals *be*schrieben werden. Namen für diese zeitungebundene Identität gibt es verschiedene, wie z. B.: Seele, Selbst, Ich. Natürlich drücken solche umschreibenden Chiffren je einen unterschiedlichen Aspekt aus, aber diese Aspekte voneinander abzugrenzen, führt uns nicht weiter. Wer darüber nachdenkt, landet nicht im Sprachlichen. Unsere Seele verkehrt nicht in Worten mit uns. Aber sie spricht an auf Eindrücke, Erlebnisse, Bilder und Träume, die unser Leben bestimmen. Und wie reagiert sie darauf? Die Antwort klingt paradox und einfach zugleich: mit Eindrücken, Erlebnissen, Bildern und Träumen. Sie hat ein Eigenleben, das sie oft genug vor uns verheimlichen möchte. Sie zeigt uns unser Ich, wenn wir lernen zu beobachten, was wir um uns herum bewegen und wie wir bewegt werden. Es geht darum, das lesen zu lernen, was wir schreiben, wenn wir geschrieben werden.

[1] S. 19

Atman, Atem, Adam, Aton und Adonis

Der Himmel im Inneren der Welt

Wo ist der Himmel? Eliphas, einer der den kranken Hiob besuchenden Freunde, beschuldigt diesen – wohl zu Unrecht: »Und du sprichst: ›Was weiß Gott, sollte er, was im Dunkel ist, richten können? Die Wolken sind seine Vordecke, und er sieht nicht.‹« (Hiob 22,12) Unter solch archaischen Vorzeichen, die damals allerdings schon überholt waren, ließe sich ja bei schlechtem Wetter jede Sünde verbergen. Gott ist hinter den Wolken und erwischt einen nur bei Sonnenschein. Wenn es so einfach wäre! Immerhin: In manchen Texten des Alten Testaments war der Himmel eine lokalisierbare Gegend über den Wolken. Diesseits und Jenseits waren unter einem Dach. Man brauchte jedoch nicht auf Astronomen der Renaissance oder gar auf die Astronauten des 20. Jahrhunderts zu warten, bis zumindest die Gebildeten wußten, daß der Himmel der Gottheit kein räumlicher, sondern ein immaterieller und unvermeßbarer Ort ist. Dennoch ist es den Menschen oft schwergefallen, sich einen Ort zu denken, der kein Ort war, sich also etwas vorzustellen, was man sich nicht vorstellen konnte. Wenn der Thron der Götter weder auf dem Olymp noch jenseits der Wolken aufgestellt war, wo stand er dann? Irgendwo mußte er doch sein! Allmählich verdrängte der sichtbare und immer besser erforschte Himmel den unsichtbaren in Bereiche jenseits von Raum und Zeit, in die der lebende Mensch nicht vordringen konnte. Ganz allgemein könnte man sagen: Gott flüchtete vor den Forschern aus dem einen Himmel in den andern, aus dem räumlichen in den abstrakten,

dorthin, wo man ihn nicht packen kann. Dies ist dann auch der Grund, warum die Forscher die Verfolgungsjagd aufgegeben haben. Doch vielleicht hatten sie schon zuvor an der falschen Stelle gesucht.
Es gab und gibt unzählige Versuche, sich in diese metaphysischen Räume hineinzudenken. Wenn sie wirklich ortlos und zeitlos sind, so bedeutet dies, daß nichts Jenseitiges auf den Zeitabschnitt zwischen Geburt und Tod beschränkt sein kann. Wir brauchen nur eine raum- und zeitlose Überwelt anzunehmen, und schon entsteht so etwas Ähnliches wie das, was »Seele« genannt wird, ganz wie von selbst. Was es ist, das wußte selbst Platon nicht genau, immerhin kommt die Seele nach seiner Meinung mit dem Tod an einen »wunderbaren Ort«. Aber darüber läßt sich nur spekulieren, es sei denn, man hebe die Unterscheidung zwischen dem Jetzt und der Zeitlosigkeit auf und erlebe sich im Jetzt und *zugleich* auch in der Ewigkeit. Solche Ausbruchsversuche und vielleicht auch gelungenen Ausbrüche aus dem Gefängnis der Zeit hat es immer wieder gegeben. Ein denkbarer Weg in diese Richtung führt zur Frage nach dem Selbst.
Wer sein Selbst sucht, gerät außer sich. Und mancher hat schon auf der Suche nach sich selbst mehr gefunden, als er suchte. Es gibt eine Ebene, auf der die Fragen »Wer bin ich?« und »Wer ist Gott?« ineinander übergehen, weil das Ich bewußt oder unbewußt in einer Allverbundenheit erahnt wird. In eine solche, diesem vergleichbare Verbindung geriet man schon in der indischen Religion.
In seiner Schrift »Das Kleinod der Unterscheidung« legt der Heilige, Philosoph und Dichter Shankara (ca. 686–718), der Sohn einer südindischen Brahmanenfamilie, seine auf uralter Lehre beruhenden Erkenntnisse nieder. Einer seiner zentralen Begriffe ist das Atman. Von Shankara darf man nun allerdings nicht gültige Definitionen seiner Begriffe nach modern-abendländischem Muster er-

warten. Was wirklich gemeint ist, läßt sich nicht unmittelbar aus den Worten selbst ableiten, sondern, wie er immer wieder in seiner Schrift zeigen will, nur aus der Meditation über sie. Der Sinn des Textes ist also etwas, das sich dem Meditierenden erst allmählich, stufenweise, vielleicht sogar erst nach Jahren erschließen kann. Selbst Widersprüchliches bleibt nicht bestehen, denn die Widersprüche lösen sich nach und nach in einer höheren Bewußtseinsebene auf.

> »Der Atman ist die Wirklichkeit. Er ist dein wahres ursprüngliches Selbst. Er ist reines Bewußtsein, das Eine ohne ein Zweites, Absolute Seligkeit. Erfahre deine Identität mit ihm.«[1]

Dieser Auftrag: »Erfahre deine Identität!« ist unbefristet. Er läßt sich nicht auf einem Wochenendseminar abhaken. Er bleibt eine Lebensaufgabe wie der Ruf von Marions Engel: »Warum kommst du nicht?« Doch die allmähliche Erfahrung der Identität ist nur ein Teil der Aufgabe. Shankara geht noch mehrere Schritte weiter.

> »Das Ich-Bewußtsein ist jetzt im Körper verwurzelt. Schmelze es in den Atman ein, das Absolute Sein, die Absolute Erkenntnis und die Absolute Seligkeit.«

Ich-Bewußtsein ist zwar nicht sichtbar, zumindest jedoch indirekt erfühlbar: »Ich weiß, daß ich bin.« Dazu kommt jeder. Aber Atman ist mehr, es ist mein Anteil an einer höheren Einheit, in der ich nicht mehr mein isoliertes und persönliches Eigendasein finden kann. Man könnte den Versuch wagen, Atman als den persönlichen Anteil an einer Weltseele darzustellen, als das Selbst in Vollkommenheit, wenn man zugleich zugibt, daß solche Begriffsbildungen in höchstem Maße unvollkommen sein müssen.

Der nächste Schritt, den Shankara fordert, ist die Verbindung von Atman mit dem Brahman. Brahman läßt sich ebensowenig definieren wie Atman. Shankara schreibt:

> »Nichts ist jenseits von Brahman. Es ist größer als das Größte. Es ist das innere Selbst, die nie endende Freude in uns. Es ist Absolutes Sein.«

Zugleich ist Brahman auch identisch mit dem schöpferischen, weltbeherrschenden Prinzip. Es hat die Funktion einer unpersönlichen Gottheit.

> »Brahman ist der Grund, auf dem dieses vielfältige Weltall, die Schöpfung der Unwissenheit, zu ruhen scheint. Es ruht auf sich selbst. (...) Es ist unteilbar, jenseits von Vergleichen. Das ist Brahman, und ›Das bist Du‹. Meditiere über diese Wahrheit.«

Der feststehende Begriff »Das bist Du« (im Sanskrit: »tat tvam asi«) gilt als Schlüssel auf dem Weg zu höherer Erkenntnis. Dieser ist nach indischer Überlieferung nicht nur geistig zu begehen, sondern mit dem ganzen Körper. Der sprachliche Gleichklang zwischen »Atman« und unserem Verb »atmen« ist kein Zufall, sondern beruht auf der Verwandtschaft innerhalb der indogermanischen Sprachfamilie. Über eine weitere sprachliche Beziehung zu Namen wie Adam, Aton (ägypt. Sonnengott; vgl. Echnaton), Adonis (phönizischer Gott) kann nachgedacht werden.

»Körperliche Selbsterkenntnis«, wozu insbesondere auch das richtige Atmen gehört, wurde in abendländischen Kulturen allerdings nicht gelehrt. Religion und Sport waren immer schon getrennte Schulfächer. Die enge Verbindung zwischen körperlicher und geistiger Selbstfindung und -beherrschung (z. B. durch Yoga oder Qi Gong) ist in Europa noch längst keine Selbstverständlichkeit. Vielleicht liegt hierin auch ein Grundproblem der christlichen Kirchen in der Gegenwart.

Die Schrift auf dem Apollotempel in Delphi: »Erkenne dich selbst« wies in die gleiche Richtung, wenn auch hier der geistige Aspekt im Vordergrund stand. Immerhin kann man auch unterscheiden zwischen dem »Erkenne dich selbst« und dem »Das bist du«. Das Erkennen weist auf einen Weg und »tat tvam asi« auf ein erreichtes Ziel hin.

Manche Menschen haben es nie nötig gehabt, sich auf den Weg der Erkenntnis zu machen, weil sie von vornherein intuitiv sie selbst waren. Sie hatten nie ein Problem mit der Selbstfindung, ihr Selbst wurde ihnen mit in die Wiege gelegt. Der Mensch hat es als Kind auf natürliche Weise erhalten. Aber anscheinend kann man es im Laufe des Erwachsenwerdens verlieren, um es wieder suchen zu müssen.

Im Christentum ist die Selbsterkenntnis keine Privatangelegenheit. Der Mensch sucht sein Selbst im Angesicht Gottes. Vermutlich auf Jesus zurückgehende Worte aus der Spruchsammlung, die unter dem Namen »Thomasevangelium« erst im 20. Jahrhundert (um 1945 in Oberägypten) entdeckt und viel später publiziert wurden, sind gerade in dieser Hinsicht aufschlußreich. Das Thomasevangelium ist möglicherweise sogar die älteste Überlieferung von Jesusworten und inhaltlich zu einem großen Teil unabhängig von den Texten des Neuen Testaments. Der vierte Spruch bei »Thomas« weist auf eine ganz andere und insoweit »neue« Weise darauf hin, daß das wahre Selbst im natürlichen, noch unmittelbar mit dem All verbundenen und vor allem völlig unreflektierten Wesen des Kindes verborgen ist. »Der Greis wird in seinen alten Tagen nicht zögern, ein Kleinkind von sieben Tagen nach dem Ort des Lebens zu fragen, und er wird leben.« Nach Lukas hat Jesus diesen Gedanken so ausgedrückt: »Wer nicht das Reich Gottes annimmt wie ein Kind, der wird nicht hineinkommen.« (Luk. 18,17) Das Kind, das dem Mutterschoß noch ganz nahe ist, das noch nicht gesucht hat und auch nicht zu suchen braucht, kennt seine Herkunft, über die es natürlich nicht berichten kann, weil sie nicht bewußt wird. Doch die Nähe zur Natur, zum Weltganzen, dem es entsprungen ist, macht es zu einem vollkommenen Wesen. Daher sucht der Mensch diesen Weg nach Hause wie Odysseus, Hans im Glück, Josef K., Peer Gynt und Millionen andere.

Interessant ist hier, daß »Ort des Lebens« (Thomas) und »Reich Gottes« (Lukas) oder an anderen Stellen »Himmelreich« etwa im gleichen Sinne gebraucht werden, wobei allerdings die unterschiedliche Sprachstruktur des Aramäischen, Griechischen und Koptischen (Altägyptischen) zu berücksichtigen ist. Es wäre eine Aufgabe unserer Zeit darzustellen, daß Begriffe wie Seele, Selbst, Atman, Brahman, Himmel, Reich Gottes, Ort des Lebens und viele andere aus den verschiedensten Religionen der Menschheit sich auf vergleichbare Urerfahrungen zurückführen lassen und daß hier nur die unterschiedlichen Sprach- und Denkstrukturen auf scheinbar verschiedenartige Wege weisen, die in Wirklichkeit ein weltumfassend gemeinsamer Versuch sind, die Verwurzelung des Menschen in einer immateriellen Zeitlosigkeit zu suchen.

Das Selbst führt aber nicht nur zu einer persönlichen höheren Ebene, sondern zu einer gemeinsamen. Nach Thomas[2] soll Jesus gesagt haben: »Wenn euere Führer zu euch sagen, seht, die Herrschaft ist im Himmel, so werden euch die Vögel des Himmels zuvorkommen. Und wenn sie euch sagen, sie ist im Meer, so werden euch die Fische zuvorkommen. Nein, die Herrschaft ist in euch und außer euch. Wenn ihr euch selbst erkennt, dann werdet ihr erkannt werden. Und zwar werdet ihr erkennen, daß ihr die Kinder des lebendigen Vaters seid. Wenn ihr euch aber nicht erkennt, so seid ihr in Armut und ihr selbst seid die Armut.«

Selbsterkenntnis hat hier einen aktiven und passiven Aspekt: Wer sich erkennt, wird von Gott erkannt werden. Wer das nicht schafft, der verzichtet auf die »Herrschaft«, die er gemeinsam mit Gott ausüben kann. Es ist keine irdisch erkennbare Herrschaft, sie ist weder im Wasser noch in der Luft, sondern innerhalb und außerhalb des Menschen zugleich. Es geht hier im wesentlichen um ähnliche Erkenntnisse wie die von Shankara beschriebene Verbindung von Atman und Brahman.

Solche teilweisen Übereinstimmungen von Glaubenserfahrungen aus verschiedenen Kulturen und Zeitaltern bedeuten keineswegs eine Abwertung des (biblisch) offenbarten »Wort Gottes«, sondern das Gegenteil, sie vermitteln eine Bestätigung der Wahrheit. Diese Bestätigung kommt von außen, aus nichtbiblischen Bereichen. Natürlich ist sie kein Beweis für irgend etwas, sie ist immerhin ein Argument für die Glaubwürdigkeit.

Was kann man nun aus alledem folgern? Schön wäre es, so könnte mancher hoffen, wenn sich hier fertige Antworten vermitteln ließen. Doch gerade die gibt es nicht. Natürlich hat es schon immer Heilsprediger und religiöse Gemeinschaften gegeben, die ein angeblich sicheres Rezept anbieten oder womöglich sogar ihren beitrag- (oder steuer-)zahlenden Anhängern die Zugänge zum Jenseits zu reservieren versprechen. Viele donnern mit Worten, ohne daß zuvor der Geist in ihnen geblitzt hätte. Es kann nie um Patentlösungen gehen, denn wer die verspricht, redet nie von eigenen Erfahrungen. Erkenntnisse und Freude, das kann man aus den tausendfältig wiedergegebenen Bekundungen der Sucher zu allen Zeiten und in allen Kontinenten entnehmen, erhält man nur irgendwann einmal nach der Suche persönlich geschenkt. Wenn man

einen gemeinsamen Nenner aus diesen Erfahrungen herauslesen kann, dann hat er etwas mit der Allverbundenheit alles Existierenden zu tun. Dann werden nicht nur alle Menschen, sondern auch die Ameise, die Schlüsselblume, der Stein auf dem Feld und der Eiszapfen am Haus zu einem gewollten und sinnvollen Teil der Welt und damit auch von uns selbst. Wenn wir das alles wahrnehmen, dann erst nehmen wir uns selbst wahr. Dann wird der Puppenspieler, seine Puppen und alles, was um ihn herum ist, unser ausgelagertes Ich. Wir können zum Puppenspieler werden, selbst dann, wenn alles zu uns sagt, wie der von Max Frisch beschriebene Gendarm: »Das geht nicht … Hier nicht … das geht nicht –.«
Wenn wir uns selbst lesen, dann können wir den Verfasser in uns ahnen. – Und der Himmel? Er muß in uns und außer uns sein, er ist jetzt, zeitlos und nie zugleich. Immer wieder hat es einzelne Menschen gegeben, die ihn vielleicht zu Lebzeiten schon begriffen haben. Nur eines kann man ziemlich sicher von ihm aussagen: Er wird nie zum Privateigentum, es gibt dort auch keine Platzreservierungen.

[1] Das Kleinod der Unterscheidung, S. 84–89
[2] Apokryphe Bibel, S. 319, Thomas, Spruch 3

Der Weg zum Seinsgrund – oder: Mein Wille geschieht

Mystik und Erfahrungen außerhalb des Körpers

»Wahrlich, ich schwimme in der Gottheit wie ein Adler in der Luft.« Elsbeth Stagel (gestorben um 1360), die in einem Kloster des Predigerordens lebte, sagte dies zu ihrem geistlichen Freund Heinrich Seuse.[1] Sie versuchte, damit eine Erfahrung zu schildern, die seit Urzeiten in allen Kulturen immer wieder gemacht wird. Von Tschuang-tse, dem Weisen aus dem südlichen Schantung, der Laotses Lehre im 4. Jahrhundert v. Chr. durch die mystische Komponente bereicherte, stammen folgende Sätze über Menschen, die sich der natürlichen Weisheit verschreiben: »Was sie lieben, ist das Eine (...) In dem, was ihr Eines ist, sind sie Genossen der Natur. (...) Die Menschen sehen im Himmel ihren Vater und lieben ihn persönlich; wieviel mehr müssen wir das lieben, was höher ist als der Himmel.«[2] Das Eintauchen in das Universum und das Erleben des »Einen« stellte Tschuang-tse in vielen Bildern und Gleichnissen dar. Eigenartigerweise verwendet Meister Eckhart, der bedeutendste europäische Mystiker im Mittelalter, in manchen Beziehungen eine ganz ähnliche Sprache. Offensichtlich sprechen sie von gleichen Erfahrungen. Auf die Frage, wie man denn Gott lieben solle, antwortete er in einer Predigt: »Du sollst ihn lieben, wie er ist ein Nicht-Gott, ein Nicht-Geist, eine Nicht-Person, ein Nicht-Bild, mehr noch, wie er ein lauteres, reines, klares Eines ist, abgesondert von aller Zweiheit. Und in diesem Einen sollen wir ewig versinken, vom Etwas zum Nichts. Dazu helfe uns Gott.«[3]

»Das Eine« erscheint in beiden Texten als eine Umschreibung für das, »was die Welt im Innersten zusammenhält« (Goethe), für das, was aus allen unterschiedlichen und voneinander entfernten Phänomenen eine Einheit macht, die auch den Menschen umfängt. Eckhart gebraucht starke Worte: »Gott als Nichtgott«, der nicht in der »Zweiheit«, also im Gegenüber von Subjekt (Mensch) und Objekt (Gott) – und umgekehrt, Aufspürbare, sondern der nur in der Identität von Gott und Mensch Erlebbare ist hier gemeint. Von Gott kann man nichts wissen, da muß man schon Er selbst sein, und sei es nur zeitweise. Wem dies gelingt, der wird selbst zu dem, was die Welt zusammenhält; der Puls des Universums wird ihm nicht nur spürbar, sondern er selbst wird zum Puls. Solche mystischen Erfahrungen eignen sich nicht fürs Psycholabor, sie sind eine originäre Quelle, die zumindest für einige wenige Menschen sämtliche Argumente für und gegen Gott gegenstandlos macht, weil ihnen Gott selbst gegenstandslos wird.

Mystik ist der geheime Schleichweg aus der vordergründigen Welt in Richtung auf ... Dieser Satz ist hier nicht vollendet, denn ein Ziel konnten Mystiker aller Zeiten noch nie so benennen, daß der Normalmensch nun endlich wüßte, wohin ihre Reise geht. Hier stehen einige Begriffe zur Auswahl: Gott, das Eine, das Absolute, das Universum, das kosmische Bewußtsein, das Himmelreich, das innerlich brennende Feuer, das Nichts, das Licht, das Leben, die große Einheit, Brahman, das Tao usw. Nun haben solche Begriffe den Nachteil, daß sie in der Bibel entweder gar nicht oder in einem scheinbar ganz anderen Zusammenhang verwendet werden. Mystik ist jedoch völlig undogmatisch. Wer von seinen privaten Erlebnissen im Jenseits berichtet, kam daher schon immer in den Verdacht, er schmuggle sich an der Kirche vorbei in den Himmel. Mystiker waren, wenn sie konsequent und ehr-

lich sein wollten, meist unwillkommen. Man mißtraute ihnen. Daher wurden auch die Lehren von Meister Eckhart durch eine päpstliche Bulle vom 27. März 1329 verdammt. Möglicherweise starb der »Meister« (Magister, Professor der Theologie) auf der langen und beschwerlichen Reise von Köln nach Avignon, wo er meinte, sich vor Papst Johannes XXII. verteidigen zu können, einer Reise ohne Wiederkehr; denn selbst wenn der fast Siebzigjährige ihre Strapazen überstanden hätte, wäre er vermutlich ein Opfer der Inquisition geworden und auf dem Scheiterhaufen geendet. Wer Gotteserkenntnis aus sich selbst und nicht *nur* aus den heiligen Schriften erfährt, gerät mit der Geistlichkeit in Konflikt, dies ist ein altes Lied. Private Offenbarungen kamen den Wortverwaltern schon immer ungelegen.
Ein in seinem Kern nicht unähnliches Schicksal erlitt der Görlitzer Schuhmachermeister Jakob Böhme. Im Jahr 1600, als er fünfundzwanzig Jahre alt war, wurde er plötzlich von einer Erleuchtung heimgesucht: »Mit seinem gestirnten Seelengeiste durch einen jählichen Anblick eines zinnernen Gefäßes ... zu dem innersten Grunde oder Centro der geheimen Natur eingeführet.«[4] Böhme hatte allerdings in seinem Gottvertrauen nicht damit gerechnet, welchen Zündstoff sein zehn Jahre später verfaßtes Buch »Morgenröte im Aufgang« barg. Als dessen Text seinem (orthodox lutherischen) Gemeindepfarrer Gregor Richter bekannt wurde, diffamierte ihn dieser 1613 öffentlich als Ketzer und verhängte ein Schreibverbot gegen den Schuhmacher, an das er sich mehrere Jahre hielt. Als er fünfzigjährig gestorben war, wurde sein Grab von fanatischen »Glaubensbrüdern« geschändet.
Eckhart und Böhme sind zwei aus einer weltweit großen Familie von Männern und Frauen, deren direkter Zugang zum Jenseits nicht in die amtlich bewachten Glaubenssysteme paßte. Diese Werke gehen auf ein gemeinsames,

weltweit verbreitetes Phänomen zurück, selbst wenn beispielsweise Eckhart »gotisch« und Böhme »barock« empfand und schrieb. Sie tranken wie einst schon Tschuang-tse aus gemeinsamen Quellen, während die anderen Menschen darauf angewiesen sind, ihr Wasser des Lebens aus einem uralten, komplizierten, dazu noch undichten Leitungssystem zu beziehen. Der Gott, von dem die anderen oft nur das erfahren, was ihnen auch wieder von anderen beigebracht worden ist, der ist den Mystikern so nahe, daß sie sich mit ihm identifizieren können. So hatte dies Eckhart in einem der als ketzerisch verurteilten Sätze gesagt: »Der gute Mensch soll seinen Willen so dem göttlichen Willen angleichen, daß er selber alles will, was Gott will ...«[5] Das kann man so verstehen: Der Mystiker kommt in seiner Erleuchtung zu der Erkenntnis, er stehe außerhalb der Welt und außerhalb der Zeit, Gott ist in ihm und er in Gott. Er kann nur das wollen, was geschieht. Und was geschieht, das ist folglich auch *sein* (des Menschen) Wille; er ist ein Bestandteil des universalen Willens.

Der Mystiker dürfte folglich nicht beten: »Dein Wille geschehe«, es genügt ihm zu empfinden: »Unser, bzw. mein Wille geschieht.« Eckhart schloß daraus in seiner Willensverneinung und -vereinung: »Weil nun Gott in gewisser Weise will, daß ich gesündigt habe, so wollte ich nicht, daß ich keine Sünden begangen hätte, und das ist wahre Buße.«[6] Nur wenn durch die völlige Willensvereinigung die »unio mystica« (die mystische Vereinung von Gott und Mensch) zustande kommt, kann der Mensch so urteilen. Dann aber ist er vielleicht auch gar nicht mehr in der Lage, neue Sünden zu begehen.

Jakob Böhme berichtete schon in seinem ersten Buch von einer ganz großen Freude: »Nach etlichen harten Stürmen ist mein Geist bis in die innerste Geburt der Gottheit durchgedrungen und ist da mit Liebe empfangen worden, wie ein Bräutigam seine liebe Braut umfängt. Was da für ein Triumphieren in dem Geiste gewesen ist, das kann ich nicht schreiben noch reden, es läßt sich auch mit nichts vergleichen.« Denn dies war Böhmes zentrale Erfahrung: »Ich bin nicht in die Gottheit gestiegen ..., sondern die Gottheit ist in mich gestiegen.«[7]

Die »unio mystica« wird nicht als Denkakt, sondern als Liebesakt, als Hochzeit und Zeugungsakt verstanden, sie bringt die Liebenden aber nicht in den siebten, sondern, nach deren Bekunden, in den Himmel *in* uns. »Wenn dem Menschen seine Augen nur eröffnet würden, so sähe er überall Gott in seinem Himmel, denn der Himmel steht in der innersten Geburt, da ist der Himmel an allen Enden. Du darfst nicht denken, daß die Gottheit etwa ein Wesen ist, das nur im oberen Himmel ist, und daß unsere Seele, wenn sie vom Leibe scheidet, in den oberen Himmel viele hunderttausend Meilen hinauffahre. Es bedarf dessen gar nicht, sondern sie wird in die innerste Geburt gesetzt, da ist sie bei Gott.«[8]

Wenn der ort- und raumlose Himmel nur innerlich erfahren wird, ist er dann nicht eine Privatangelegenheit, die man schließlich auch biophysikalisch erklären könnte? Ein eingebildeter und dazu noch hormongesteuerter Gott wühlt dann in Synapsen und Neuronen herum. Kann man entsprechende Gefühle denn nicht auch durch Psychopharmaka auslösen? Das mag hin und wieder gelingen, der Haken besteht darin, daß man so allenfalls die *Bahnen* des Geistes stimulieren kann, nicht aber den Geist selbst. Der Geist ist jenseits der Chemie, er wirkt auf unerforschliche Weise auf sie ein, aber dieses Einwirken selbst ist keine chemische Angelegenheit. Dies ist eine heute noch die Materialisten zum Widerspruch provozierende Grenzüberschreitung. Der Geist kann in die Materie nicht implantiert, aus ihr jedoch nicht herausgelesen werden. Wer das versucht, landet doch nur wieder in der

Sprache der Materie, die er nicht überschreiten, transzendieren kann. Der Chemiker findet in einem Gedicht nur Papier und etwas Druckerschwärze, und damit endet sein Zuständigkeitsbereich in dieser Angelegenheit. Wer ein Gedicht als geistiges Produkt eines Dichters analysieren will, muß sich einer anderen Sprache und einer höheren Denkebene bedienen. Es geht hier nicht darum, eine Ebene gegen die andere auszuspielen; alles hat seinen Sinn und seine Berechtigung. Nur der ist im Irrtum, der *seine* Ebene für die einzige hält.

Während Eckhart als Professor der Theologie und Philosophie seine Einsichten in einer mehr oder weniger abstrakten, wenn auch immer gut verständlichen Sprache darstellen konnte – seine Predigten in Mittelhochdeutsch wurden mitgeschrieben und sind dadurch der Nachwelt erhalten geblieben –, gab es eine weibliche Mystik, die in verklärten Bildern schwelgte. Aus einer Vision der Hildegard von Bingen (1098–1179) stammen diese Sätze: »Hocherhaben war dieser Lichtkreis über der Erde, so hoch, daß ich seine Höhe nicht zu begreifen vermochte. Er entsandte einen Glanz, dessen Anblick furchtbar war, bald wie Stein und Stahl, bald wie Feuer, und dieser Glanz floß in seiner allumfassenden Weite so hoch hinauf, (...) daß ich seines Leuchtens keine Grenze erschauen konnte.«[9] Teresa von Avila (1515–1582), die spanische Mystikerin und Schutzpatronin ihres Landes, erlebte ihre visionäre Verbindung zu Gott als »innere Burg«, die »ganz aus einem Diamant oder einem sehr klaren Kristall besteht«.[10]

War selbst Hegel Mystiker? Hatte er zumindest einmal ein mystisches Erlebnis? Was er unter der Überschrift »Die natürliche Religion« (in seiner »Phänomenologie des Geistes«[11]) abliefert, ist zwar längst nicht so kernig und deutlich wie ein Text Eckharts oder Böhmes oder so schwärmerisch wie die Visionen mystischer Klosterdamen, aber er läßt trotz aller Verschwommenheit und Undurchsichtigkeit in vielen seiner Sätze durch Begriffe wie »Lichtwesen, Lichtgüsse, Feuerströme, zur Pracht gesteigerte Schönheit, Herrlichkeit und Stimmen seines Preises« erkennen, daß er selbst von einer Erleuchtung heimgesucht worden sein muß, sonst wären solche Worte zum Thema »natürliche Religion« deplaziert.

Zu dieser »jenseitigen« Welt gibt es noch einen ganz anderen Zugang, der erst in unserer Zeit systematisch erforscht und beschrieben wird, z.B. von dem Mediziner und Leiter der Deutschen Nah-Todesforschung Michael Schröter-Kunhardt.[12]

Bei der Befragung von Menschen, die vorübergehend für klinisch tot gehalten wurden, zeigt sich, daß viele, wenn auch längst nicht alle, sogenannte Nah-Todeserlebnisse hatten. Die Berichte der so Betroffenen stimmen weitgehend überein, sie decken sich auch mit ähnlichen Zeugnissen aus der Literatur aller Kulturen und Religionen. Es handelt sich dabei um Menschen, die nach Herzstillstand und vergleichbaren, normalerweise zum Tod führenden Krisen reanimiert werden konnten. Sie waren also nicht tot, sondern sie sind dem Tod in allerletzter Sekunde noch einmal von der Schippe gesprungen. Immerhin müssen ihre Gehirnfunktionen mit einem schon eingetretenen oder unmittelbar bevorstehenden »endgültigen« Tod gerechnet haben. Ziemlich übereinstimmend wird berichtet, daß sich diese Menschen plötzlich durch einen dunklen Kanal gezogen fühlten und dann einem freudebringenden und erlösenden Licht entgegengezogen sind, vor dem sie aber wieder umkehren mußten, um erneut weiterzuleben. Im Falle von (versuchter) Selbsttötung sollen schlimme Horrorerlebnisse beobachtet worden sein. Zahlreiche Menschen konnten auch kurz vor ihrem dann doch nicht eingetretenen Tod ihren Körper verlassen, sich selbst von oben liegen sehen und genau vernehmen, was die Menschen an der Unfallstelle oder die Ärzte an ihrem Krankenbett sprachen, sie konnten dann auch berichten, was sich in den angrenzenden, körperlich nicht einsehbaren und akustisch abgeschiedenen Räumen abgespielt hat. Sie befanden sich also außerhalb ihres unten liegenden Körpers und waren für andere insoweit nicht sichtbar. Solche Erlebnisse sind, und das ist das erstaunliche Ergebnis dieser Untersuchungen, kultur- und religionsunabhängig. Derartige Berichte stammen auch von Menschen, die sich bis dahin für areligiös gehalten hatten.

Es wäre voreilig, aus solchen Nah-Todeserlebnissen folgern zu wollen, sie seien ein Indiz oder gar ein Beweis für ein ewiges Leben nach dem Tod, denn offensichtlich war das Gehirn dieser Menschen noch nicht völlig abgeschaltet, sonst hätten sie ja, ins Leben zurückgerufen, von diesem Gastspiel im Jenseits nichts in Erinnerung behalten. Immerhin zeigen solche mit wissenschaftlicher Objektivität registrierbaren Befragungsergebnisse, daß materiell nicht faßbare Symptome wie das Heraustreten aus sich selbst, das filmartig abgespulte eigene Leben oder die Annäherung an das erlösende Licht nicht auf gelernte oder im Leben erfahrene Erkenntnisse aufbauen. Sie sind ein Hinweis darauf, daß ein nicht an die Materie gebundenes Leben mit Bewußtsein generell möglich sein könnte. Den Menschen, die von solchen Erfahrungen berichten können, ist eines gemeinsam: Sie verlieren für den Rest ihres weiteren Lebens jegliche Angst vor dem Tod.

Erkenntnisse des Unendlichen, der Zeitlosigkeit, des Einswerdens mit dem Kosmos in einer den Menschen aufwühlenden Schau und Nah-Todeserlebnisse müssen eine der Ursachen für das Entstehen von Religion gewesen sein. Das Problem für die etablierten Glaubenssysteme besteht darin, daß sich solche Erlebnisse den Zöglingen nicht mit dem Katechismus in der Hand einbläuen lassen. Wo ein Mensch auf diese Weise ergriffen ist, bleibt er für eine normierte Weisheit weitgehend unansprechbar und geht ihr scheinbar verloren. Das »Wasser des Lebens« bezieht man nicht unbedingt vom Getränkehändler. Ohne steten Zufluß an mystischer Kraft muß eine Religion vertrocknen, denn sie muß einen unmittelbaren Übergang vom Lehrbaren ins Erfahrbare ermöglichen. Es geht um die Verbindung vom Verstand über das Herz zu Gott. Das Christentum steht nicht unter Denkmalschutz. Es wird nur zu retten sein, wenn es sich zu seiner mystischen Komponente ausdrücklich bekennt und sie in die religiöse Praxis integriert. Es muß Wege und Übergänge bereitstellen. Mystik ist nicht der einzige Zugang zum Jenseits. Immer hat es Menschen gegeben, die ihren Kontakt zur anderen Welt nicht nur im stillen Kämmerlein pflegten, sondern versuchten, ihre Erfahrungen den Mitmenschen zu verkünden. Aber in welcher Sprache konnte das geschehen?

[1] Mystische Texte, Hrsg. Walter Muschg, S. 109
[2] Dschuang Dsi, Das wahre Buch vom südlichen Blütenland, S. 86
[3] Eckehart, Hrsg. J. Quint; 42. Predigt, S. 355
[4] Aus der Biographie des Abraham von Franckenberg, zitiert nach der Böhme-Ausgabe von Hans Kayser, S. 25
[5] Quint, S. 452
[6] a.a.O., S. 452
[7] Böhme, Morgenröte, S. 70
[8] a.a.O., S. 71
[9] Zit. nach »Erhebe dich meine Seele«, Mystische Texte, S. 72
[10] S. 21
[11] Band 3, S. 506
[12] Radio-Vortrag in SWR 2 am 1. 11. 98. Zu diesem Thema sei auch auf die Schriften von Raymond A. Moody und Paul Perry hingewiesen.

II. Teil

Gottesvorstellungen und Sinn der Welt

Wenn die Welt aus einem göttlichen Sinn heraus gestaltet ist, dann muß es doch möglich sein, diesen Sinn zu erfassen, vielleicht sogar in Worten darzustellen. Das Problem ist aber, daß man die Sprache der Gottheit nicht in menschliche Sprache übersetzen kann, ohne Mißverständnisse zu riskieren. Immer wieder wurde dennoch auf die verschiedenste Weise versucht, Botschaften und Erkenntnisse zu empfangen und zu übermitteln. Wer die Unvollkommenheit des Menschen kennt, erwartet von ihm keine vollkommene Beschreibung des Vollkommenen.

Die Sprache Gottes entschlüsseln

Das Problem, Offenbarungen zu verstehen

»In der Gottheit schwimmen wie ein Adler in der Luft«, das mag ja ganz schön lyrisch klingen, doch kann hinter einem solchen Satz überhaupt ein Sinn stehen? So wird sich mancher nüchterne Mensch fragen. Die Sprache der Mystik schwelgt in Bildern oder Umschreibungen, sie liefert und verwendet keine definierbaren Begriffe. Wenn es nach der Meinung einiger Denker ginge, wäre alles nur Unsinn, was dabei herauskommt. Steckt die menschliche Vernunft in einem Sprachgefängnis, aus dem sie sich nur mit Hilfe von komplizierten Zeichen- oder Programmiersprachen befreien kann? Wickelt sich unsere Sprache gewissermaßen als Stacheldraht um das Gehirn? Sagt sie uns: »Wo ich nicht hinreiche, da darfst du auch nicht hindenken«? Oder gilt auch diese Erkenntnis: Unser Denken schwingt sich wie ein Adler in die Lüfte und läßt Semantiker, Semiotiker, Linguisten und Strukturalisten frustriert unten auf der Erde stehen? Da sie sich nur miteinander beschäftigen, haben sie keine Zeit, gelegentlich nach oben zu schauen. So scheint es zwei Sprachwelten zu geben: Eine, in der logische Verknüpfungen möglich sind, und eine andere, die uns Bilder jenseits der Logik vermittelt. Aber leben wir denn wirklich in zwei getrennten Welten, einer Linienwelt und einer Farbenwelt, oder ist diese Trennung nur eine gegen Kopf und Herz gerichtete abendländische Willkür, die eines Tages überwunden sein wird?

Eine der für das 20. Jahrhundert folgenreichsten Denkgrenzerrichtungen verdanken wir Ludwig Wittgenstein.

Er behauptete in seinem »Tractatus« allen Ernstes kurz und knapp: »Die Grenzen meiner Sprache bedeuten die Grenzen meiner Welt.« (5.6) Wie er das meint, das verdeutlicht er so: »Alles was überhaupt gedacht werden kann, kann klar gedacht werden. Alles was sich aussprechen läßt, läßt sich klar aussprechen.« (4.116) Daraus folgert er: »Was wir nicht denken können, das können wir nicht denken; wir können also auch nicht *sagen*, was wir nicht denken können.« (5.61) Wittgenstein tut hier so, als wüßte er nicht, wieviel man *zwischen* den Zeilen sagen, was ein Dichter oder ein Glaubender erleben kann. Dennoch wußte er, daß es auch eine unaussprechliche Welt gibt, die sich einfach nur zeigt, und die er das Mystische nannte. (Dabei ist zu bedenken, daß die mystische Welt eines Eckhart mit der Wittgensteins fast nur das Wort gemeinsam hat.) Nur, was soll die Grenze zwischen sagbarer und unsagbarer Welt? Sollte sie uns vor Denkabenteuern schützen? Wollte nun ein Mensch damit beginnen, sprachliche Expeditionen in das Unsagbare, in das Reich des Mystischen zu unternehmen, dann würde er von dem Grenzwächter Wittgenstein zurückgewiesen. Halt, würde der sagen, keinen Schritt weiter! Denn: »Wovon man nicht sprechen kann, darüber muß man schweigen.« (7) Dieser letzte Satz des »Tractatus« verbannt jede philosophische und religiöse Spekulation in das Nebelland des Unsinns. Natürlich war Wittgenstein nicht so naiv, daß er nicht auch die Unvollkommenheit seines sprachlogischen Systems erkannt hätte. Deshalb mußte er eingestehen: »Wir fühlen, daß, selbst wenn alle möglichen wissenschaftlichen Fragen beantwortet sind, unsere Lebensprobleme noch gar nicht berührt sind.« (6.52) Die logische Folge einer solchen Aussage wäre eigentlich die Behauptung gewesen: »Über Lebensprobleme kann man nicht reden.« Das hat er jedoch wohlweislich nicht in seinen »Tractatus« hineingeschrieben, denn dadurch hätte er schnell erkennen lassen, daß er sich in seinem eigenen Netz verfangen hatte. Wittgenstein, der selbst keineswegs ein areligiöser Mensch war, bohrte, kratzte, feilte und hämmerte deshalb zeitlebens in vielen Sätzen an den von ihm aufgestellten Grenzen herum. Es bleibt die Frage: Wie wird Gott in einer »sagbaren« Welt verständlich? Kann er das »Zeigbare« oder das »Mystische« verlassen und auch in sinnvollen, denkbaren und sagbaren Worten verständlich werden? Oder anders gefragt: Gibt es (trotz Wittgenstein) eine in Worten darstellbare göttliche Offenbarung?

Wie sieht es mit den heiligen Schriften der Religionen aus, woher stammen ihre Texte? Stammen sie aus dem Jenseits der Sprache, obwohl sie doch so lebensnah klingen? Natürlich behaupten aufgeklärte Menschen schon längst, die Bibel sei nicht, zumindest nicht als unverfälschte Stimme aus dem Jenseits zu verstehen. Was ist sie dann? Wenn wir in ihr dennoch das »Wort Gottes« erkennen wollen, dann müssen wir uns fragen, auf welchem Kanal da gesendet wurde. Es geht hier nicht nur um die Bibel, sondern um alle Schriften, in denen zu lesen steht, hier habe die Stimme aus dem Jenseits das Wort geführt. Ganz besonders gilt dies für den Koran, der von seinen Anhängern als Diktat Allahs verstanden wird.

Eine vom Imam Hazrat Mirza Tahir Ahmad publizierte zweisprachige (arabisch und deutsche) Koranausgabe für die Mission in Deutschland (1989) behauptet dies im Vorwort: »Der Heilige Qurân wurde vom Propheten Mohammad (Friede und Segnungen Allahs seien auf ihm) Wort für Wort als Offenbarung von Allah, dem Einen Gott, in einer Zeitspanne von 23 Jahren als Offenbarung empfangen. Es handelt sich beim Qurân also nicht um inspiriertes Menschenwort, sondern um wörtliche Offenbarung vom Schöpfer aller Wesen und Dinge.« Wenn man das wirklich so versteht, dann hat Allah im siebten nach-

christlichen Jahrhundert arabisch in einem mekkanischen Dialekt gesprochen und seinen Text dem Propheten zugeflüstert, modisch ausgedrückt »gechannelt«. Und weil jede Sprache mit ihren Worten ihre eigenen Denkinhalte und -strukturen besitzt, ist auch die beste Übersetzung schon eine Verfälschung der ursprünglichen Botschaft. Dies gilt erst recht für den Wandel der Sprache im Lauf der Jahrhunderte. Können wir heute einen Satz wirklich noch mit gleicher Bedeutung verstehen wie vor vielen hundert Jahren?
Allah diktierte seinem Propheten z. B. auch ein für allemal das Notwendige zum Thema Mode: »Und sprich zu den gläubigen Frauen, daß sie ihre Blicke zu Boden schlagen und ihre Keuschheit wahren sollen und daß sie ihre Reize nicht zur Schau tragen sollen, bis auf das, was davon sichtbar sein muß, und daß sie ihre Tücher über ihre Busen ziehen sollen und ihre Reize vor niemanden enthüllen als vor ihren Gatten, oder ihren Vätern, oder den Vätern ihrer Gatten, oder ihren Söhnen, oder den Söhnen ihrer Gatten, oder ihren Brüdern, oder den Söhnen ihrer Brüder, oder den Söhnen ihrer Schwestern, oder ihren Frauen, oder denen, die ihre Rechte besitzt, oder solchen von ihren männlichen Dienern, die keinen Geschlechtstrieb haben, und den Kindern, die von der Blöße der Frauen nichts wissen. Und sie sollen ihre Füße nicht so zusammenschlagen, daß bekannt wird, was sie von ihrem Zierrat verbergen. Und bekehret euch zu Allah insgesamt, o ihr Gläubigen, auf daß ihr erfolgreich seiet.«[1]
Die Diskussion darüber, ob denn jede Einzelheit des Diktats in irgendeinem Sinne richtig, notwendig und wahr sein könne oder ob das, was im 7. Jahrhundert als sittlich gegolten hat, auch in späteren Jahrtausenden noch sinnvoll sein müsse oder ob Allah in mancher Hinsicht sich gegenüber seinem Propheten vielleicht doch ein bißchen gar zu pingelig ausgedrückt habe, ist nicht nur überflüs-

sig, sondern für einen Moslem auch streng verboten. Es bleibt also dabei, seine Tante darf man unverhüllt sehen, nicht aber deren Freundin, die gelegentlich zu Besuch kommt. Man darf auch nicht fragen, ob der Prophet vielleicht sogar seine eigenen, höchstprivaten Probleme mit Frauen in seinen Moralkodex indirekt hat einfließen lassen. Wer darüber schreibt, ist des Todes schuldig.

Nicht ganz so eindeutig und einfach liegen die Dinge in den heiligen Texten, die auf jüdischer und christlicher Tradition beruhen. Natürlich gab und gibt es auch hier die fundamentalistsche Auffassung derer, die in der Bibel Gottes Offenbarung buchstabengetreu erkennen wollen, die lieber Zeichen und Worte zählen, als über den hinter ihnen liegenden Sinn zu meditieren. Wenn man lange genug zählt und rechnet, kann man alles mögliche aus einem Text heraus- oder in ihn hineininterpretieren. Weltuntergänge lassen sich anscheinend besonders gut auf diese Weise errechnen; Gott sei Dank sind sie bislang nie termingerecht eingetreten. Entweder hat es sich Gott jeweils kurz vor dem Datum noch anders überlegt, oder er läßt sich überhaupt nicht an die mathematische Kette legen. Der Sinn eines Textes steckt wohl nicht im Einzelwort, sondern in und über den Zusammenhängen. Doch die zu erspüren, ist je nachdem gedankliche Schwerstarbeit oder Gnade. Paulus, der wohl schon seine Korinther im Verdacht hatte, an interpretatorischen Spitzfindigkeiten herumzubosseln, schrieb: »Der Buchstabe tötet, aber der Geist macht lebendig.« (2. Kor. 3,6) Wäre dieser Satz immer ganz beachtet worden, dann hätte sich viel Gezänk vermeiden lassen, und mancher Scheiterhaufen hätte einem nützlicheren Zweck dienen können als dem, den Vertreter einer anderen Wortauslegung vorzeitig ins Jenseits abzuschieben.

Wer am wörtlichen Bericht festhalten will, der hat auch Schwierigkeiten, weil er in der Heiligen Schrift so manches findet, was sich nicht zusammenreimen will, und seien es nur die verschiedenen Stammbäume von Jesus bei Matthäus und bei Lukas. Schon beim Vater Josephs gehen die nämlich auseinander, denn bei Matthäus hieß der Vater Josephs Jakob und bei Lukas Elis. Von einem ungeklärten Vaterschaftsprozeß wird nichts berichtet. Im weiteren Verlauf scheinen die Stammbäume noch willkürlicher zu sein. Allerdings erscheint David in beiden Listen, denn nur auf ihn kam es den Evangelisten an. Jesus sollte schließlich ein Nachkomme Davids sein. Andererseits wird Wert auf die Feststellung gelegt, daß Joseph doch nicht der leibliche Vater sei; was sollen dann die ganzen Vorfahren bezeugen? Solche kritischen Überlegungen konnte der Bibelleser schon seit jeher, längst vor der Aufklärung anstellen, und es ist insofern schon konsequent, wenn z. B. noch Mitte des 20. Jahrhunderts Bibeln für den Export nach Spanien beim dortigen Zoll beschlagnahmt wurden. Mit staatlicher Hilfe sollte sichergestellt werden, daß sich keiner kritische Gedanken über die Widersprüche im Bibeltext machte.

Diese offensichtlichen Widersprüche haben jedoch eine ganz andere Quelle. Nicht Gott ist unvollkommen, sondern die Menschen sind es, die auf ihn horchen. Sie vernehmen seine Stimme vermengt mit dem Rauschen ihres Bluts und der Welt, in der sie leben. Schon Sokrates erkannte diesen ewigen Störsender in sich, der ihm immer wieder in die Quere kam, wenn er sich der Wahrheit schon ganz nahe fühlte.

Was Propheten und Gottesgelehrte aller Zeiten sagen und niederschreiben können, ist eine Übersetzung aus einer Sprache, die sich keiner Worte bedient und doch eine Sprache ist, die sie spüren. Sie taten etwas, was jeder Wittgensteinschen Logik widerspricht: Sie versuchten, das Unsagbare in das Sagbare zu übertragen; sie versuchten das, was sich zeigt, das Unausssprechliche, auszusprechen.

Sie waren Grenzverletzer. Dies ist weiß Gott keine einfache Angelegenheit, und es muß wohl verzeihlich sein, wenn dabei manches danebenging.
Martin Buber (1878–1965), der große jüdische Denker, in dessen Lebenswerk zentral die Verdeutschung der »Schrift«, d. h. des Alten Testaments steht (zusammen mit Franz Rosenzweig), schrieb einmal: »Die Offenbarung schüttet sich ja nicht durch ihren Empfänger wie ein Trichter in die Welt, sie tut sich ihm an, sie ergreift sein ganzes Element in all seinem Sosein und verschmilzt damit. Auch der Mensch, der ›Mund‹ ist, ist eben dies, nicht Sprachrohr – nicht Werkzeug, sondern Organ, eigengesetzliches lautendes Organ, und lauten heißt umlauten.«[2]
Dieses »Umlauten« ist aber nicht nur eine Veränderung des ursprünglichen Wortes, ein Übersetzungs- oder Verständnisfehler, sondern ein stammelndes Verstehenwollen von etwas, was in menschlicher Sprache eigentlich gar nicht verständlich sein kann. Gottes Wort wird vom Menschen auf diese Weise zwangsläufig »zensiert«, denn der Prophet kann sich ja nur mit den Begriffen seiner eigenen Welt und seines Horizonts ausdrücken. So ist manches in die Bibel hineingeraten, was nicht immer der Religion förderlich war. Selbst fromme Theologen waren oft nicht frei von menschlichen Haß- und Rachegefühlen. Um sich selbst den Rücken freizuhalten, schoben sie diese dann Gott in die (nicht vorhandenen) Schuhe. Ein Mystiker würde nie vom strafenden, zürnenden, rächenden, richtenden Gott reden. Ob es der historische Jesus je getan hat, erscheint zumindest fraglich. Außerdem konnten die »Autoren« der Bibel nur mit Worten und Begriffen ihres Volkes und ihrer Zeit umgehen. Sie kannten die Herde und den Weinberg, nicht aber die Börse und das Internet. Aber es geht nicht nur um Begriffe, sondern auch um die Dimensionen des Mitteilbaren. Wer mit Blei-

stift auf Papier den Himmel zeichnen will, bleibt diesem alles schuldig, weil die Abgehobenheit des Erfahrbaren vom Sagbaren von anderer, höherer Qualität ist. Worte sind Schall und Rauch, sie können nie die Wahrheit selbst sein, sie können nur dazu beitragen, daß Leser, Betrachter und Hörer durch sie der Wahrheit ein Stück nähergebracht werden. Sprache ist, so verstanden, ein Transportmittel, nicht jedoch das Ziel selbst. Die Schrift hat also nur eine Hilfsfunktion und auch die schönste Bibel ist zunächst nur bedrucktes Papier. Was sie von Gott ausrichten kann, muß der Mensch in der Begegnung mit dem Wort selbst vollziehen. Vielleicht hilft ihm Gott dabei ein bißchen.

Es bleibt also die Frage: Was kann man mit der Bibel beweisen? Eigentlich kann man mit ihr in der Hand nur eines sicher beweisen, nämlich daß etwas in ihr steht. Die Bibel beweist sich selbst, sonst nichts. Das ist ein ganz allgemeines logisches Problem: Jeder Beweis setzt voraus, daß er die Ebene des zu Beweisenden verläßt, daß er in eine andere Argumentationsebene transzendiert. Das heißt mit anderen Worten: Beweise müssen von außen herbeigeholt werden. Der Beweis, daß die Bibel »Wort Gottes« ist, läßt sich nicht aus der Bibel selbst herleiten, er muß von den Menschen erbracht werden, die die Inhalte der Bibel in sich nachvollziehen und sie damit anderen gegenüber glaubhaft machen können. Papier ist geduldig, der Mensch ist es nicht. Erst wenn ihm bedrucktes Papier zu einer *Erfahrung* verhilft, hat das etwas mit Wahrheit zu tun. Der Beweis, daß ein Schlankeitsmittel wirkt, läßt sich nicht durch die Behauptungen des Werbeprospekts erbringen, sondern nur durch Menschen, die dadurch schlank geworden und geblieben sind. Wahrheit, die den Menschen berührt, bleibt nie als Selbstzweck oder als tote Masse bestehen, sondern sie muß aktiviert werden. Soweit dies gelingt, kann sie das Denken des

Menschen hinüberbegleiten, in einen Glauben, der die materielle Welt in Richtung Jenseits hinter sich läßt. Dieses Gelingen wäre zumindest ein Argument für die Wahrheit, weil es sich nicht aus dem Wort selbst ergibt, sondern nur aus dem Umgang mit ihm. Man kann es noch kürzer ausdrücken: Die *Wirkung* des Wortes beweist etwas, nicht das Wort selbst.

[1] Koran, Sure 24, Vers 32
[2] Buber, Werke Bd. I, S. 158

Die Wahrheit des Unsagbaren

Erfahrung und Mitteilbarkeit

Was haben seinerzeit Jethros Schafe »gesehen«? Sicherlich nichts Außergewöhnliches. Hätte man sie fragen können, dann hätten sie nur mit einem kräftigen »Mäh« geantwortet. So ist es geblieben seit dreitausend und mehr Jahren. Der unbeteiligte Wiederkäuer grast und verdaut weiter wie zuvor. Aber es geht zunächst einmal nicht um eine Herde in der Steppe am Sinai, davon später, sondern um ein philosophisches Problem: Wie können wir sinnliche Erfahrungen und geistige Erlebnisse unter einen Hut, das heißt in ein und denselben Kopf bringen? Wie kann aus innerem Erleben und Tatsachenbericht eine Einheit entstehen? Dies scheint ein unlösbares Rätsel zu sein. Karl Jaspers befaßte sich immer wieder mit der Frage nach dem Verhältnis des aufgeklärten, philosophisch denkenden Menschen zu der in der Bibel niedergelegten angeblich göttlichen Offenbarung: »Warum reden wir von dem, von dem nicht zu reden ist, weil dies in der Sprache von den Dingen der Erscheinungswelt doch falsch wird?«[1] Obwohl der Mensch weiß, daß seine Wiedergabe nicht nur ungenau, sondern teilweise auch falsch sein muß, bemüht er sich dennoch darum, »weil Erfahrungen des Daseins mitteilbar werden sollen. Diese Erfahrungen sind aber keine ›empirischen Erfahrungen‹.« Für Jaspers können solche Bekundungen nur dann Bestand haben, wenn sie als »Chiffer«, als eine bildhafte Umschreibung oder Verschlüsselung des Unbeschreiblichen übernommen werden. Daß man jedoch auf die Erkenntnis, Gott sei nichts als eine »Chiffer« für das im übrigen Unbeschreibliche keinen Glauben aufbauen kann, wußte auch Jaspers, deshalb bekannte er: »Die Gehalte der Bibel sind für uns durch kein anderes Buch ersetzbar.«[2] Aber der Philosoph muß, soweit er philosophisch und nicht als Glaubender denken will, immer auch bereit sein, das alles nüchtern und von außen zu betrachten. Jaspers war von der Unvereinbarkeit des Offenbarungsglaubens (»die Bibel ist Gottes Wort«) mit dem »philosophischen Glauben«, den er als »Glaube des denkenden Menschen« definierte, überzeugt. Aber wenn er recht hätte, müßte sich ja eine Grenze zwischen beidem ziehen lassen. Doch auch diese Übergänge sind fließend. Jaspers sagte vom Menschen: »Er will wissen, was wißbar ist, und sich selbst durchschauen.«[3] Damit begibt er sich in die gleiche Falle wie Wittgenstein mit seinem »Unsagbaren«. Das Wißbare und das Sagbare stammen aus der gleichen rationalistischen Weltanschauung. Es sind vernünftige Begriffe, die nach Abgrenzung verlangen. Aber eine wirklich eindeutige, logischen Forderungen standhaltende Abgrenzung zwischen rationaler Textbeurteilung einerseits und dem Glauben an göttlich inspirierte Inhalte andererseits wird sich nie finden lassen. Man kann daher die Geschichte und die Geschichten und Gebete der Bibel durchaus als Wort des Menschen verstehen, ohne diesem das Göttliche von vornherein abzusprechen. Martin Buber versuchte dies so darzustellen: »Gott in aller Konkretheit als Sprecher, die Schöpfung als Sprache: Anruf ins Nichts und Antwort der Dinge durch ihr Entstehen.«[4] Bekennt man sich dazu, dann allerdings ist die Bibel Gotteswerk und Menschenwerk zugleich, sie ist Offenbarung *und* menschliche Erkenntnis, denn gerade in diesem Bewußtsein könnte sich die Überschreitung der von der Philosophie gezogenen Grenzen zeigen. So ließe sich sagen, die Bibel ist aus einer Teamarbeit zwischen Gott und Mensch entstanden. (Jaspers wäre mit diesem Satz nicht einverstanden gewesen, Buber vermutlich schon.)

Doch wie geht es weiter mit dem »Wort Gottes«? Die Bibel kann nicht der einzige Text sein, der von göttlicher Erfahrung zeugt. Denn diese Aufnahmebereitschaft muß im menschlichen Wesen seit Urzeiten verankert gewesen sein. Und wenn Gott je gesprochen hat, dann hat er damit nie aufgehört. Vor allem muß er auch außerhalb des »heiligen Landes« zu verstehen gewesen sein. Wer Gottes Offenbarung auf die in der Bibel zusammengefaßten Texte reduzieren will, der muß ihm Unrecht tun, ihn an die Kette legen und ihn zugleich seit fast zweitausend Jahren zum Schweigen verurteilen. Aber er schweigt nicht. Allerdings ist es schwieriger geworden, ihn heute noch zu hören, weil unsere Sprache sich weiterentwickelt und von der Natur fortbewegt. Was uns heute als verschlüsselt erscheint, war einst der Wirklichkeit noch viel näher. Unsere heutigen Technik-Mythen und unsere Sprach- und Denkstruktur bieten kaum noch ein Raster für das Auffangen von Botschaften aus der Transzendenz. So verstanden, wird die Stimme Gottes nicht schwächer, sondern nur schwerer vernehmbar bei dem Lärm, den wir um uns herum veranstalten. Wir bedienen uns einer gottfernen Sprache und schließen dadurch auf Gottes Abwesenheit. Wir versuchen, unser Wissen zu strukturieren und danach zu beurteilen, was »wißbar« ist. Unsere Ohren sind heute an andere Wellenlängen gewöhnt als einst. Weit sind die Zeiten, als die Schöpfung noch gehört, der Atem Gottes noch auf der Haut gespürt werden konnte, als das Unsagbare sagbar war.
Natürlich ist auch dies alles nur bildlich und nicht mit empirischer Genauigkeit gesagt. Man könnte versuchen, in den vorangegangenen Sätzen statt des Wortes »Gott« auch ähnliche Umschreibungen oder »Chiffern« wie Gottheit, das Göttliche, das All, die Natur etc. einzusetzen, ohne sie dadurch völlig zu verwischen. Die Verwendung des Wortes Gott ist, so verstanden, schon ein reli-

giöses, philosophisch nicht begründbares Bekenntnis. Definieren und abgrenzen läßt sich hier nichts, so gerne es manche auch täten. Denn wir müssen uns darüber im klaren sein, daß es Bilder gegeben hat, die mehr waren als nur die Bilder selbst. Hierfür soll eine der gewaltigsten Stellen des Alten Testaments stehen.
Mose hütete die Schafe Jethros, seines Schwiegervaters, beim Berg Horeb. So eng waren die Funktionen damals verzahnt. Man stelle sich vor, ein Bundeskanzler sei zugleich Schäfer, Landwirt oder Fischer, um davon leben zu können. Wäre dies für einen Menschen in solcher Funktion vielleicht nicht manchmal sogar besser, als in der siebenundzwanzigsten Rede zum siebenundzwanzigsten Mal das gleiche zu sagen, wissend, daß er siebenundzwanzig Mal seine Hintergedanken und Zweifel unterdrücken muß? Es ist eben ein Unterschied, ob man, in Ruhe und mit der Natur verbunden, nur das Blöken der Schafe oder fernab von ihr nur das der Politiker oder Journalisten vernimmt.
Mose erlebte nämlich etwas, was einem Menschen unserer Zeit, zumindest einem hohen Politiker oder vielbeschäftigten Manager, sicher entgangen wäre: »Und der Engel des Herrn erschien ihm in einer feurigen Flamme aus dem Busch. Und er sah, daß der Busch mit Feuer brannte, und ward doch nicht verzehrt; und sprach: Ich will dahin und beschauen dies große Gesicht, warum der Busch nicht verbrennt. Da aber der Herr sah, daß er hinging, zu sehen, rief ihn Gott aus dem Busch und sprach: Mose, Mose! Er antwortete: Hier bin ich.« (2. Mose 3, 1 ff.) Im Verlauf dieses Gesprächs möchte Mose schließlich wissen, mit welchem Namen er von Gott reden soll. Doch Gott nannte keinen Namen, sondern verkündete nur etwas über sein Sein. »Gott sprach zu Mose: Ich werde sein, der ich sein werde.« (3, 14) Das kann auch so interpretiert werden: »Ich bin, der ich bin«, oder einfach nur: »Ich bin

da.« Die Worte »Ich werde sein, der ich sein werde« sagen nicht mehr und nicht weniger als »Ich bin, und zugleich bin ich das, was geschieht und geschehen wird.« Gott erscheint hier also nicht als etwas Begreifbares, sondern als etwas Geschehendes. Es entsteht kein gesondertes Bild von ihm, sondern es gilt umgekehrt: Er ist *alles*, was geschieht.

Der Busch, der Engel, die Flamme, der Satz »Ich werde sein« und zahllose andere Bilder, sie alle sind Umlaute einer von Menschen empfangenen Botschaft aus dem Weltganzen, das sie mit Sinnen und Nachsinnen zugleich erkunden. Der Verfasser oder Bearbeiter dieses biblischen Textes, der rund vier- oder fünfhundert Jahre nach dem zugleich historischen wie mythischen Moses, der schon im 13. Jahrhundert v. Chr. gelebt hatte, in diesen sich geistig hineinversetzte, muß entweder eine alte Überlieferung aufgezeichnet oder selbst diese Botschaft in sich erhalten haben. Wo es um die Wahrheit des Mythos geht, ist dieser scheinbar gewaltige Unterschied unwesentlich. Der Schreiber machte Moses zu dem, der er für die Um- und Nachwelt sein mußte und diente damit der göttlichen Wahrheit. Die historische interessierte ihn nicht.

Weder die Verfasser der Mosesbücher noch die Evangelisten waren Reporter, sondern inspirierte Theologen. Sie waren Interpreten einer unaussprechlichen Wahrheit. Wirklichkeit ist, was wirkt. (Unsere Sprache ist oft anders und genauer als wir denken.) Und so macht es auch keinen Unterschied, ob Mose den brennenden Dornbusch wirklich sah oder ob die Erscheinung in ihm brannte. Sicher haben auch die Schafe nichts bemerkt, sie grasten weiter. Aber mit Argumenten aus *unserer* rationalen Denkwelt kann man gegenüber der Macht eines archetypischen Geschehens nichts ausrichten. Wenn (der historische oder mythische) Mose eine Wahrheit erfuhr, dann ist es auch heute noch Nebensache, ob das physikalisch gedeutet werden kann oder nicht. Nur so konnte die im Menschen wirkende Stimme aus der Transzendenz verstanden werden. Sie war keine Privatangelegenheit zwischen Gott und Mose, denn Mose nahm die Botschaft für sein Volk entgegen. Er war Empfangsantenne und Sender zugleich. Haben wir Hoffnung auf eine neue Sprache, in der das schöpferische Prinzip aus dem Weltganzen und das, was über und hinter den Erscheinungen liegt, verstanden werden kann? Gibt es einen Weg aus dem Sprachgefängnis? Für Mystiker begann das Problem erst dann, als sie versuchten, ihre Erfahrungen niederzuschreiben. Aber sie haben es dennoch getan und damit von einer Wahrheit gesprochen, die sich rein zeigt aber nur unrein anderen vorgeführt werden kann. Die Grenze zwischen Linienwelt und Farbenwelt kannten sie nicht, sie sahen nur eine gemeinsame Welt. Wie können wir zu dieser umfassenden Welt zurückfinden? Ein Phänomen, an dem sich der Weg in diese Welt entscheiden kann, ist die Geschichte von Jesus.

[1] Der philosophische Glaube angesichts der Offenbarung, S. 161
[2] Der philosophische Glaube, S. 86
[3] a. a. O., S. 13
[4] Buber, Werke III, S. 743

Was kann man vom »Gesalbten« erwarten?

Das Phänomen Jesus als Objekt der Geschichte

Daß eine Wahrheit über unlösbare Widersprüche und fragwürdige Berichterstattung dominieren kann, ist eine alte, aber dennoch von vielen bezweifelte Erfahrung. Als wichtigste Verlautbarung Gottes gilt für die Christen das Neue Testament, in dessen Mittelpunkt die Geschichte von Jesus steht.

Es ging einigermaßen unblutig zu, als Jesus gefangengenommen wurde. Für die einzige Ausnahme sorgte sein Jünger Simon Petrus. Der zog in der Aufregung das Schwert und schlug blindwütig dem Malchus, einem Diener des jüdischen Hohepriesters, das rechte Ohr ab. Das war's dann auch schon mit den Kampfhandlungen in dieser turbulenten Nacht. Jesus wollte von derartigen Heldentaten natürlich nichts wissen. Er war selbstverständlich gegen Verteidigung mit Waffengewalt.

Das soll der »König der Juden« gewesen sein? Von einem König im Stile Davids konnte man doch etwas ganz anderes erwarten. David wurde einst mit Gesang und Tanz gerühmt, weil er zehntausend Philister (das Wort ist verwandt mit Palästinenser) erlegt hatte. Und als er Sauls Tochter Michal heiraten wollte, verlangte der künftige Schwiegervater erst mal hundert Vorhäute von getöteten Philistern, denn das war ja das Verwerfliche und Schlimme an den Philistern: Sie waren nicht beschnitten. Die Besorgung der entsprechenden Vorhäute war natürlich eine Kleinigkeit für David. Er lieferte seinem Schwiegervater fristgerecht nicht nur hundert, sondern sogar gleich zweihundert Stück als Morgengabe. (1. Buch Samuel, Kap. 18). So also mußte der König der Juden aussehen: ein rücksichtsloser Draufgänger, schlauer Taktiker, Frauenheld, jedoch auch ein frommer Dichter und Saitenspieler. Kurz: ein Erfolgsmensch, einer, der von Anfang an das Zeug zum mächtigen Fürsten in sich hat. Ein bißchen Mord, Verrat und Ehebruch schadet dabei nichts, schließlich stammte ja der große Salomo aus dem ehebrecherischen Verhältnis Davids mit Bathseba, deren Mann Uria er in den Tod schickte. David hat man das alles nicht übelgenommen, weil Gott ihm verziehen hatte. Sünde? Es kommt darauf an, wer sie begeht. So schien man damals zu urteilen. Aber ein Purist, Nonkonformist und Fanatiker des ungeregelten Anstands wie Jesus, der sich gleich in sein Schicksal fügt, von dem war keine Rettung des Volks zu erwarten.

Wenn man wissen will, wer Jesus war, dann kommt man nicht darum herum, sich auch damit zu befassen, was man von einem Erlöser sich damals erhofft hatte. Dies scheinen zwar zunächst Probleme aus einer längst vergangenen Zeit zu sein, immerhin sind diese direkt und indirekt in die Evangelien mit eingeflossen, und somit werden sie auch für unsere Zeit aktuell. Daher wurde und wird die Frage immer wieder gestellt: Wer war, oder besser: Wer ist Jesus? Jede Zeit versucht, auf ihre Weise Antworten zu finden.

Gibt es überhaupt gültige Antworten, sind denn nicht nur jeweils philosophische, theologische, historische oder meditative Spekulationen möglich? Viele Wege, sich mit diesem in der Menschheitsgeschichte einmaligen Phänomen auseinanderzusetzen, weisen in völlig verschiedene Richtung. Und doch verlangt der philosophisch Denkende, von außen an das Problem Herantretende, zunächst eine sachliche, nachvollziehbare Antwort. Wer einem so fragenden Menschen gleich mit der Behauptung käme: Jesus war Christus, Gottes Sohn, er wurde von der Jungfrau Maria geboren, er ist der Erlöser der Welt, er sitzt zur Rechten Gottes, des Vaters, auf dem himmlischen Thron, er regiert die Welt von Ewigkeit zu Ewigkeit in der Dreieinigkeit mit Vater und Heiligem Geist, er wird wiederkommen und Gericht abhalten usw., der kann zumindest in unserer Zeit nicht mehr ohne weiteres erwarten, daß er von einem völlig Uneingeweihten, Ungläubigen noch für voll genommen wird. Man kann diese Einstellung keinem zum Vorwurf machen, dessen »semantisches Potential« eine solche Antwort nicht verkraftet. Derartige Begriffe passen einfach nicht in das nur *philosophische* Denken. Doch ist das Problem damit erledigt? Wir werden sehen, daß es auch ganz andere Zugänge zu dieser Frage gibt.

Als vor fast zweitausend Jahren die Apostel die Länder um das Mittelmeer bereisten und christliche Gemeinden gründeten, hatten sie es leichter. Fast überall fanden sie Kulte vor, in denen göttliche Gestalten verehrt wurden. In den meisten von ihnen waren über persische, jüdische, griechische, ägyptische, phönizische und weiter aus dem Osten, ja vielleicht bis aus Indien stammende Einflüsse Religionen verbreitet, in denen Begriffe wie Heiland, Messias, Erlöser, Gottessohn, Sohn der Jungfrau, Engel, Auferstehung usw. gebräuchlich waren. Die ersten christlichen Missionare beackerten ein in religiöser Hinsicht fruchtbares Feld, insbesondere konnten sie Denkstrukturen und Sprachen nutzen, in denen die religiösen Begriffe, mit denen die neue Lehre arbeitete, schon weitgehend vorhanden waren. Jesus selbst, seine Apostel und die Evangelisten waren als Menschen ihrer Zeit mit solchen Traditionen und Begriffen großgeworden.

Heute ist das ganz anders. Da stehen Menschen, die in

christlicher Tradition erzogen worden sind, denen gegenüber, die in einem völlig areligiösen Umfeld aufgewachsen sind und die für die Begriffe, die um die Zeitenwende üblich waren, keine Ohren mehr haben. Dies gilt auch für viele, die pro forma noch Christen sind. Aus eigener Erfahrung sagte daher einmal ein Pfarrer: »Mission unter Christen ist eine Heidenarbeit!« Wie kann man einem Menschen, der zu religiösen Begriffen nicht einmal einen sprachlichen Zugang hat, erklären, Jesus sei Gottes Sohn? Solche Worte rauschen an ihm mehr oder weniger wirkungslos vorüber, da können sich selbst eifrige Religionslehrer die Hälse wundkrähen.

Nichtchristlichen Schriftstellern der damaligen Zeit war Jesus und sein Schicksal allerdings keine Notiz wert. Historisch gesehen, war er zunächst nur eine Randerscheinung; keine Interviews, Briefe, Talkshows sind von ihm in der weltlichen Literatur überliefert, und einem potentiellen Nachfolger erginge es heute vermutlich genauso. Als einzige Ausnahme gilt der jüdische Historiker Josephus Flavius (ca. 37–100 n. Chr.). Er erwähnt Jesus zwar, dennoch erfährt man nichts Näheres über ihn. Abgesehen davon wird die Echtheit dessen, was er über Jesus geschrieben haben soll, bezweifelt und teilweise als spätere Hinzufügung durch christliche Textredakteure angesehen.[1]

Wie sah die Umwelt damals aus? Das jüdische Volk war (wieder einmal) in arger Bedrängnis: Es war im Jahr 63 v. Chr. endgültig unter die Herrschaft der Römer geraten, und es regierte (von 40–4 v. Chr.) Herodes der Große als Scheinkönig. Er tat zwar, als ob er selbst auch Jude sei, für diese war er jedoch Repräsentant der römischen Besatzungsmacht, ein Zerstörer ihres Glaubens und ihrer Bräuche. Seine Nachfolger waren nicht besser angesehen. Was lag da näher, als zu hoffen, jetzt müsse endlich der von den Propheten versprochene Erlöser und Retter Israels kommen, der als später Abkömmling und Nachfolger die tausend Jahre zurückliegende Herrschaft des legendären König Davids erneuern und die Römer zum Teufel jagen würde. Dieser erwartete Judenkönig trüge dann wie der einst zum König gesalbte David den Ehrentitel »der Gesalbte« (hebräisch: Maschiach bzw. Messias; griechisch: Christos). Das ist nichts grundsätzlich anderes als Begriffe wie Majestät, Hoheit, Exzellenz etc.

Nur wie sollte der Gesalbte und Erlöser aussehen? Die vermutlich unterschiedlichen Propheten, die im Jesajabuch geschrieben haben, hatten jeweils eigene Visionen: Der eine verkündete im 9. Kapitel eine Gestalt des strahlenden Lichts: »Wunderbar, Rat, Kraft, Held, Ewig-Vater, Friedefürst.« Dieser Retter werde als starker König auf dem Throne Davids bis in Ewigkeit herrschen. Ein anderer Jesaja-Prophet (der sogenannte Deutero-Jesaja) schilderte im 52. und 53. Kapitel die Erlösung des Volks durch einen Knecht, Antihelden oder Beauftragten Gottes, der genau das Gegenteil eines strahlenden Friedefürsten sein werde: »Seine Gestalt ist häßlicher als die anderer Leute.« Während nun der eine Messias als starker König seine Macht ausüben wird, erleidet der andere ein entgegengesetztes Schicksal: »Er trug unsere Krankheit und lud auf sich unsere Schmerzen ... die Strafe liegt auf ihm, auf daß wir Frieden hätten, und durch seine Wunden sind wir geheilt.« Eigenartigerweise entsteht etwa um die gleiche Zeit in China eine ähnliche Vision. Laotse schreibt im 78. Spruch: »Wer die Verleumdung der Welt auf sich nimmt, ist der Bewahrer des Staates. Wer selbst die Sünden der Welt trägt, ist der König der Welt.« Es fällt schwer, zwischen Jesajas und Laotses Botschaft nicht einen zumindest spirituellen Zusammenhang zu erkennen.

Die unterschiedlichen Visionen der Propheten passen einfach nicht zusammen, der erfolgreiche Held einerseits und der unscheinbare Sündenbock andererseits. Und doch lebte das Christentum von Anfang an mit und durch diesen Widerspruch, der sich nur in höherer Ebene als *eine* Wahrheit erkennen ließ. Der historische Jesus, soviel kann man sicher annehmen, hat der Gestalt des siegreichen »Friedefürsten«, wie ihn das jüdische Volk erwartete, nicht entsprochen. Spätestens sein passives Verhalten bei Gefangennahme und Kreuzigung ließ alle Hoffnungen, die man auf einen »Sohn Davids« gesetzt hatte, in sich zusammenfallen. Es konnte ja keine größere Ironie der Geschichte geben, als wenn ausgerechnet der als Erretter und Heiland auftretende Held von Pilatus, dem Beauftragten der Römer, hingerichtet wurde. Hier mußte eine Illusion zusammenbrechen. Man kann daher die Juden schon verstehen, wenn sie sagten: »Dieser arme Wanderprediger, dieser Aussteiger, der sich noch nicht einmal an unser Gesetz hält, der mit einer Horde von ungewaschenen Menschen aus der Unterschicht herumzieht, der sich der Ausländer, Kranken, Verbrecher und Dirnen annimmt, der soll unser Messias sein? Nie! Da muß ein anderer kommen!«
Wer nun die treibende Kraft bei der Verurteilung und Hinrichtung auch war – die Juden, die keinen nach ihrer Ansicht ungeeigneten Messias dulden wollten oder eventuell doch die Römer, die einen Aufstand gegen ihr Regime fürchteten – darüber wurde viel spekuliert. So versuchte beispielsweise Joel Carmichael mit bemerkenswerten Argumenten nachzuweisen, daß die Evangelisten mit voller Absicht den Juden die Schuld am Tode Jesu in die Schuhe geschoben haben, um mit den Römern keinen Ärger zu bekommen. Pilatus hätte dann also keinen Grund gehabt, seine Hände in Un-

schuld zu waschen. Immerhin gibt es auch einen Sinn, wenn man den damaligen Juden zubilligt, daß sie sich die Hoffnung auf einen vor allem mit weltlicher Macht ausgestatteten Retter Israels nicht verbauen lassen wollten. Arme Friedensprediger hatten sie schon gehabt, aber einen, der so dasteht wie einst David, der sollte erst noch kommen. Mitursächlich an dieser Diskrepanz unter den erhofften Friedensbringern ist die unterschiedliche Vorstellung darüber, wie der Friede zustandekommen solle. Man kann ihn sich einerseits denken als Sieg über die Feinde und deren Vertreibung oder Unterdrückung, andererseits aber als einen Zustand der Gewaltlosigkeit überhaupt. Jesus hat den gewaltlosen Frieden angestrebt, das unterdrückte Volk hoffte jedoch auf einen siegreichen Kampf. Wie dem auch sei, die aus dem Neuen Testament hergeleitete Verdammung der Juden als Volk, weil sie Jesus nicht als den versprochenen Messias erkennen konnten, ist dadurch nicht gerechtfertigt, sie ist zudem eines der größten Übel der Weltgeschichte geworden. Das hätte nicht so sein müssen, wenn Juden und Christen sich immer bewußt gemacht hätten, daß sie gemeinsam zum gleichen Gott beteten. Das Alte Testament wurde ja für beide zur gemeinsamen Quelle für große Teile ihres Glaubens.

Die Evangelisten, vor allem Matthäus und Lukas, versuchten, von dem prophezeiten Bild des neuen David zu retten, was zu retten war. Jesus mußte daher im »jüdischen Lande« (in Judäa), und zwar möglichst in Bethlehem, der Heimatstadt Davids, geboren werden, obwohl er doch, wie unstreitig ist, eigentlich aus Nazareth in dem weiter nördlich liegenden Galiläa stammte. Daher berichteten Matthäus und Lukas von einer Geburt in Bethlehem. Er sollte dazu noch ein leiblicher Nachfahre des Königs David sein, wenn auch gerade dies durch die erwähnte Jungfräulichkeit Marias keinen rechten Sinn ergab. Die Evangelisten gingen mit Maximalforderungen an den von ihnen Dargestellten heran. Alles, was an seinem Leben den Erwartungen religiöser Menschen und den Weissagungen der Propheten irgendwie entsprechen konnte, mußte in den Text. So kam diese Tendenz zustande: Jesus sei eben doch der von den Propheten versprochene Messias gewesen, aber die Juden hätten ihn nicht erkannt und dadurch ihre historische Chance verpaßt.

Dieses zwiespältige Bild ging über die Evangelisten in die christliche Lehre ein und verblieb in ihr scheinbar unangefochten, bis David Friedrich Strauß 1835/36 sein zweibändiges Werk »Das Leben Jesu« herausbrachte, und das, was die Eingeweihten hinter vorgehaltener Hand unter sich schon längst getuschelt hatten, ans Licht der Öffentlichkeit zog. Mit diesem revolutionären Werk war für den erst achtundzwanzigjährigen Strauß nicht nur seine Anstellung am Tübinger Stift, sondern auch seine gesamte akademische Laufbahn beendet. Strauß hatte viele Nachfolger bis heute, die immer wieder neuen »Enthüllungen« über den wirklichen Jesus auf der Spur sind.

Quellen für ein historisches Jesusbild waren lange Zeit nur die biblischen Texte selbst und ihre aufschlußreichen Ungereimtheiten im Zusammenhang mit der damaligen Zeitgeschichte. In unserem Jahrhundert kamen noch Funde zahlreicher Schriften hinzu, die zwar meist nichts über Jesus selbst aussagen, wohl aber über das geistige Umfeld seiner Zeit. Denn irgendwie, irgendwo und irgendwas muß er ja in seiner Jugend gelernt haben, und sei es nur das Zimmermannshandwerk seines weltlichen Vaters Joseph. Ob er nun Mitglied eines Ordens war, bei einer Sekte, bei Essenern oder »Nazarenern«, ob er vielleicht sogar, wie Gruber und Kersten behaupten, zeitweise in einem buddhistischen Missionskloster in Ägypten gelebt hat, darüber kann nur spekuliert werden. Da die Zeit des öffentlichen Auftretens von Jesus, die in den Evangelien dargestellt ist, nach Meinung von Albert Schweitzer von der Taufe am Jordan bis zur Kreuzigung nur etwa ein Jahr dauerte, liegt die meiste Zeit seines Lebens im Dunkel.

Und was hat nun Jesus wirklich selbst gepredigt, was haben ihm die Evangelisten untergeschoben, was hat er von seinen Vorgängern und Zeitgenossen übernommen? Auch darüber gibt es eine reichhaltige Forschung, die zu dem Ergebnis kommt, daß es sicher echte, wahrscheinlich echte, wahrscheinlich unechte und sicher unechte Jesusworte und -taten in den Evangelien gibt. Nicht nur das Leben, sondern auch die Lehre Jesu fällt im Licht der historischen Forschung anders aus, als es in der Bibel steht.

Was für viele Menschen unserer Zeit übrigbleibt, ist nur noch die Beschäftigung mit dem »historischen« Jesus, mit einem Menschen, von dem man zwar weiß, daß er gelebt hat, von dem man zugleich auch annehmen muß, daß die biblischen Texte, die sein Leben und seine Lehre schildern, keine nüchternen Tatsachenberichte sind, sondern von Anhängern seiner Lehre verfaßt wurden, die mit ihnen theologische und politische Zwecke in ihrer Zeit verfolgten. Von dem nach historischen Forschungen von biblischen Zutaten befreiten Jesus bliebe daher nicht viel mehr als ein Gerippe. Die religionsfreie, historische Erkundung eines faszinierenden Menschenschicksals liegt aber auf einer völlig anderen Ebene als das Anliegen der Evangelisten. Wenn z. B. der Theologieprofessor Gerd Lüdemann den von vielen seiner Vorgänger begangenen Versuch weiterführt, die historische Wahrheit aus dem biblischen Text herauszuschälen, so mögen dies geschichtswissenschaftlich ernstzunehmende Bemühungen sein. Wenn er jedoch ein Buch zu diesem Thema »Der große Betrug« (1998) nennt, so offenbart er in diesem polemischen Titel, daß er den Geist der damaligen Zeit nicht verstanden und sich statt dessen in ein positivistisches Denkgefängnis begeben hat. Mit einer im 20. Jahrhundert geschulten archäologischen Akribie wird man dem Wahrheitsbegriff der Evangelisten nie gerecht. Ihnen Arglist und Bereicherungsabsicht zu unterstellen (»Betrug«), zeugt nicht von der große Historiker auszeichnenden Bereitschaft, anderen Zeiten andere Denkstrukturen zuzubilligen. Damit ist nicht gesagt, daß die Vertreter der historischen Jesusforschung objektiv im Unrecht sein müßten. Aber welches Ziel soll ein Mensch schon verfolgen, der sich (wie Lüdemann) ausdrücklich von Jesus losgesagt hat und beispielsweise seine Auferstehung für »Humbug«[2] hält? Die biologische Evolution und die Theorie vom Urknall für ein Argument gegen Gott zu halten[3], verrät eine Abhängigkeit von der Aufklärung, die im tiefsten 19. Jahrhundert stehengeblieben ist. Wer historische Forschung und Theologie miteinander verwechselt, müßte sich doch eigentlich vorkommen wie einer, der den Geist mit dem Netz einfangen will. Daß es auf die historische Wahrheit nicht ankommen kann, wenn man deren mythischen Hintergrund sieht, soll noch gezeigt werden.

Selbst wenn Matthäus, bzw. der unbekannte frühere Evangelist, der die Bergpredigt einschließlich des Vaterunsers erstmals formulierte, nur etwas aufschrieb, was er dem Geist Jesu nachempfunden, nicht aber so im Originalton gehört hatte, dann würde das an der Bedeutung des Textes für den Glauben nicht das Geringste ändern. Die Evangelisten waren schließlich keine göttlich bestallten Hofstenographen oder rasende Reporter, sie waren und wurden selbst zu einem Teil der entstehenden christlichen Religion. Das Entscheidende ist nicht die Wortübertragung, sondern die Geistübertragung. Ohne die einen Menschen überwältigende Begeisterung kann man einen Text wie die Evangelien nicht einfach erfinden. Dies war fast zwei Jahrtausende lang eine einvernehmliche Grundvoraussetzung für Menschen, die in ihrem Glauben eine eigene Substanz sahen. Es blieb der an die Materie gebundenen Banalität des zu Ende gehenden 20. Jahrhunderts überlassen, hier von Betrug zu sprechen. Gott ist Geist, und der steht über den Fakten. Er steht auch über dem, was wir für Realität halten. Dann verbinden sich mythische und historische Schilderungen und Texte zu einer Wahrheit, deren Elemente nicht mehr auseinandergetrennt werden können. Uns bleibt es überlassen, mit der Einheit aus beiden Ebenen zurechtzukommen. Wenn Jesus *nur* ein Objekt der Geschichte wäre, dann lohnte es sich vielleicht gar nicht, diese Geschichte zu erforschen. Dann wäre er einer von den Unzähligen, die im Kampf für eine Lehre zusammen mit ihrem Nachruhm untergegangen sind. Der Jesus, den wir kennen, ist der von den Evangelisten geschilderte und von seinen Aposteln, allen voran Paulus, gepredigte, die ihm seine bleibende Substanz gegeben haben, trotz aller Widersprüche und unhistorischen Zutaten. Er ist, so verstanden, ein Produkt des Glaubens, nicht der Geschichte. Das Verhältnis von Geist zu Materie läßt sich als Wechselbeziehung sehen, ohne daß dieser Wechsel in die Zeit fallen müßte. Karl Jaspers hat einmal gesagt: »Wahrheit ist, was uns verbindet.«[4] Die so verstandene Wahrheit ist existenzbegründend, sie greift ein und um sich. Es ist durch sie ein geistiges Licht entstanden, kein Blitzlicht für eine Kamera. Unter dieser Voraussetzung könnte Freude und Gewißheit bei allen entstehen, für die in erster Linie die Erfahrung des Paulus gilt, der sich ja schon damals mit diesem Problem herumzuschlagen hatte: Der Geist macht lebendig – nicht das Protokoll.

[1] Kersten/Gruber, S. 15
[2] Der große Betrug, S. 16
[3] a. a. O., S. 14
[4] Der philosophische Glaube, S. 40

DAS UNBESCHREIBLICHE BESCHREIBEN?

Glaube und Welt als Mythos

Was wird aus einem Bild, wenn man es wissenschaftlich analysiert, was aus einem Musikstück, wenn man es mit Worten beschreibt? Man kann die Werke dann wahrscheinlich besser verstehen und bewußter aufnehmen, aber es gibt keinen Ersatz für Bild und Musik selbst, denn sie bleiben in ihrer eigenen Substanz. Die ganze Welt ist ein Bild aus Bildern und Klang aus Klängen, denn »Alles Vergängliche ist nur ein Gleichnis«, wie Goethe am Schluß von Faust II den »Chorus mysticus« singen läßt. Wir können die Bilder im Gesamtbild durch nichts ersetzen; was hinter ihnen steht, ist nicht etwas anderes, etwas Entdeck- oder Erklärbares, es ist, um bei Goethe zu bleiben, das »Unzulängliche« selbst, das uns erst in der höchsten Erfüllung zum »Ereignis« werden kann. Bilder und Klänge gehen unmittelbar auf den Menschen über und binden ihn ein, machen ihn zum Bestandteil des Ereignisses. Dies ist kein intellektueller Prozeß, sondern, man kann es kaum anders ausdrücken, es ist der Bestandteil einer Erlösung und Einbindung zugleich. Bilder und Klänge zeigen uns nicht einfach eine andere, unbeschreibliche Welt, sondern sie dringen in uns. Es entsteht durch sie ein neues Bild, auf dem wir selbst erscheinen. Wenn *wir* im Bild sind, dann betrachten wir es nicht; wir vergleichen die Welt, in der wir abgebildet sind, mit nichts.

Natürlich funktioniert diese Aufnahme ins Bild nicht immer so ohne weiteres. Das Kind hat damit zunächst kein Problem, es steht nicht der Welt gegenüber, es ist die Welt. Das kann jeder Mensch leicht an sich beobachten, wenn er sich in sein kindliches Gefühlsleben zurückversetzt. Mir selbst ging es einst so. Als wir im Sommer 1944 die schöne Stadt im Osten und die große Wohnung mit den vielen Spielsachen, dem Flügel, den Teppichen, Büchern und Bildern verlassen mußten, um sie mit zwei ärmlichen Zimmern hinter dem Wald, mit Kisten statt Möbeln zu vertauschen, da spürte ich dem Vergangenen kaum einen Tag nach, ganz im Gegensatz zu meiner Mutter. Für ein Kind gibt es nur Gegenwart, es vergleicht nicht mit der Vergangenheit. Auch ein Kind kann Angst haben und trauern, aber dies sind eher physische Zustände als Gefühle, soweit man dies auseinanderhalten kann.

Erst allmählich, mit dem Erwachsenwerden, löst sich der Mensch von den Bildern, die seine Welt sind; er holt sie von der Wand, nimmt sie aus dem Rahmen, versucht, ihre Rückseite zu erkennen, denkt ans Übermalen, will sie beurteilen und überlegt womöglich, wie er ohne sie auskommen kann. Doch die Welt bleibt, was sie ist. Der Mensch, der sich die Bilder nicht mehr zum Ich-Ereignis machen kann, wird zum »Außenseiter«, er beobachtet die Welt, anstatt einfach nur in ihr zu leben wie das Tier. Dies ist der zur Menschwerdung notwendige Sündenfall, die Ablösung von der göttlichen Einheit, die seit Adam und Eva jeder Mensch erlebt, wenn auch meist unbewußt. Der Mensch bleibt nicht der mit dem All verbundene Mitschöpfer aller Dinge, sondern er wird zu ihrem Kritiker, der vermeint zu wissen, was gut und böse ist. Trotz dieser Entfremdung gibt es keinen Ersatz für die mythische Betrachtung der Welt, denn ohne sie gäbe es nichts, was »uns das Unmögliche in Reichweite bringen« könnte, wie der katholische Theologe Peter de Rosa in seinem Bekenntnis zum »Jesus-Mythos« schreibt.[1] Nur durch das Erleben und Aufnehmen von Bildern, Klängen, Geschichten, Mythen können wir ein Bestandteil der Welt

bleiben oder werden. Alle Religionen ohne Ausnahme, also auch die christliche, werden nur in und mit ihren Mythen erfahrbar. Es geht also nicht um die Analyse historischer Fakten, sondern um die seelische Verbindung des Menschen mit den Mythen.
Der Umgang mit Mythen fällt manchen modernen Menschen schwer, man hält sie für Relikte aus einer überwundenen frühen Periode der Menschheit, für heidnischen Zauber, für frei erfundene Geschichten, bestenfalls für zurechtgerückte Historie. Dies ist ein allgemeines Problem, weil es das Mißtrauen zeigt, das manche gegenüber der menschlichen Fähigkeit hegen, mit Bildern unmittelbar umzugehen. Der wissenschaftlich-analytisch denkende Mensch fürchtet die Mythen, weil sie nicht in sein rationales Konzept passen, weil er nicht über sie verfügen kann. Er läßt Vergleiche zu, die sich mit seinem Verstand erklären lassen, doch mit solcher Beschränkung bleibt er auf der Strecke. Die mythische Erfahrung der Welt ist umfassender und dynamischer als die analytische. Dies gilt nach wie vor auch für religiöse Erfahrbarkeit. Stall bleibt Stall, Kreuz bleibt Kreuz. Man braucht den Stall von Bethlehem nicht durch die Darstellung eines Kreißsaals und das Kreuz Christi nicht durch einen elektrischen Stuhl zu ersetzen. Die Menschen haben ein unmittelbares und nicht dem Zeitgeist unterworfenes Gespür für alte Zeichen und Geschichten, sie haben es als Erbe aus der kontinuierlich seit Urzeiten fortbestehenden Welt übernommen.
Ein Hintergrund des intellektuellen Vorurteils, den Mythos als etwas Beliebiges, Zeitbedingtes, also gerade nicht Zeitloses zu betrachten, ist eine Theologie, die versuchte, Mythen aus alter Zeit nach ihrem Realitätsbezug für Menschen unserer Zeit zu befragen. Der Theologe Rudolf Bultmann (1884–1976) fand weltweite Beachtung, als er vorschlug, die biblischen Geschichten und insbe-

sondere auch die Heilsgeschichte des Neuen Testaments als Mythos aufzufassen. So weit, so gut. Da jedoch Mythos für ihn im Grunde etwas Überholtes war, ging er noch einen wesentlichen Schritt weiter. In seiner Schrift »Zum Problem der Entmythologisierung« (1963) sagte er, der Mythos rede zwar von der Wirklichkeit, »aber nicht in einer adäquaten Weise«.[2] Das mythologische Denken objektiviere in »naiver Weise« das Jenseits zum Diesseits. Für Bultmann ist es also mythologisch und daher der Sache nicht angemessen (nicht adäquat), wenn man von Gott so redet, als hätte er im Diesseits verständliche Eigenschaften. Für ihn ist Gott »kein objektiv feststellbares Weltphänomen«, von seinem Handeln lasse sich nur so reden, daß zugleich von unserer Existenz geredet wird.[3] So verstanden, müßte das biblische Geschehen mehr oder weniger abstrakt im Sinne der menschlichen Existenz ausgedeutet werden. Vor Urzeiten benutzte man dazu mythologische Bilder, weil man sich gar nicht anders verständlich machen konnte. Heute kommen wir nach Bultmanns Meinung auch ohne sie aus. Es gibt nach ihm (biblische) Aussagen, die »noch tiefere Bedeutung enthalten, die unter der Decke der Mythologie« verborgen sind.[4] Wenn der moderne Mensch mit dem Weltbild der damaligen Zeit sich nicht mehr identifizieren kann, dann ist das für ihn ein Anlaß, unsere Existenz in heute gebräuchlichen Begriffen auszudeuten, die geschilderten Geschehnisse also zu »entmythologisieren«. Er meint daher: »Die Weltanschauung der Schrift ist mythologisch und daher für den modernen Menschen nicht mehr annehmbar, dessen Denken von der Naturwissenschaft her geformt wird und deshalb nicht mehr mythologisch ist.«[5] An diesen einst vieldiskutierten Thesen ist natürlich etwas Wahres, aber doch nicht allzuviel. Die Meinung, allein mit dem in psychologisch abstrakter Sprache ausgedeuteten und analysierten Evangelium lasse

sich Religion bewahren, war ein verhängnisvoller Irrtum, dessen Folgen noch längst nicht überwunden sind. Bultmann und seine übriggebliebenen Anhänger hinken nicht nur hinter der modernen Psychologie her, deren wache Vertreter schon längst überpersönliche, bildhafte, nicht weiter analysierbare Bilder und Phänomene erforschen und anerkennen, sondern auch hinter der Physik, die in Bereiche jenseits rationaler Erklärungsmodelle vorgedrungen ist. Es gibt keinen sprachlichen Ersatz für Bild, Klang und Mythos. Einen Mythos völlig in rationale Sprache übersetzen zu wollen, ist ein Eingriff in seine Substanz, nicht selten der Versuch, ihn zu zerstören. Die Frage, ob ein Mythos der Welt noch angemessen ist, erledigt sich von selbst, wenn man ihn als Teil der Welt sieht und erkennt.
Natürlich hat der heutige Mensch in vieler Hinsicht eine andere Denkstruktur, eine andere Sprache und ein anderes Weltbild als der vor zweitausend Jahren. Dies festzustellen ist eine Binsenweisheit. Der Mensch hat gelernt, in einer abstrakten Weise zu denken, die einst unvorstellbar war. Und natürlich müssen sich, wenn es darum geht, einen Mythos zu hinterfragen, mit den Zeiten auch die Erklärungen wandeln. Aber alle zeitgemäßen Deutungsversuche kommen nicht an der Tatsache vorbei, daß sie den Mythos allenfalls umschreiben, ihn selbst jedoch nie auflösen und ersetzen können. Er kann nicht zu etwas »Inadäquatem« werden, weil es auf seinen Bezug zu etwas anderem gar nicht ankommt. An ihm kommt man nicht vorbei, und über ihn hinweg führt kein Weg. Aus dem Darumherumgerede wird keine Musik, und die rationale Ausdeutung einer Geschichte hat nie die Kraft, die dem Mythos innewohnt. Dieser ist ein Urgestein, das man nicht dadurch modernisieren kann, daß man auf ihm herumkratzt. Klänge, Geschichten und Bilder haben ihre eigene unübersetzbare und unverdatbare Sprache.

Das hinter dem Wesen eines Mythos stehende Rätsel, das viel mehr und etwas anderes ist als nur ein Symbol, konnte auch Bultmann durch seinen Versuch, die Theologie in das naturwissenschaftliche Denken einzuklinken, nicht lösen. Damit diente er weder der Naturwissenschaft noch der Theologie. Vielleicht sägte Bultmann an einem theologischen Ast, merkte aber zum Glück gar nicht, daß er auf den falschen Baum geklettert war. Demgegenüber sagte Kurt Hübner in seinem Buch »Die Wahrheit des Mythos« (1985) völlig zu Recht, daß gerade der Zwiespalt, gleichzeitig wissenschaftlich *und* mythisch zu denken, zu der Situation gehört, in der wir uns heute befinden.[6] Hübner distanziert sich daher ausdrücklich, wenn auch auf wissenschaftlich bedächtige Weise, von Bultmann: »Wir müssen uns aber auch hier fragen, ob nicht eine solche ›Entmythologisierung‹, entgegen Bultmanns Meinung, den christlichen Glauben in seiner Substanz zerstört.«[7] Hübner bekennt, daß die Zeit, da Theologen meinten, sich bei der »modernen« Wissenschaft anbiedern zu müssen, gründlich vorüber ist. »So kann es sein, daß wir uns oft weit mehr verleugnen, wenn wir uns einseitig für das wissenschaftliche Weltbild entscheiden und nicht für das mythische.« Daraus folgert er: »Es gibt überhaupt keinen theoretisch zwingenden, auf Wissenschaft oder Philosophie verweisenden Grund, die mythischen Grundelemente des christlichen Glaubens abzulehnen, da Wissenschaft und Philosophie nur eine bestimmte, historisch vermittelte Wirklichkeitsdeutung darstellen, die nicht den Anspruch erheben kann, die einzig mögliche zu sein.«[8]

Längst zuvor hatten einige der weitsichtigsten Physiker in ihrem Denken die klassischen Grenzen ihres Fachs schon überwunden. Werner Heisenberg meinte einmal: »Die vollständige Trennung zwischen Wissen und Glauben ist sicher nur ein Notbehelf für sehr begrenzte Zeit.«[9] Der

Physiker und Nobelpreisträger Erwin Schrödinger (1887–1961) sagte zu diesem Problem ganz allgemein das Wesentliche: »Wir Verstandesmenschen von heute sind nicht gewohnt, bildhafte Gleichnisse für philosophische Erkenntnis gelten zu lassen, wir verlangen eine logische Deduktion. Demgegenüber läßt sich aber vielleicht durch folgerichtiges Denken wenigstens so viel erschließen, daß ein Erfassen des Grundes der Erscheinung durch folgerichtiges Denken aller Wahrscheinlichkeit nach unmöglich sein dürfte. (...) Folgerichtiges Denken führt uns in einer großen Zahl von Fällen bis zu einem bestimmten Punkt, wo es uns im Stiche läßt.«[10] Auf eine völlig andere Weise versucht Eugen Drewermann die Bibel für heutige Menschen verständlich zu machen: »Wir Theologen haben die Bibel fast kaputtgeredet. Darum möchte ich mit anderen Auslegungsmethoden den Ängsten, Nöten, Fragen und auch den Hoffnungen der Menschen näherkommen, und ich glaube, das geht von der Tiefenpsychologie her ganz gut.«[11] Die alten Bilder werden also nicht übermalt, nicht für etwas Überholtes erklärt, sondern nur einfach mit heutigen Augen wieder neu betrachtet, als etwas Unersetzliches und Unvergängliches.

Es bleibt die zeitlose und unmittelbare Wirkung des Mythos. Entgegen den Thesen Bultmanns könnte man daher geradezu von einer fälligen »Remythologisierung« sprechen, einer bewußten Neubesinnung auf eine unvergängliche Sprache, die mehr aussagt als nur von einer individuellen menschlichen Existenz ausgehen kann und daher alle gemeinsam betrifft. Dabei ist natürlich klar, daß der Mythos nicht die Religion selbst ist, sondern nur ein Bestandteil der religiösen Übermittlung. Ihr Übergang aus der Vergangenheit in die Gegenwart eines Menschen vollzieht sich vom Bild ins Herz, auf direktem Weg. Wer diese Fakten übergeht, läuft nach Ansicht von C. G. Jung Gefahr, den »lebenserhaltenden Mythos vom inneren

Menschen, den das Christentum für ihn aufbewahrt hat, zu verlieren.«[12] Beim Mythos geht es nicht um die Ausdeutung, sondern um seine Kraft, sich in der Materie immer wieder neu zu erfüllen.

1 de Rosa: Der Jesus-Mythos, S. 383
2 Bd. 4, S. 128
3 a. a. O., S. 135
4 a. a. O., S. 146
5 a. a. O., S. 157
6 S. 331
7 a. a. O., S. 338
8 a. a. O., S. 343
9 Gespräche über das Verhältnis, S. 297
10 Mein Leben meine Weltsicht, S. 68
11 Wort des Heils Bd. IV, S. 150
12 In seiner Schrift »Gegenwart und Zukunft«; Gesammelte Werke Bd. 10

Geist – Materie
hin und zurück
Johannes und der menschgewordene Logos

An eine kleine Episode aus meiner frühen Kindheit kann ich mich noch ziemlich gut erinnern. Ich war damals drei Jahre alt. Eines Morgens kam ich in die Küche und fragte Emma nach meinem roten Tretauto. Ich weiß es noch genau wie heute: Ich sitze am Steuer und flitze an meinem altmodischen Dreirad vorbei. – Emma behauptete: »Du hast doch gar kein rotes Tretauto.« – »Doch doch, ich habe eines, ich bin doch vorhin noch drin gefahren.« – Da lachte sie mich aus: »Vorhin warst du noch im Bett und hast das alles nur geträumt.« – Geträumt? Ich kannte dieses Wort bis dahin noch nicht und wunderte mich über eine Welt, die mit dem Aufwachen angeblich verschwinden soll. Wie viele Welten gibt es denn, könnte man sich fragen. – Heute meinen wir den Trennstrich ganz genau zu kennen. Aber was vermögen wir damit auszusagen?

Wo beginnt und wo endet unsere Wirklichkeit? Wo findet sie statt, in uns oder außerhalb? Gibt es Übergänge aus einer Wirklichkeit in eine andere? Kann man mit Schelling einfach sagen: »Alle Dinge der Natur bedeuten zugleich und sind«[1], d. h. alles, was geschieht, ist ein ewiges Symbol seiner selbst, es ist Geist und Materie in einem? Solche Fragen müssen bewußt oder unbewußt einen Menschen umgetrieben haben, der sie mit den Worten *seiner* Zeit beantworten konnte. Seine Antwort ist eine These, deren Wirkung heute für neuen Zündstoff sorgen und die zugleich Trost und Gewißheit vermitteln kann.

Es geht um den Evangelisten Johannes, der zwar nicht einer der zwölf Jünger war, aber vielleicht einst der junge

Mann, den Jesus liebhatte und dem er vor dem Tod seine Mutter Maria anvertraute. Wir wissen es nicht. Wir wissen von diesem Menschen eigentlich nur, daß er hoch gebildet war und unter anderem mindestens *einen* erleuchteten Bericht über Jesus geschrieben hat.[2] Ihn trieb bei der Abfassung seines Evangeliums eine Frage um, die wir in philosophischer Sprache so ausdrücken können: Wie wird aus Geist Materie – und aus der Materie Geist? Oder man kann es auch anders sagen: Wie wird aus dem zeitlosen göttlichen Logos der zeitgebundene, historische Jesus, und wie wird aus dem historischen der mythische, ewige, zeitlos lebende, »kosmische« Christus. Es geht also um die Wechselwirkung und Austauschbarkeit von Geist und Materie. (Den Ausdruck »kosmischer Christus« verwendet der 1940 geborene ehemalige amerikanische Dominikanerpater Matthew Fox.)
Johannes mußte im Umgang mit Menschen, die in der griechischen Gedankenwelt lebten, erfahren haben, daß ein Bericht mit den Wundertaten eines umherziehenden Propheten nicht genügte, um die Einmaligkeit und die weltverändernde Macht eines Menschen wie Jesus überzeugend darzulegen. Für Johannes war Jesus die Verkörperung des Sinns der Welt, die Konkretisierung der sonst nur abstrakten Gottheit. Welt*sinn* und Welt*verkörperung* sind bei Johannes »Wort« (Logos) und »Fleisch«; oder Vater und Sohn. Es ging einst wie heute darum, den Zusammenhang des Göttlichen mit der Welt über und unabhängig von einem historischen Ereignis zu erkennen. Irgendwelche umherziehenden Propheten mit mehr oder weniger neuer oder ärgerniserregender Lehre hat es immer wieder gegeben, die gibt es auch heute noch, ebenso Menschen, die sich für den verkündeten Messias hielten. Mit Rebellen, die zum Tod verurteilt wurden, aber auch mit Söhnen Gottes und von Jungfrauen können die Mythen weltweit immer wieder aufwarten. War Jesus,

also einer von vielen? Vielleicht dachte Johannes so: Die Herkunft Jesu von Gott muß auch ohne Verkündungsengel und Jungfrauengeburt plausibel sein. Sowohl im älteren Markus- wie auch im späteren Johannesevangelium kann man daher nichts von einer Geburt durch eine Jungfrau in Bethlehem lesen. Für Johannes war Jesus ein Galiläer aus Nazareth.

Das Besondere an Jesus ist bei kritischer Betrachtung vor dem Hintergrund des Geistes der Zeitenwende vor zweitausend Jahren nicht so ohne weiteres zu entdecken, denn manche Bestandteile seiner Lehre und seiner religiösen Verklärung kann man auch aus früheren Religionen, aus zeitgenössischen Texten, aus griechischer Weisheit, ja selbst aus buddhistischen Quellen zusammenklauben. Aber es tut der Würde eines großartigen Tempels keinen Abbruch, wenn man nach und nach feststellt, daß zu seinem Bau Steine verwendet worden sind, die schon die Mauern früherer Sakralbauten gestützt hatten. Viele alte Kirchen wurden auf Plätze, teilweise sogar auf Grundmauern heidnischer Heiligtümer gebaut. Abgesehen vom südlichen Europa, wo römische oder griechische Tempel (wie etwa in Syrakus auf Sizilien) zu Kirchen umgebaut wurden, hat man auch z. B. in Mexiko Kirchen auf aztekische Pyramiden gestellt und vielleicht sogar ungewollt eine Kontinuität des »Heiligen« über die verschiedenen Kulte und Kulturen hinweg erhalten. Dadurch entsteht ein Zusammenhang mit der menschheitsalten Tradition der Kunst und der Gotteserfahrung.

Hier kommen wir auf die Spur eines verhängnisvollen Irrtums, der bis in unsere Zeit hineinwirkt. Der christliche (kirchliche) Ausschließlichkeitsanspruch verbot es lange Zeit, das mythisch religiöse und das gnostische Umfeld des entstehenden Christentums kritisch unter die Lupe zu nehmen, weil dadurch die zeitliche und örtliche Einmaligkeit der Erscheinung Jesu in Frage gestellt werden könnte. Lange Zeit wurden Entdeckungen über die Wurzeln christlicher Lehren, Mythen und Riten, wenn schon nicht unterdrückt, so doch wie Niederlagen bei der Verteidigung einer christlichen Einmaligkeit zur Kenntnis genommen. Dies war ein Weg in die falsche Richtung, denn er stößt zunehmend unbefangen denkende Menschen ab. Statt dessen müßte man sagen: Die Herkunft des Christentums aus Wurzeln zahlreicher anderer Religionen, also nicht nur aus der jüdischen, zeigt seine Verbundenheit mit den Spuren des Göttlichen in der Welt seit Urzeiten. Solche Quellen sprechen nicht *gegen*, sondern *für* Jesus, dessen Einmaligkeit selbst dann nicht gefährdet wäre, wenn man nachweist, daß er teilweise schon vor ihm vorhandenes Material aufarbeitete. Seine Sonderstellung besteht nicht darin, daß er nur Eigenes oder Neues gesagt hätte, die Einmaligkeit besteht in der Ganzheit dessen, was in seinem Namen zusammengetragen, gesammelt und geglaubt wurde. Die Originalität ist daher eine zwar interessante, jedoch nicht die entscheidende Frage.

Jesus lebte in einer Zeit, in der ein neuer Mythos, ein neues religiöses Paradigma aus alten Quellen entstehen mußte. Wäre es nicht so gewesen, könnte man heute selbst in einem dicken Speziallexikon nichts mehr über das Christentum nachlesen, denn es hat in der damaligen Welt viele religiöse Sekten gegeben, von denen kein Mensch mehr etwas weiß. Sie kamen und vergingen wie Saatkörner in Dornen und Dürre. Die unartikulierte Erwartung war ebenso wichtig wie die schriftliche, wenn auch widersprüchliche Vorbereitung durch die Propheten. Der neue Mythos entstand in den Menschen der damaligen Zeit ohne Berechnung und Absicht, er kam über sie und war dann einfach da. Er ist wunderbarerweise über die Zeiten erhalten geblieben, auch wenn weiterhin mythische Kräfte an ihm arbeiten, ihn beeinflussen und ändern. Die Evangelisten notierten nicht nur, was ihnen von direkten oder indirekten Augenzeugen erzählt worden war, oder was sie in anderen Schriften gelesen hatten, sie standen unter dem Einfluß eines geistigen Feldes, das in ihnen wirkte. Wenn sie die Geschichte Jesu teilweise zurechtrückten und hinbogen, dann geschah dies aus einer ihnen nur teilweise bewußten Notwendigkeit heraus. Vielleicht gaben die Evangelisten Visionen der Apostel wieder. Auch eine Vision kann, so verstanden, auf Wirklichkeit beruhen und Wirklichkeit schaffen. Den Menschen der damaligen Zeit war der Unterschied zwischen Geist und Materie nicht so klar erfaßbar wie uns in unserem an der Naturwissenschaft geschulten Weltbild. Die Wirklichkeit der Träume war ihnen näher als einem aufgeklärten Menschen der Neuzeit.

Jesu (vermutlich nicht historische) Geburt in Bethlehem mit Stall, Engeln und Hirten, wie sie der Evangelist Lukas schilderte, wurde im Lauf von zweitausend Jahren millionenfach miterlebt und mitgestaltet, und dieses Miterleben schuf die wahre Geschichte eines Mythos, der die Welt erneuerte. Weihnachten hat seine eigene Kraft und Wahrheit jenseits der Historie. Der Mythos vom Gottessohn, der als Mensch den Opfertod erleidet, eine uralte religiöse Vorstellung, wurde auf eine Gestalt (Jesus) projiziert, die sicher vieles mit der Wirklichkeit verband, aber längst nicht alles. Warum soll denn Jesus nicht auch als Mensch ein Wesen ganz von dieser Erde gewesen sein? Wird er nicht erst dadurch statt zu unserem Herrn viel eher zu unserem Bruder? Wen kann es z. B. heute noch stören, wenn in dem apokryphen Philippus-Evangelium folgendes berichtet wird: »Der Heiland liebte Maria Magdalena mehr als alle Jünger. Und er küßte sie oftmals auf ihren Mund. Die übrigen Jünger waren auf sie eifersüchtig«?[3] Ob das nun historisch wahr ist, wahr sein will oder nicht, was soll's? Alle Heiligen werden unvollkommener und zugleich menschlicher, wenn man sie aus der Nähe betrachten kann. Das ändert nichts an ihrer Heiligkeit. Wer oder was der historische Jesus war, ist zwar immer interessant, aber für den Glauben ist diese oft überbewertete Untersuchung ohne Bedeutung. Hier stellt sich für den Menschen der Gegenwart eine neue und interessante Frage: Beruhen denn das traditionell kirchliche Behaupten und das antikirchliche Bestreiten der historischen Wirklichkeit der biblischen Vorgänge nicht beide auf der gleichen Denkgrundlage, nämlich der Überbewertung der materiellen Vorgänge? Wenn einer also mit der Bibel in der Hand behauptet, es habe in Wirklichkeit sich alles ganz genau so zugetragen, wie es da zu lesen ist, dann spricht aus seinen Worten ebenfalls ein Materialismus und zugleich ein Mißtrauen gegenüber den Kräften und Möglichkeiten des Glaubens. Nur wenn man sich *nicht* mehr an das materielle (theoretisch per Video aufzeichenbare) Bild der damaligen Zeit festklammert, verschwinden die Widersprüche. Wäre es denn nicht an der Zeit, von Johannes neu zu lernen, wie sich Geist und Materie bedingen und durchdringen? So gesehen könnte es also christlichen und unchristlichen Materialismus geben, die sich nur dadurch unterscheiden, daß beide verschiedene Bilder von der materiellen Wirklichkeit haben, sich aber darin einig sind, daß es auf sie überhaupt ankomme. Johannes läßt die christlichen und unchristlichen Materialisten gemeinsam im Abseits stehen.

Hier sei ein Exkurs in die chinesische Philosophie bzw. Religion erlaubt. Laotse gilt als der Verfasser des Taoteking, der Grundschrift des Taoismus. Er soll nach der Legende von 604–523 v. Chr. gelebt haben. Diesen einundachtzig Jahren entsprechen einundachtzig Sprüche, aus denen sein Werk besteht. Das Wort Laotse ist aber kein wirklicher Eigenname, sondern bedeutet soviel wie »der Alte« oder »alter Meister«. Es spricht also vieles dafür,

daß die Legenden, die sich um sein Leben ranken, und auch seine Existenz selbst kein historisches Faktum sind, sondern daß es sich beim Taoteking um eine anonyme Sammlung altchinesischer Weisheit handelt, deren unbekannten Verfasser bzw. Redakteur man unter dem Ehrentitel »Laotse« personifizierte. Die Frage, ob es diesen Menschen gegeben hat oder nicht, ob sein Leben so verlaufen ist, wie es die Legende schildert, ist für das Taoteking ohne jede Bedeutung. Das Werk und sein Einfluß auf die Geistesgeschichte in einem großen Teil Asiens stehen im Vordergrund, nicht die historische Wirklichkeit seiner Entstehung. Die Legende, der alte Weise habe im Alter enttäuscht seine Heimat verlassen und an der Grenze seine Gedanken diktiert und so der Nachwelt übermittelt, verkündet in jedem Falle eine »Wahrheit«, auch wenn diese keine historische Wirklichkeit war. Niemand kam je auf die Idee, den Aufzeichner einer solchen Geschichte einen Betrüger zu nennen.
Über das Rätsel, was es mit dem Wort »Sohn Gottes« auf sich habe, versucht Johannes eine Antwort. Sein »System« sieht so aus: Gott ist für ihn zunächst der Sinn der Welt, der Logos, was im Griechischen eigentlich nur Wort bedeutet, aber in der Philosophie eine umfassendere Bedeutung angenommen hat. »Gott war das Wort.« Weltsinn und Weltschöpfer sind eines, ein abstraktes Wesen, das für die Menschen unfaßbar ist. Man kann es geistig erkennen oder erahnen, aber sonst weiß man nichts von ihm. Der entscheidende Gedankenschritt des Johannes ist diese Aussage: »Das Wort ward Fleisch und wohnte unter uns.« In abstrakter philosophischer Sprache könnte man das so formulieren: Der Logos verwandelte sich in Materie. Aus einer immateriellen Idee wurde ein körperliches Wesen: ein Mensch. Hervorgebracht wurde dieser Mensch durch den Übergang von Geist in Materie. Vater ist das allge-

meine Wort für Erzeuger und Verursacher. Wenn demnach ein Mensch den Logos in reiner Form verkörpert, dann hat er ihn zum »Vater«. Johannes zeigte diesen Zusammenhang deutlich auf. In seinem Evangelium wird der spontane Übergang von Geist in Materie und von Materie in Geist auf unterschiedliche Weise dargestellt. So wird aus dem Wasser des Brunnens das Wasser des Lebens, ohne fließenden Übergang. Johannes schildert noch einen drastischeren Übergang. Sein Jesus sagte: »Wer mein Fleisch isset und trinket mein Blut, der hat das ewige Leben.« (6, 54) Man muß sich ihn also im wahrsten Sinne des Wortes einverleiben. Solche Darstellungen dürfen nicht nur als Vergleich oder Symbol gesehen werden, sondern als eine andere, eigene, in unserer Zeit verkannte Form der Wirklichkeit, die auch das Abendmahl zu mehr macht als nur zu einem Gedächtnis. Für sie ist uns in den letzten Jahrhunderten unter dem Einfluß der Naturwissenschaft der Sinn weitgehend abhanden gekommen. Menschen früherer Zeiten hatten mit der Erfahrung solcher Zusammenhänge offensichtlich weniger Schwierigkeiten als wir heute. Deshalb müssen wir jetzt nach neuen sprachlichen und denkerischen Möglichkeiten suchen, um geistige Realitäten zu erfassen.

Diese Gedanken sind keineswegs konstruierte Bekenntnisse, sondern sie zeigen ein Grundprinzip unserer Welt. Alles Materielle hat geistige Grundlagen. Jedes Atom lebt aus diesem Prinzip, seine Grundbestandteile sind Energie und Struktur, nicht aber eine andere, kleinere Form von Materie. Werner Heisenberg, der sich zeitlebens mit dieser Urfrage auseinandergesetzt hat, stellte daher fest, daß schon vor Sokrates der griechische Denker Heraklit mit seiner Theorie des Feuers recht gehabt hatte. Heisenberg ersetzte in einem Gedanken des Heraklit das Wort Feuer durch Energie und kam zu folgender Aussage: »Die Energie ist tatsächlich der Stoff, aus dem alle Elementarteilchen, alle Atome und daher überhaupt alle Dinge gemacht sind, und gleichzeitig ist die Energie auch das Bewegende.«[4] Was die Atome und mit ihnen die Materie zusammenhält, unterscheidet sich, so verstanden, nicht grundsätzlich von der Energie, die die Spiralnebel im Kosmos in ihrer Gestalt antreibt und bewahrt. Daß deren Bewegung nach unserer Zeitvorstellung »unendlich« langsam vor sich geht, spricht nicht gegen ihre Vitalität. Unsere naturwissenschaftlichen Gesetze bleiben abstrakt und theoretisch, sie bleiben ein Bestandteil des weltumfassenden Logos, solange wir sie nicht im konkreten Fall beobachten und bestätigen können. Ohne fallende Gegenstände wären die Fallgesetze nie entdeckt worden, denn auch Galilei konnte sie nicht im Kopf aus dem Nichts heraus entwickeln, er mußte materielle Vorgänge beobachten. Und doch waren die abstrakten Gesetze so von Ewigkeit her vorhanden oder, nach anderer Ansicht, vor Urzeiten durch ständige Wiederholung allmählich entstanden. Man kann vereinfacht also sagen: Die Fallgesetze sind in der Welt, aber zugleich sind sie völlig abstrakt. Sie werden nur dort erfahrbar, wo etwas im weitesten Sinne fällt. Dadurch wird Geistiges sichtbar. Doch nicht die Gesetze sind sichtbar, sondern nur das, was sie bewirken. Der Geist, der funktioniert, wird nicht dadurch zum Ungeist. Das Berechenbare, Rationale, Materielle einerseits und das Unberechenbare, Irrationale, Geistige andererseits grundsätzlich zu unterscheiden, ist ein Problem, das der Welt möglicherweise gar nicht zugrunde liegt. Es ist eine menschliche Denkkonstruktion. Vielleicht machen wir uns da überflüssige Gedanken und könnten statt dessen auf andere Weise forschen.

Die Kräfte, mit der Galaxien ins Weltall geschleudert

werden, und die, aus der die Atomstruktur erkennbar wird, kommen aus dem gleichen Baukasten. Aber nicht nur diese Kräfte haben eine gemeinsame Heimat. Geistige Kräfte, deren Wirkung in der Materie wir mit unseren Sinnen nicht unmittelbar erkennen können, müssen sich von den erkennbaren nicht grundsätzlich unterscheiden, wenn auch die Dichte ihrer Wirkungsweise geringer ist. Die Farbe Rot kann im Lichtspektrum gemessen werden, die psychische Wirkung, die von ihr ausgeht, nicht. Das eine Meßergebnis ist objektiv wiederholbar, die psychische Farbwirkung ist nicht wiederholbar und objektivierbar. Und doch liegt beiden Wirkungen ein und dieselbe Ursache zugrunde. Materie, Formen, Farben, Klänge und Gedanken stammen letztlich aus dem gleichen Labor, aber unsere Meßgeräte zeigen uns nicht alles. Die elektronische Wirkung, die von einer Übertragung via Satellit ausgeht, ist leicht zu fassen, sie ist abhörbar und aufzeichenbar. Aber ein stummes Gebet oder eine psychische Verbindung unter Menschen versagt sich unserem elektronischen Instrumentarium. Unsere Möglichkeiten, die Wirklichkeit zu erfassen, sind nicht die Wirklichkeit selbst. Und gerade hier liegt der grundlegende Irrtum des menschlichen Glaubens an die Alleingültigkeit der Wissenschaft: Wir halten nur das für die richtige Wissenschaft, was sich mit deren eigenen Methoden messen oder wenigstens beschreiben läßt. Wenn diese jedoch nicht greifen oder einfach versagen, braucht das noch lange nicht zu bedeuten, daß die Wirklichkeit nicht oder auf völlig anderer Ebene stattfindet. Wir neigen dazu, die Welt für das zu halten, was *wir* für die Welt halten. Aber Gott und die Welt richten sich nicht nach unseren Maßstäben und halten sich nicht an unsere Grenzen. Der menschliche Geist rüttelt an den Grenzpfählen, aber nur wenige dringen über sie hinaus. Zur Frage nach Geist und Wirklichkeit hat Johannes ein

Weltbild geschaffen, dem wir noch längst nicht gerecht geworden sind. Die Erkenntnis vom menschgewordenen Logos weist auf ein Wissen hin, das einer neuen Art von Forschung Auftrieb geben könnte.

1 Schelling Werke 2. Ergänzungsband, S. 501

2 Wolfgang Eckle spekuliert in seiner Schrift »Den der Herr liebhatte« mit der These, der Evangelist Johannes (nicht der Jünger) könnte entsprechend dem Wortlaut des Johannesevangeliums doch derjenige gewesen sein, »den der Herr liebhatte«. Dieser später in Ephesus lebende Presbyter Johannes könnte viele Jahre zuvor als »Johannes mit dem Zunamen Markus« auch das Markusevangelium geschrieben haben.

3 Die Gnosis, koptische Quellen, S. 105

4 Heisenberg: Physik und Philosophie, S. 4

Der liebe Gott und seine Verbrecher

Der untaugliche Versuch, Gott mit Eigenschaften zu versehen

In der Stuttgarter Stiftskirche zeigt ein Glasfenster Christus – und über ihm Gott, der sein Gesicht hinter der Hand verbirgt und gewissermaßen sagt: Ich bin der andere, der nicht Darstellbare. Denn wer meint, Gott beschreiben zu können, überschreitet eine von ihm selbst gezogene Grenze. Aus dem zweiten Gebot, man solle den Namen Gottes nicht vergeblich führen, könnte man folgendes ableiten: »Du sollst Gott nicht definieren und nicht vereinnahmen oder ihn auf irgend etwas festlegen. Du sollst ihn nicht be- und verurteilen. Bedenke, Gott selbst ist kein Christ, geschweige denn, daß er katholisch oder evangelisch ist. Alles, was du von ihm zu wissen meinst, ist vergeblich.« Wer die Sonne besser sehen will, leuchtet ja auch nicht mit seiner Taschenlampe hinauf, oder allgemein gesagt: Wer das Licht erkennen möchte, muß zunächst sein eigenes Licht ausschalten. Darüber hinaus wendet sich das von den Christen nicht beachtete 2. Gebot aus 5. Mose 5, 8, wonach man sich kein Bildnis machen solle, hauptsächlich gegen das Anbeten von Bildern.

Vor ein paar Wochen besuchte mich ein junger Mann mit einem Pack beschriebener Blätter. Während seiner Schulzeit in der ehemaligen DDR hatte er von Religion kaum etwas gehört, allenfalls Negatives. Dies galt wohl auch schon für sein Elternhaus. Gelesen hat er nicht viel, denn er liest gründlich und langsam. Von der Bibel weiß er so gut wie nichts. Im Schreiben pflegt er unkritisch seine eigene und eigenartige Orthographie und Wortstellung.

In seinem erlernten Beruf findet er keine Arbeit. Bis hierher ist das nichts Außergewöhnliches.
Als er mir von sich berichtete, verstand ich sofort, worum es geht. Dieser Mensch spürt plötzlich in sich den Drang, der Welt etwas mitzuteilen. Es kommt unvorbereitet aus ihm heraus, doch was er zu Papier bringt, klingt doch erstaunlich. Einige Sätze aus den vielen Zetteln, die er mir gab, möchte ich hier in gekürzter, und nur wegen des manchmal unbeholfen klingenden Satzbaus leicht redigierter Form wiedergeben: »Es kommt irgendwann einmal der Punkt, bei jedem, so glaube ich, da gelangt der Geist zum Licht, um wach zu sein. Und der Geist sieht ein Licht in einem unendlichen Raum mit vielen, vielen Sternen. Wenn das passiert, ist es der Anfang aller Zeit. Und der Geist, wenn er wach ist, schafft die Notwendigkeit des Lebens. Er hat mir gesagt, man darf nicht sehen wollen, was hinter ihm steht. Wer das versucht, der tritt daneben.«
Was hat ein Mensch erlebt, wenn er solche Gedanken spontan zu Papier bringen kann? Mir ist klar, daß es nicht einfach eine konstruierte Gedankenfolge oder ein Traum ist, es sind in diesem Fall auch keine Drogen im Spiel, obwohl dies am Wert oder Unwert des Erfahrenen nichts ändern müßte. An anderer Stelle des Textes finden sich diese Sätze: »Ich hatte einmal die Vorstellung, über der Erde zu sitzen, lange, lange Zeit. Es legte sich mir in den Sinn, daß die Erde in ihrer ersten Gestalt zu einer neuen hin wächst. Ich dachte es zwei, drei Mal und dann kam auch das Bild hinzu: Zwei Kreise sind die alte Gestalt. Und der dritte Kreis außen herum ist dann der dritte Tag, unser Lohn. Wir haben den dritten Tag als unseren Lohn nach dem zweiten Tag geschaffen. Somit ist alles gesagt über die Aufgabe, die für uns heute in der Luft liegt. Im Prinzip habe ich meine Seele dem Geist gegeben. So oder so, wir sind kurz davor, das Feuer abzugeben.«

Einem Normalmenschen mögen solche Sätze zunächst sinnlos oder gestört erscheinen. Dies hat der junge Mann wiederholt erlebt, als er sie seinen Freunden mitteilen wollte. Keiner interessierte sich dafür, und keiner nahm ihn ernst. Das gleiche widerfuhr ihm, als er meinte, er müsse mit Philosophiestudenten darüber diskutieren. Sie hielten ihn schlichtweg für einen Spinner. Für mich sind seine Niederschriften ein Zeichen, wie ein Gespür für Transzendenz einen Menschen überkommen und geradezu umstülpen kann, der sich solche Gedanken nicht bewußt herbeiholen möchte. Ein psychisches Erlebnis wie die spontane, Menschen immer wieder überfallende Erkenntnis: »Der Kosmos entsteht aus mir heraus, ich bin Schöpfer und Geschöpf zugleich«, ist zwar nicht alltäglich, aber auch nicht einmalig. Es dringt in die davon Betroffenen wie von außen, als Einfall oder Überfall. Als ich zu meinem Gast sagte, ich habe das Gefühl, er suche nach dem Geist, nach dem Sinn der Welt und nach Gott, gab er mir zu Antwort: »Eigentlich suche ich doch gar nicht, ich glaube, ich habe das schon gefunden. Ich bin mir meiner Sache sicher.«

Ich gab ihm zum Abschied eine Miniaturausgabe des Johannesevangeliums mit, die ich einmal geschenkt bekommen hatte und die ich gerade herumliegen sah. Als ich ihn später fragte, ob er darin gelesen habe, sagte er: »Kaum; ich habe es versucht, aber ich kann das nicht ertragen, das ist zu stark für mich. Bei jedem Satz steigt da eine Rakete in mir hoch.« Die Begegnung mit diesem etwas exzentrisch wirkenden jungen Mann hat mir gezeigt, wie Einflüsse der Transzendenz in einen Menschen dringen können. Er ist einer unter zahllosen, denen seit Menschengedenken ähnliches widerfahren ist. Sie gelangen ohne Zutun in unmittelbaren Kontakt mit einer uns anderen unzugänglichen Wirklichkeit. Aber was es dann mit ihrer Erfahrung auf sich hat, darüber können sie meist nicht in klaren Worten reden. Das braucht auch niemanden zu wundern, denn das Licht, der Schöpfer oder was es auch immer sein mag, das alles stellt sich nicht in unserer Sprache dar. Seine Aussagen lassen sich nur ungenau übertragen. Auch wer das Reine erlebt, kann es nur mit unreinen Worten schildern.

Menschen, die keinen solchen direkten Zugang zum Unendlichen haben, sind darauf angewiesen, Gott mit ihrem unzulänglichen menschlichen Vorstellungsvermögen zu verknüpfen. Sie versuchen seit Urzeiten, Gott festzulegen, ihn mit menschlichen Eigenschaften zu versehen, ihn zu be- und verurteilen, ja nachdem, ob er das tut, was man von ihm verlangt. Dabei hat schon jeder festgestellt, der sich Gedanken darüber gemacht hat: Der angeblich liebe Gott ist gar nicht so lieb, wie manche behaupten. Und der »allmächtige« Gott scheint nicht allmächtig zu sein. Das Problem ist unlösbar, denn es führt in die Sackgasse. Soll Gott »lieb« sein, dann ist er nicht allmächtig; seine Güte mißrät ihm ständig, weil Menschen ihm ins Handwerk pfuschen, denn es ist ja nicht zu verbergen, wieviel Böses auf der Welt geschieht. Ist er aber allmächtig, dann ist er selbst Urheber des Bösen, also nicht lieb. Dennoch wurde zu allen Zeiten versucht, Wege aus der Ausweglosigkeit zu finden. Diese Suche ist nach wie vor eine der größten Herausforderungen an das menschliche Denken. Die einfachste Lösung ist die: Der Begriff Gott läßt keine sinnvollen, zumindest keine logischen Aussagen zu, daher ist es überflüssig, ihn in menschliche Überlegungen mit einzubeziehen. Gott mag ein »Wunschwesen« sein, wie Ludwig Feuerbach sagte[1], aber er ist in der Natur nirgends zu finden. Aus solchen Überlegungen mag man folgern, die Annahme, Gott regiere die Welt, sei eine menschliche Konstruktion, eine vergebliche Hoffnung, ein Erbe aus einer frühen Entwicklungsstufe des Geistes, in der der Mensch keine andere Möglichkeit hatte, seine

Ohnmacht gegenüber der Natur zu artikulieren. Mit anderen Worten: Man muß nur das Wort Gott aus seinem Vokabular streichen, und alle Probleme lösen sich von selbst. Daraus mag man folgern, wie Jacques Monod es tat: »Der Mensch weiß endlich, daß er in der teilnahmslosen Unermeßlichkeit des Universums allein ist.«[2]
Es gibt noch andere Wege aus der Ausweglosigkeit. Man braucht sich nur dem pantheistischen Credo anzuschließen: Gott und die Welt sind identisch. Gott ist alles in allem, er ist so gut und so böse, so mächtig und so ohnmächtig wie der Zufall, der in der Welt herrscht. Gott ist nicht im All, er ist im Über-All, er ist überall zugleich, er ist Logos und Weltprinzip, aber er ist aus dieser Gesamtheit nicht als Individuum herauszulösen, er und sein Werk sind aus einem Block, er ist selbst die Gesamtheit. Gott ist das Werdende, bevor es wird, und das Gewordene. So verstanden ist er ohne jede Eigenschaft. Man kann über ihn nur das aussagen, was man in der Welt sieht, und das ist alles und nichts zugleich. Entweder ist alles, was geschieht, ein Wunder, oder es ist selbstverständliche Folge von Kausalitäten und blinden Zufällen. Wenn das so ist, dann gibt es keine darüber hinausgehenden Sonderwunder.
Der mit dem Universum identische Gott ist auch der von Mystikern erkannte, wenn sie in die Gesamtheit aller Dinge eintauchen und sich in der Einheit mit dem Kosmos erleben. Auch die Blätter des erwähnten jungen Mannes sind ein unbeabsichtigtes Zeugnis mystischer Erkenntnis. Menschen, die so empfinden, wissen dann, daß dem Geist, dem Licht, dem göttlichen Wesen, das sie in sich spüren, keine Eigenschaften zukommen, die mit menschlicher Sprache ausgedrückt werden können. Sie spüren eine Einheit aus Gott, sich selbst und der Welt. Meister Eckhart beschrieb dies so: »Die Meister sagen, Gott sei ein Sein und ein vernünftiges Sein und erkenne

alle Dinge. Ich aber sage: Gott ist weder Sein noch vernünftiges Sein, noch erkennt er dies oder das. Darum ist Gott ledig aller Dinge – und eben darum *ist* er alle Dinge.«[3] Gott wird so für Eckhart zum »Nicht-Gott«[4], weil er über alle Bilder und Vorstellungen, die ihm Menschen zulegen, erhaben ist. Man kann über ihn nichts wissen, man kann auch nicht an ihn glauben, man kann ihn nur in sich erleben. Wer Gott spürt, braucht nicht an ihn zu glauben, genausowenig, wie man an seine Freude glauben muß, wenn man sich freut. Welche Eigenschaften hat die Freude? Auch sie hat keine, sie kann nur etwas bewirken. So könnte man von Mystikern lernen: Gott ist für mich nur das, was er aus mir macht. Eckhart und andere Mystiker zu allen Zeiten redeten und lehrten nichts über Gott, sondern in erster Linie von dem, was er in ihnen bewirkte, was sie dabei empfanden. Doch die hatten gut reden! möchte man da sagen. Sie konnten zwar über ihre Erlebnisse beim Eintauchen in den Kosmos mehr oder weniger unvollkommen berichten, aber man kann diese normalerweise nicht nachvollziehen. Dem Zuhörer geht es dann wie einem, der sich mit andächtigem Schauer von einer Himalaya-Expedition erzählen läßt. »Das mögen ja erhabene Gipfelgefühle gewesen sein, die der auf dem Mount Everest hatte, aber ich komme da nicht hinauf.«

Wer nicht auf den Gipfel kann, der schlägt sich hier unten nach wie vor mit den alten Fragen herum. Woher kommt das Böse, und warum läßt es der »Allmächtige« geschehen? Hunderttausende von Seiten wurden darüber schon geschrieben. Und dennoch verzweifeln immer wieder die Menschen an einem Gott, der sich von ganz anderer Seite zeigt als dem Verfasser des 68. Psalms: »Du aber, Herr, Gott, bist barmherzig und gnädig, geduldig und von großer Güte und Treue.«

Um Gottes Güte in der menschlichen Vorstellung in unsere Zeit zu retten, versuchte der Philosoph Hans Jonas (1903–1993) einen Ausweg in einem vielbeachteten Vortrag, den er 1984 in Tübingen gehalten hat, mit dem Thema: »Der Gottesbegriff nach Auschwitz – Eine jüdische Stimme.« Jonas plädierte hier angesichts der Greuel, die dem jüdischen Volk in den Vernichtungslagern widerfahren sind, für ein anderes Gottesbild: »Dies ist nicht ein allmächtiger Gott! In der Tat behaupten wir, um unseres Gottesbildes willen und um unseres ganzen Verhältnisses zum Göttlichen willen, daß wir die althergebrachte (mittelalterliche) Doktrin absoluter, unbegrenzter göttlicher Macht nicht aufrechterhalten können.«[5] Ob nun die Vorstellung von Gottes Allmacht aus dem Mittelalter stammt, wie Jonas sagt, oder nicht doch schon aus dem Alten Testament, ist in diesem Zusammenhang unwesentlich. Jonas erklärt seine These von der eingeschränkten göttlichen Macht so: »Wenn aber Gott auf gewisse Weise und in gewissem Grade verstehbar sein soll (und hieran müssen wir festhalten), dann muß sein Gutsein vereinbar sein mit der Existenz des Übels, und das ist es nur, wenn er nicht *all*-mächtig ist. Nur dann können wir aufrechterhalten, daß er verstehbar und gut ist und es dennoch Übel in der Welt gibt.« Angesichts der Vernichtungslager hat Gott nicht gehandelt: »Und da sage ich nun: Nicht weil er nicht wollte, sondern weil er nicht konnte, griff er nicht ein.«[6]

Steht dieses viel ge- und mißbrauchte Wort Gott vielleicht für eine Vielzahl verschiedenster Phänomene, die nur das Wort gemeinsam haben? Jonas scheint hier, wie er selbst andeutet, aber nicht weiter ausführt, in eine Zwei-Gott-Theologie wie im Manichäismus zu gelangen, bei dem ein »König der Lichtparadiese« und ein »König der Finsternis« sich als Weltkontrahenten gegenüberstanden. Die Welt erschien den Manichäern als Kampfplatz verfeindeter Gottheiten, einer guten und einer bösen. Ein solcher

Gedanke hat auch nach dem fast völligen Verschwinden dieser Religion, der selbst ein Mensch wie Augustinus lange Zeit angehangen hat, immer noch etwas Bestechendes. Das dualistische Prinzip aus Gut und Böse, Gott und Satan, Licht und Dunkel dringt auch heute noch in die Gedanken, wenn unsere Suche nach dem einzig Richtigen immer wieder in die Sackgasse gerät. Die im weitesten Sinne manichäische Weltauffassung zeigt zumindest, daß das 20. Jahrhundert trotz aller Greuel, die in ihm geschehen sind, in der Weltgeschichte leider nicht alleine dasteht und daher eigentlich auch keinen Anlaß für einen neuen Gottesbegriff bieten konnte. Gott ist nicht plötzlich ausgerechnet im 20. Jahrhundert ein anderer, ohnmächtigerer geworden, als er zuvor war. Wenn der (manichäisch verstandene) Gott angesichts von Auschwitz im Kampf gegen das Böse unterlegen sein sollte, dann hat er im Lauf der Weltgeschichte schon öfter eine Schlappe einstecken müssen, auch wenn diese vielleicht nicht gar so blamabel war. Die Auffassung von rivalisierenden Gottheiten braucht man sich deshalb jedoch nicht zu eigen machen. Das zumindest äußerliche Obsiegen des Bösen ist kein Novum, es gehört unlösbar zur Geschichte der Menschen.
Schon das Alte Testament mit seinen Darstellungen haßerfüllter Totschlägerei könnte zur Relativierung der göttlichen Allmacht führen, auch wenn die Siege, soweit sie auf seiten des auserwählten Volkes lagen, gerade ihr zugeschrieben wurden. Denn selbst der hochverehrte Prophet Elia verschonte seine Feinde, die Anhänger des Konkurrenzgottes Baal, nicht, nachdem Jahwe ihm mit dem erlösenden Regenwunder zu einem Triumph verholfen hatte. »Da das alles Volk sah, fiel es auf sein Angesicht und sprach: Der Herr [Jahwe] ist Gott, der Herr ist Gott. Elia aber sprach zu ihnen: Greift die Propheten Baals, daß ihrer keiner entrinne! Und sie griffen sie. Und Elia führte

sie hinab an den Bach Kison und schlachtete sie daselbst.« (1. Könige 18, 40) Elia vertraute also nicht auf die überzeugende Wirkung seines von ihm persönlich herbeigebeteten Regengusses, sondern ließ im Überschwang der Siegesgefühle seine Gegner töten. Das »Abschlachten« der Andersdenkenden, hier im Namen Jahwes geschehen, hatte jedoch schon vor Elia weltweit eine alte Tradition. Es ist seither nicht besser geworden. Millionen unschuldiger Menschen wurden im Namen der Kirche umgebracht. Der Gegenreformation, der Inquisition und den Hexenprozessen fielen Hunderttausende von Gläubigen, Andersgläubigen und Ungläubigen auf meist qualvolle Weise zum Opfer, und dies im Namen eines Gottes, der das nicht verhinderte. Ab 1352 wurde von Papst Innozenz IV. die Anwendung der Folter offiziell gestattet. Die Leidensgeschichte der, von wenigen Ausnahmen abgesehen, namenlosen Märtyrer, die nicht *für* die Kirche, sondern *unter* ihr gelitten haben, wäre sicher ergiebiger und aufschlußreicher als die, deren Knochen über dem Altar als Reliquie verwahrt werden.

Und selbst in dem für seine Humanität so viel gerühmten Frankreich wurden Katharer (»Ketzer«), Albigenser, Waldenser, Hugenotten und viele sonstige Andersgläubige zu Tausenden ermordet. Allein bei der »Bluthochzeit« in der Nacht zum 24. August (Bartholomäusnacht) des Jahres 1572 wurden in Paris zweitausend bis dreitausend Hugenotten (fast der gesamte protestantische Adel, d. h. die Oberschicht) und anschließend in der Provinz weitere zehn- bis zwanzigtausend Hugenotten auf brutale Weise umgebracht. Die Anordnung hierzu kam von der Königinmutter Katharina von Medici, die damit ein Werk zur Rettung ihres Glaubens vollbringen wollte, seither aber keineswegs, so wenig wie Papst Innnozenz IV. oder seinerzeit Elia, unter die Verbrecher eingereiht wird. Die Greuel des Dreißigjährigen Kriegs, der in Deutschland ebenfalls im Namen unterschiedlicher Auffassungen des wahren Christentums zur Selbstzerfleischung führte und der rund sieben bis acht Millionen Menschen das Leben kostete, fast die Hälfte der Bevölkerung, sollen hier nur pauschal als weiteres Beispiel erwähnt werden. Wer angesichts dieser in seinem Namen begangenen Verbrechen vom »lieben« Gott sprechen will, der kommt ganz schön in die Enge. Es zeigt sich hier, daß es keinen Sinn hat, Gott mit Eigenschaften aus unserem Vokabular zu versehen, und es gibt sicher keine schlimmere Gotteslästerung als die, wenn eine Religionsgemeinschaft oder Kirche sich als Gottes heiliges Werk betrachtet, obwohl in ihrem (und angeblich in Seinem) Namen Andersgläubige verfolgt und getötet wurden. Eine solche Gemeinschaft konnte sich angesichts des 5. Gebotes (»Du sollst nicht töten«) noch nie mit Recht auf die Bibel, geschweige denn auf das Neue Testament mit dem christlichen Liebes- und Toleranzgebot berufen.

Ein Beispiel für das ehrliche und immer unvollkommen bleibende Suchen nach Gotteserkenntnis gibt Nikolaus von Kues (1401–1464) in seiner Schrift »De visione dei« (Vom Sehen Gottes): »So bist Du, mein Gott, zugleich sichtbar und unsichtbar. Unsichtbar bist Du, wie Du bist, sichtbar, wie Du für das Geschöpf bist, das nur insoweit ist, als es Dich sieht.«[7] Man könnte diesen mystischen Satz – sehr frei übersetzt – auch so formulieren: Vom wirklichen Gott können wir nichts wissen. Was wir wissen, ist nur das, was in uns durch ihn entsteht. Was aber da entsteht, setzt kein Wissen und keine Bildung voraus, bei vielen nicht einmal das Suchen. Würde dieses Neuentstehen sich nicht von Zeit zu Zeit bei einzelnen Menschen wiederholen, dann wäre das Wort Gott schon längst in keinem Wörterbuch mehr zu finden. Diese gegenseitige Schöpfung ist, wenn man sie zur Kenntnis nimmt, keine menschliche Erfindung, sondern etwas, das sich der Erfahrung nicht entzieht. Unlösbar scheint dabei jedoch die Frage zu bleiben, ob und wie der Sinn der Welt entschlüsselt werden kann.

[1] Das Wesen der Religion, S. 249
[2] Zufall und Notwendigkeit, S. 157
[3] Predigt 32, S. 306
[4] Predigt 42, S. 355
[5] Philosophische Untersuchungen, S. 201
[6] a. a. O., S. 204 f.
[7] S. 54

Die beste aller möglichen Welten

Versuche, Gott zu rechtfertigen und den Sinn der Welt zu verstehen

In der Zeitschrift »Universitas«[1] erschien einmal eine scheinbar schwierige Denksportaufgabe. Die Frage lautete: Welches ist der Sinn dieser Zeichen, und wie könnte die Reihe fortgesetzt werden?

Ich brauchte für die Lösung damals zwanzig Minuten, und als ich sie endlich fand, wunderte ich mich, daß es so lange gedauert hatte. Manche, denen ich das Rätsel zeigte, brachen die Suche ergebnislos ab. Meine Nichte Julia hatte die Lösung in nur dreißig Sekunden. Eine Kollegin versuchte es mit folgender (natürlich falschen) Theorie: »Da ist ein Mann; dann verliebt er sich und schließlich heiratet er sogar (die aneinandergefügten Ringe sind in Ahnenregistern das Zeichen für Eheschließung). Nach der Hochzeit entdeckt er, daß er nur noch ein halber Mann ist, da nimmt er einen Strick und erhängt sich.« Die Lösung dieses Rätsels ist kein tragischer Liebesroman, sondern sie setzt nur eine bestimmte, nicht alltägliche Art des Sehens voraus. An diese Aufgabe wurde ich wieder erinnert, als ich in der »Theodizee« von Gottfried Wilhelm Leibniz diesen Gedanken las: »Man kann eine Aufeinanderfolge oder Reihe von Zahlen aufstellen, die anscheinend völlig unregelmäßig ist, bei der also Zahlen ohne jeden Schein von Ordnung abwechselnd zu- und abnehmen, und doch wird der, der den Schlüssel zu dem Geheimnis besitzt und den Ursprung und den Aufbau dieser Zahlenfolge kennt, eine Regel angeben können, die, richtig erfaßt, zeigen wird, daß die Reihe völlig regelmäßig ist und sogar schöne Eigenschaften besitzt.«[2] Leibniz führt kein Beispiel für eine solche Zahlenreihe an, vielleicht meinte er die Werte einer Sinuskurve, aber eventuell könnte eine solche Zahlenreihe auch so aussehen:

2 - 4 - 8 - 10 - 5 - 11 - 4 - 10 - 5 - 7 - 11 - 8 - 14 …

Wer nicht ein besonderes arithmetisches Gespür besitzt, wird in dieser Zahlenfolge zunächst weder Sinn noch Ordnung erblicken können. Sie wird ihm chaotisch erscheinen wie die ganze Welt. Aber die nächsten Zahlen dieser Reihe stehen ein für alle Mal fest: 7 - 13 - 8 - 10 … Sie entspringen keinem Zufall und keiner Willkür. Wir wissen zunächst nur nicht, was sich hinter der Reihe verbirgt, und halten daher den Fortgang des »Geschehens« für zufällig. Der Mensch denkt normalerweise ganz einfach: Wo *er* keine Ordnung sieht, vermutet er Zufall oder Chaos. Doch was wissen wir schon von Ordnung? Wir erkennen zunächst nur die Ordnungen, die uns im Lauf der Evolution lebensnotwendig geworden sind. Einige Einsichten sind durch die Forschung der letzten Jahrhunderte hinzugekommen, viele Gesetze haben wir der Natur unterstellt, aus ihr herausgeholt oder von uns aus in sie hineinprojiziert. Da, wo wir die Natur beim Wort nehmen können, wo sie sich wiederholt oder einen faßbaren Sinn erkennen läßt, da schlägt unser Forschergeist zu. Aber wir müssen einsehen, daß wir auf diese Weise längst nicht allen möglichen Ordnungen auf die Spur kommen. Vieles fällt den Forschern durchs Raster, weil sie die Bilder, die sie sehen, nicht mit den Bildern in Einklang bringen können, die sie im Kopf haben. Wer seine Denkgrenzen überschreiten will, muß sich zu folgendem Satz bekennen: Ich darf in der Welt nicht nur das sehen, was a priori mit meinem Kopf vereinbar ist, sondern ich muß versuchen, das Unvereinbare miteinander vereinbar zu machen. Die Erweiterung der Vernunft ist sicher die schmerzhafteste Kopfoperation. (Kant hätte bei diesem Satz seinen Kopf zunächst einmal zum Schütteln gebraucht.) Und wenn einer sagt: »Das will mir nicht in den Kopf gehen«, so ist das in erster Linie der Hinweis auf sein eigenes Kapazitätsproblem. Machen wir uns also auf weitere Einsichten gefaßt, auch wenn sie nicht nur von der Naturwissenschaft stammen, sondern zunehmend wieder aus geistigen Bereichen, wo die Ansprüche an das Funktionieren der Ordnung nicht dahin zielen, daß sich alles wiederholen läßt.

Wenn wir uns z. B. klarmachen, daß es sich bei der gezeigten Zahlenfolge um die Quersumme der zweistelligen Primzahlen handelt, beginnend mit 11, 13, 17, 19, ist es uns ein Leichtes, die Fortsetzung zu wissen und also gewissermaßen in die »Zukunft« zu blicken. Auch wenn wir das Geheimnis der Primzahlen nicht durchschauen, so können wir sie doch wenigstens kennen. Hinter solchen Überlegungen läßt sich ein zentraler Gedanke in Leibnizens gesamter Philosophie erkennen: Die Welt ist geordnet, auch wenn wir ihren Sinn und ihren Fortgang nicht wissen. Wir kennen ihr Muster und ihren Plan nur insoweit, als er schon verwirklicht ist. Und auch da durchschauen wir kaum die Strategien. Dennoch ist die Welt das Abbild einer göttlichen Harmonie, die nur so und nicht anders klingen kann.

Warum sind die Menschen so ungleich? Weil man auf einer Orgel, die nur gleiche Pfeifen hat, keine Musik machen kann. Diese Weltmusik besteht aus Harmonien und Disharmonien, und nur die Auflösung einer Disharmonie läßt überhaupt den Wert einer Harmonie erkennen. Ohne

das Übel ist das Gute nicht nur sinnlos, sondern gar nicht erkennbar. Wo bleibt denn die Freude, wenn wir den Kontrast zu ihr verlernt haben?
Das Übel ist folglich ein Teil des Schöpfungsplans, und aus dieser Verwobenheit von Gut und Böse folgert Leibniz, »daß Gott das Beste von allem Möglichen tut (...) und wenn irgendein Laster sich mit dem bestmöglichen Plan verknüpft findet, so läßt Gott es zu«.[3] Solche Gedanken finden sich in dem Werk »Die Theodizee von der Güte Gottes, der Freiheit des Menschen und dem Ursprung des Übels«, in dem Leibniz 1705 das uralte Philosophenthema »Wie kann Gott gerecht sein, wenn er das Übel in der Welt zuläßt« wieder aufgreift. Leibniz, der zwei Jahre vor dem Ende des Dreißigjährigen Kriegs geboren wurde, kannte von vielen Reisen die Not und das Elend in den verwüsteten Gebieten, seine Welt war alles andere als heil. Und dennoch ist dies die unerschütterliche Grundlage, auf der er sein Denken aufbaut: Es gibt keine Alternative zu unserer Welt, sie ist nur so möglich, wie sie ist, und sie ist gut, auch wenn wir das nicht immer spüren, weil wir sie nur bis zur Gegenwart kennen, also immer nur von unvollkommenen Teilen wissen. Wenn uns etwas nicht gefällt, dann rührt das daher, daß wir die Gesamtheit nicht erkennen können. Wir haben nur »Proben und Muster der unendlichen Weisheit Gottes vor Augen«, nie aber, wie Leibniz meint, das ganze Werk. »Wir können die Schönheit und Kunstfertigkeit seines Baus nicht genug bewundern. Erblicken wir dagegen einen zerbrochenen Knochen, ein Stück Fleisch von einem Tier, einen abgerissenen Zweig von einer Pflanze, so schaut uns nur Unordnung daraus entgegen, es müßte denn ein tüchtiger Anatom diese Dinge betrachten; und auch dieser würde nichts daran erkennen, wenn er nicht früher ähnliche Stücke mit ihrem Ganzen verbunden gesehen hätte. Ebenso ist es mit der Regierung Gottes: Das, was wir hier davon

überblicken können, ist nur ein Bruchstück und nicht groß genug, um die Schönheit und Ordnung des Ganzen daran zu erkennen.«[4]

Wenn die vollkommene Harmonie der Welt ein für allemal im voraus festgelegt (»prästabiliert«) ist, wenn Natur und Menschen gemeinsam einen großen Chor singen, dessen Noten schon gedruckt sind, von denen sie aber nur immer gerade den Ton singen können, an dem sie gerade in ihrer Gegenwart angelangt sind, oder wenn sie nur wie Schauspieler in einem Film agieren, in dem sie als Schatten auf die Kinoleinwand projiziert werden, in einem aufregenden Film, dessen Ausgang niemand kennt, obwohl er ja schon feststeht, wie sieht es da mit unserer Willensfreiheit aus? Hier versucht Leibniz einen hochartistischen intellektuellen Salto mortale. Der Mensch ist frei, doch die Zukunft ist schon einprogrammiert: »Man bedarf keines unendlichen Wissens, um einzusehen, daß das Vorherwissen und Vorhersehen Gottes unseren Handlungen ihre Freiheit läßt, da Gott sie, wie sie sind, d. h. als freie, in seinen Vorstellungen vorhergesehen hat.«[5] Mit anderen Worten: Wir sind frei und für unser Handeln verantwortlich, aber was dabei herauskommt, steht schon fest. Mit unseren herkömmlichen Vorstellungen von Logik und Kausalität läßt sich ein solcher Gedanke nicht in Einklang bringen.

Beim Schreiben dieses zunächst absurd erscheinenden Gedankens erinnere ich mich an eine schwierige geschäftliche Verhandlung. Als ich einen meiner Mitarbeiter fragte, warum er denn nicht, wie sonst üblich, die Ergebnisse mitgeschrieben habe, sagte er nur: »Die Notizen habe ich gestern gemacht, denn ich wußte ja schon, was heute herauskommen wird.« Leibniz geht also wie der erwähnte Sachbearbeiter davon aus, daß Willensfreiheit auch dann angenommen werden könne, wenn das Ergebnis unbekanntermaßen zuvor schon festliegt. Er unterscheidet sich darin von seinem etwas älteren Zeitgenossen Spinoza, der in seiner Ethik dieses Problem so »gelöst« hat: »Die Menschen täuschen sich nämlich darin, daß sie sich für frei halten; und diese Meinung beruht ausschließlich darauf, daß sie sich ihrer Handlungen bewußt sind und die Ursachen nicht kennen, von denen sie bestimmt werden. Das also ist die Idee ihrer Freiheit, daß ihnen keinerlei Ursache ihrer Handlungen bekannt ist.«[6] Auch für Spinoza gibt es weder Zufall noch freien Willen, alles was geschieht, ist notwendig. Und also kommt, ähnlich wie Leibniz, auch Spinoza zu dieser fundamentalen Aussage: »Die Dinge konnten auf keine andere Weise und in keiner anderen Ordnung von Gott hervorgebracht werden, als sie tatsächlich hervorgebracht worden sind.«[7]

Wenn die Welt im Lauf ihrer Zeit bis zum heutigen Tag und in der jetzigen Sekunde den Zustand erreichen *mußte*, den sie jetzt hat, dann muß alles, was bisher geschehen ist, ohne die geringste Abweichung so verlaufen sein, wie es sich tatsächlich abgespielt hat, dann muß es auch im Plan vorgesehen gewesen sein. Wäre auch nur ein Regenschauer vor vielen Millionen Jahren an anderer Stelle auf die Erde gefallen, dann hätte er die Ursache eines völlig anderen Geschehens werden können, z. B. hätte eine für die Evolution wichtige Mutante eines Insekts oder einer Pflanze dann nicht überlebt. Wenn also der heutige Zustand der Welt, mit allen Details vorherbestimmt war, dann mußten auch alle Zufälle sich so ereignet haben, wie sie sich tatsächlich ereignet haben. Es gab also keinerlei Alternativen. Damit ist natürlich nicht gesagt, daß es keine Evolution gegeben hat. Gott hat schließlich Zeit. Ein paar Milliarden Jahre darf es dann schon dauern, bis allmählich alles fertig wird, wieder vergeht und neu entsteht.

Die Leibnizsche Denkweise, in der es zwischen Naturwissenschaft und Religion keinen grundsätzlichen Unterschied gibt, gipfelt in dem Satz: »Es gibt keinen abstrakten Gedanken, der nicht von einigen materiellen Bildern oder Spuren begleitet wäre, und ich habe einen vollkommenen Parallelismus aufgestellt zwischen dem, was in der Seele vorgeht und dem, was sich in der Materie ereignet.«[8] Ein solcher Gedanke ist zukunftsweisend und könnte gerade heute wieder neu verstanden und gewürdigt werden.

Jedoch was soll aus der Gottes- und Sinnfrage werden, wenn im Lauf der weiteren Entwicklung der Mensch aus unserer Welt verschwunden sein wird? Wird es dann höhere, uns unvorstellbare Wesen geben, oder wird der Zustand wieder eintreten, der vor dem Erscheinen des Menschen bestanden hat? Wird die Zukunft gut oder böse sein? Vielleicht kann es der Mensch wieder lernen, auf die Be- und Verurteilung alles dessen, was geschieht, zu verzichten. Möglicherweise sind wir gar nicht gefragt. Wir bewerten die Welt, wo es doch zunächst nur darauf ankäme, sie einfach als das zu sehen, was und wie sie ist.

Wenn wir die symmetrischen Zeichen zu Beginn dieses Kapitels als jeweils um ihre Mittelachse gespiegelt ansehen, dann ergibt sich nichts anderes als die Ziffernfolge eins bis fünf. Das Problem ist für manche nur deshalb so schwer zu lösen, weil sie den Spiegel, in dem sie die Welt erkennen, nicht wahrnehmen wollen und statt dessen nur ihre eigenen Vorurteile einbringen.

1 Heft 2/90
2 Theodizee, Abschnitt 242
3 a.a.O., Abschnitt 117
4 a.a.O., Abschnitt 134
5 a.a.O., Abschnitt 365
6 Ethik, 35. Lehrsatz
7 a.a.O., 33. Lehrsatz
8 Fünf Schriften zur Logik und Metaphysik, S. 56

Herr und Frau Gott

Welches Geschlecht hat die Gottheit?

Die Gleichberechtigung der Geschlechter wird gerne als Errungenschaft des 20. Jahrhunderts angesehen. Da sollte man sich nicht so ganz sicher sein. Wer in Rom auf dem Ponte Sisto den Tiber überschreitet, gelangt mit wenigen Schritten aus der hektischen Großstadt in eine vergleichsweise noch ruhige Kleinstadt, nämlich in den Stadtteil Trastevere. In der dortigen Kirche Santa Maria überrascht den Besucher in der Apsis ein großartiges Mosaik aus dem 12. Jahrhundert mit einem göttlichen Paar: Jesus und Maria selbander auf dem himmlischen

Thron. Natürlich wußte der Künstler, daß es sich hier um Mutter und Sohn handeln sollte, aber das hat er eigentlich nicht dargestellt. Statt dessen zeigte er ein byzantinisches Herrscherpaar, das in vollkommener Harmonie gemeinsam regiert. Jesus hat zärtlich die Hand um Marias Schulter gelegt, beide blicken den Betrachter an. Ein uneingeweihter Besucher, der nichts von christlicher Kunstgeschichte und Ikonographie weiß, würde dieses Paar eher für Mann und Frau, allenfalls für Bruder und Schwester halten. Die Frau trägt die Krone, der Mann einen Heiligenschein, aus dem das Kreuz hervorleuchtet. Unabhängig von dem, was zumindest pro forma beabsichtigt gewesen sein könnte, wird hier indirekt ein bestimmtes Bild vermittelt: Die Welt wird von einem Herrscherpaar gemeinsam regiert, von einer weiblichen und von einer männlichen Gottheit. Es wird also ein Mythos dargestellt, der dem archaischen Bild einer über- oder doppelgeschlechtlichen Weltherrschaft entspricht.

Dieses gemeinsame Königtum läßt sich aus der Bibel nicht ohne Herum- und Hineininterpretieren herleiten. Doch aus dem Quellgebiet der Evangelien stammen auch nichtchristliche Schriften, die sich von vergleichbaren, insbesondere gnostischen Geistesströmen nähren wie das Neue Testament. Im sogenannten »Eugnostosbrief«[1] wird eine mannweibliche Lichtgestalt erwähnt, die zwei Namen hat, einen männlichen: »Heiland, Schöpfer aller Dinge« und einen weiblichen: »Sophia, Allesschöpferin«. Diese Doppel- oder Übergeschlechtlichkeit wurde offiziell von der christlichen Lehre nicht übernommen. Inoffiziell blieb das Weibliche in Glaubensfragen jedoch immer präsent.

Im Neuen Testament führt Maria, die Mutter Jesu, ein eigenartiges Doppelleben. Einerseits ist sie nur die Frau des Zimmermanns Joseph, die laut den Evangelien von

Matthäus und Markus außer ihrem ersten Sohn Jesus noch mehrere Kinder hatte: Jakobus, Joseph, Simon, Judas und dazu noch Töchter, deren Namen nicht überliefert sind.[2] Maria hatte also nach diesen Berichten mindestens sieben Kinder. Von einem Bruder des Jesus, der Jakobus hieß, aber nicht der Jünger Jakobus war, ist in der Apostelgeschichte die Rede. Zunächst hatte aber wohl auch er zu denen in seiner Familie gehört, die Jesus für einen Spinner hielten (»Er ist von Sinnen«, Markus 3, 21). Später, nach der Kreuzigung, als Vater Joseph schon nicht mehr lebte, wandten sich Maria, die Mutter, und die Brüder Jesu zur christlichen Gemeinde. Maria war also, wenn man die bescheidenen Zeugnisse des Neuen Testaments berücksichtigt, eine einfache Frau, die in ärmlichen Verhältnissen lebte und vielleicht erst allmählich begriff, was es mit ihrem Sohn auf sich hatte.
Ganz anderes schrieb der Evangelist Lukas. Nach ihm kannte Maria ihr Auserwähltsein von vornherein, denn ihr war in seiner Darstellung der Engel Gabriel erschienen, der die Geburt eines Sohnes verkündete, dem der Herr den »Königsthron des David« geben, ihn also zum König der Juden machen werde. Das Neue Testament zeigt demnach zwei völlig verschiedene, nicht zusammenpassende Bilder von Maria. Einerseits das der nüchternen Frau und Mutter, die sich durch ihr vermutlich ärmliches Leben kämpft, andererseits das mythische Bild der reinen Jungfrau, die sich ihrer göttlichen Sendung bewußt ist.
Die frühchristliche Kirche baute Maria zunehmend als »Mitgöttin« auf. Vor allem seit dem Konzil von Ephesus im Jahre 431, auf dem Maria zur »Gottesgebärerin« erklärt und damit aus dem gewöhnlichen Menschsein emporgehoben wurde. 1854 wurde das Dogma von der »unbefleckten Empfängnis« verkündet. Maria soll ihr Leben lang Jungfrau geblieben sein. Die biblisch bezeugten Ge-

schwister von Jesus mußten folglich als Brüder und Schwestern im geistigen Sinne interpretiert werden.
Viele Jahrhunderte beschränkte sich die Kirche in der Liturgie und in der Kunst fast ganz auf die göttliche, jungfräuliche Maria, die als »Mutter Gottes« schon durch diesen Begriff als Madonna, Himmelskönigin und Weltbeherrscherin angebetet wurde. Es mag sein, daß in der katholischen Kirche, die an der Sonderstellung Marias bis in die Gegenwart festhält – erst 1950 wurde von Papst Pius XII. das Dogma von der auch leiblichen (unverwesten) Aufnahme Mariens in den Himmel verkündet – das Bewußtsein von einer einseitig männlichen Weltbeherrschung durch die Mitregentschaft Marias gemildert worden ist. Ohne diese Ergänzung der Gottheit gäbe es nur Gott-Vater, wie er insbesondere als Jahwe aus dem Alten Testament überliefert ist. Dort sitzt er allein auf dem Thron, in gleicher Weise wie die weltlichen Fürsten. Er ist in vielen (aber längst nicht in allen) Texten der eifersüchtige Herr und Herrscher, der niemanden neben sich duldet, auch keine Frau. Und obwohl im Leben von Jesus Frauen eine entscheidende Rolle spielten und ihn als Jüngerinnen verehrten und umsorgten, vielleicht sogar Einfluß auf das hatten, was er sagte, blieb dann später Paulus ganz in der Tradition seiner Zeit, die den Frauen keine offiziellen Rechte gönnte.
Neben dem liebenden, väterlichen Gott gab es den strafenden und rächenden. Der Ausgleich geschah in christlicher Zeit durch die Verherrlichung der himmlischen, gebenedeiten, gnadenreichen, reinen, unbefleckten Jungfrau Maria. Sie war jedoch, wenn man das so sagen kann, nicht Teilhaberin an der männlichen Macht, sondern sie sollte diese auf ihre weibliche Weise gewissermaßen zersetzen. Maria als weibliche Fürsprecherin hatte den männlichen Zorn zu dämpfen.
Aus dem Protestantismus, der sich – abgesehen von der

Weihnachtszeit – ganz auf den einen Gott und Vater beschränkt, in dem es keinen besonderen Marienkult gibt, entstanden in unserem Jahrhundert Stimmen, die die »autoritäre Gottesvorstellung, wie sie sich im Vatersymbol ausdrückt« kritisieren und ihren »Ekel über die geistlose Männerwirtschaft« äußern.[3] Es gibt die feministische Bewegung, die Befreiung von der einseitig männlichen »Herr«-schaft nicht nur in Politik, Wirtschaft und im Alltagsleben fordert, sondern vor allem auch in der Sprache des Glaubens. Erträgt Gott eine Geschlechtsumwandlung oder Entgeschlechtlichung, ohne daß vieles, was von ihm erahnt und geglaubt wird, zusammenbricht? Selbst mit der schönsten Ideologie kann man keine zweitausend Jahre Geistesgeschichte rückgängig machen, die den Menschen geprägt hat. Ein völliger Neuanfang mit einer Muttergottheit ist nicht in Sicht. Dazu bedürfte es eines Menschen mit der Ausstrahlung eines Jesus, Buddha oder Mohammed. Doch diese lebten zu Zeiten, als die Menschen eine noch unverbaute Aussicht auf den Himmel hatten. Unserer Zeit fehlt vermutlich die geistige Kraft zu einem radikalen Neubeginn. Aber dieser ist auch nicht erforderlich, wenn wir uns die seit Menschengedenken überkommenen Schätze verinnerlichen, ohne uns an überholten Äußerlichkeiten krampfhaft festzuklammern. Die Weiblichkeit des Gottesbegriffs hat eine weltweit alte Tradition.

Das Taoteking, das dem Weisen Laotse zugeschrieben wird, beschäftigt sich mit der Frage des Geschlechts des Schöpferwesens.

»Ehe Himmel und Erde bestanden,
War etwas Nebelhaftes:
Schweigend, abgeschieden,
Alleinstehend, sich nicht ändernd,
Ewig kreisend ohne Unterlaß.

Würdig, die Mutter aller Dinge zu sein.
Ich weiß seinen Namen nicht
Und spreche es ›Tao‹ an.«[4]

Nach diesem Zeugnis rührt die Welt von einer großen Mutter her. Über sie kann aber nichts Näheres gesagt und gewußt werden, denn das Wort Tao ist nur eine Umschreibung, eine Chiffre, für etwas, was keiner kennen und nennen kann. Das Tao wird auch nicht verehrt und angesprochen wie ein Gott, sondern es ist ein Etwas, das man anstreben, sich einverleiben und das man zugleich erkennen und nicht erkennen kann. Die Dialektik des Geschlechtlichen kann in ihm überwunden werden.

»Wer sich des Männlichen bewußt ist,
Sich aber an das Weibliche hält,
Wird zur Schlucht (andere Übers. zum Strombett)
der Welt.
Da er die Schlucht der Welt ist,
Hat er den Urcharakter, der nicht zerschnitten ist,
Und kehrt wieder zur Unschuld des Kleinkindes
zurück.«[5]

Die ersten beiden Zeilen können auch umgekehrt verstanden werden: »Wer sich des Weiblichen bewußt ist, sich aber an das Männliche hält …« Das vorgeschlechtliche Kleinkind verkörpert, so verstanden, die überwindende Ganzheit, es ist dem Tao näher, als ein Mensch, der sich seines Geschlechts bewußt ist. Das Tao ist, unabhängig davon, ob man es mit einer Mutter oder mit einem Vater vergleicht, über die Trennung der Menschheit in zwei Geschlechter erhaben.
Religionen, deren Himmel mit mehreren Göttern bevölkert war, hatten dieses Problem nicht. In Ägypten machte die Göttin Isis, die Gemahlin des Osiris, im Lauf der Ge-

schichte eine steile Karriere. Sie überflügelte ihre konkurrierenden Mitgöttinnen, breitete in ihren alten Tagen zu römischer Zeit ihren Zuständigkeitsbereich weit aus, und wurde mehr und mehr zur Universalgöttin zur »Panthea«. Genannt wurde sie: Mutter der Dinge, Herrin der Elemente, Uranfang der Zeit. Doch nicht nur dies, sie wurde auch zu einer Art Madonna, die den kleinen Horus liebevoll im Arm hält, und die den Mühseligen und Beladenen ihre Mutterliebe zuwendet. Durch die Beziehungen zu ihrem Gemahl Osiris wird sie auch als Königin der Toten angebetet, die über Tod und Auferstehung gebietet. Nach dem Verblassen der ägyptischen Mythologie nahm Maria Platz auf ihrem vakanten Thron.
Die Griechen hatten in ihrer Götterwelt durchaus menschliche Genossen mit übermenschlichen Eigenschaften. Während man sonst von dem *einen* Gott nichts wissen konnte und auch kein Bildnis machen durfte, gab es bei ihnen keine Scheu, die Gestalten, die den Olymp bevölkerten, in Wort, in Farbe, z. B. auf Vasen, und in Marmor naturgetreu nachzubilden. Für Odysseus war die jungfräuliche, »blauäugichte« Pallas Athene, Tochter des Zeus, die Göttin, die seine Fahrt begleitete und überwachte.

»Eilend fuhr sie hinab von den Gipfeln des hohen Olympos,
Stand nun in Ithakas Stadt, am Tore des Helden Odysseus,
Vor der Schwelle des Hofs, und hielt die eherne Lanze,
Gleich dem Freunde des Hauses, dem Fürsten Taphier Mentes …«[6]

Der prächtigste Tempel der Akropolis über Athen, der »Parthenon«, wurde, wie dieser Name ausdrückt, der jungfräulichen Göttin Pallas Athene geweiht, nicht ihrem

Vater Zeus. Zu erwähnen ist auch die Göttin Artemis (oder Diana), die Zwillingsschwester Apollos, deren Wallfahrtsort Ephesus in Kleinasien war und der dort in einem riesigen Tempel gehuldigt wurde. Mit Nachbildungen der hundertbrüstigen Göttin Diana war zu Zeiten, als Paulus dort missionierte, ein gutes Geschäft zu machen, das wohl noch einträglicher lief, als das mit Plastikmadonnen in Lourdes und Fatima oder mit Fotos und sonstigen Andenken ihrer späten Namensträgerin Diana in England. Paulus, der diesem Gewerbe ein Ende machen wollte, und gesagt hatte, »was von Händen gemacht ist, das sind keine Götter«, bekam ernsthafte Schwierigkeiten mit den Ephesern. »Sie schrien und sprachen: Groß ist die Diana der Epheser! Und die ganze Stadt ward voll Getümmel.« (Apg. 19, 28 f.) Paulus mußte sich in Sicherheit bringen. Wer weiß, ob er die Protestversammlung im Theater von Ephesus heil überstanden hätte.

Eine andere Thronübernahme hat in Rom stattgefunden. Minerva, die von den Etruskern stammende Göttin der gewerblichen Fähigkeiten, wurde später der griechischen Göttin Athene, der jungfräulichen, gleichgesetzt. Als das Christentum in Rom dominierte, funktionierte man den Minervatempel im Zentrum der Stadt, nur einen Steinwurf vom Pantheon entfernt, in ein christliches Heiligtum zu Ehren der Jungfrau Maria um. Für die damaligen Römer war die Christianisierung wohl insoweit erträglich: Jungfrau ist Jungfrau, wie sie nun heißt, ist nicht so wesentlich. Der heute an dieser Stelle zu bewundernde Bau aus dem Mittelalter heißt »Santa Maria sopra Minerva« und steht auf den Grundmauern des antiken Minervatempels.

Es gibt aber noch weitere Zugänge zur Doppelgeschlechtlichkeit der Gottheit. Das aus verschiedenen orientalischen Spruchsammlungen zusammengestellte Buch, das unter der Bezeichnung »Die Sprüche Salomos« (oder

»Das Buch der Sprichwörter«) in das Alte Testament aufgenommen wurde, läßt die »Weisheit« nicht als abstrakten Begriff, sondern als eine Gott ebenbürtige Gestalt durchscheinen, mehr Göttin als Allegorie. Die Weisheit stellt sich selbst hymnisch dar:

> »Der Herr hat mich schon gehabt im Anfang seiner Wege;
> ehe er etwas schuf, von Anbeginn her.
> Ich bin eingesetzt von Ewigkeit,
> im Anfang, ehe die Erde war …
> Als er die Grundfesten der Erde legte,
> da war ich als sein Liebling bei ihm,
> ich war seine Lust täglich
> und spielte vor ihm allezeit;
> ich spielte auf seinem Erdkreis
> und hatte meine Lust an den Menschenkindern.«[7]

In diesem »Gesang« stellt sich Sophia, die Weisheit, als ebenbürtige »Partnerin« Gottes dar, gewissermaßen als Mitschöpferin, als weibliches Pendant. Man könnte sogar den Satz »ich war seine Lust täglich« so verstehen, daß die Welt aus dem ehelichen Verkehr eines Schöpferpaares hervorgegangen ist. Allerdings deutet im übrigen Bibeltext nichts auf eine solche Verbindung hin. Es kann allenfalls darüber spekuliert werden, ob weitere Hinweise auf eine Sophia als weibliche Ergänzung der Gottheit aus heiligen Texten getilgt worden sind, weil sie nicht in ein männlich priesterliches Konzept paßten.
Einen vollkommen anderen Weg zur Relativierung des einseitig männlichen Sprachgebrauchs in neutestamentlichen Texten versucht der Amerikaner Neil Douglas-Klotz. Er greift auf die aramäische Sprache zurück, die zur Zeit Jesu, und vor allem von Jesus selbst in Palästina gesprochen wurde. Diese Sprache ist zwar mit dem Hebräischen und

Arabischen eng verwandt, hat jedoch ihre eigene Geschichte und Sprachkultur. Douglas-Klotz behauptet, die nicht direkt überlieferten ersten Schriften, die Berichte über das Leben Jesu und seine Lehre enthalten haben, seien auf aramäisch verfaßt worden. Die Evangelisten hätten die Texte ins Griechische übersetzt oder Übersetzungen früherer aramäischer Texte verwendet. Wie dem auch sei, die von Jesus gebrauchten Worte hätten nach dieser Auffassung im Aramäischen einen anderen, meist umfassenderen und insoweit nicht eindeutig übersetzbaren Sinn gehabt. Das aramäische Vaterunser beginnt nicht mit dem Wort »abba« (Vater), sondern mit »abwûn«. Der Wortstamm »ab« bezieht sich allgemein auf das Keimen und Hervorbringen, er unterscheidet nicht zwischen körperlicher und geistiger Verursachung. So entsteht in der Ausdeutung des in einem aramäischen Bibeltext enthaltenen Vaterunser ein völlig anderer Wortlaut und Sinn. Aus der Anrede: »Unser Vater im Himmel« wird bei Douglas-Klotz in der Übertragung ins Deutsche: »O Gebärer(in)! Vater-Mutter des Kosmos«[8] – Ob sich so eine gekünstelt erscheinende Anrufung wirklich für ein Gebet eignet, mag bezweifelt werden. Zum Nachdenken ist sie jedoch äußerst interessant.

In unserer Zeit wurde gelegentlich versucht, die (Mutter) Erde (griech. »Gaia«) als göttliche Personifizierung des Lebens und der Natur künstlich zu reanimieren. Mit Religion hat dies vermutlich nichts zu tun, denn die Zeiten, in denen Isis und Demeter solche Funktionen wahrnehmen konnten, lassen sich nicht wieder herbeireden.

In dieser Sicht ist das Mosaik über der Apsis von Santa Maria in Trastevere mit dem göttlichen Herrscherpaar ein gültige Verkörperung des uralten menschlichen Wissens um die Elterlichkeit des Schöpfers. Was daraus für die religiöse Praxis einer neuen Zeit wird, steht allerdings auf einem anderen Blatt. Es geht hier nicht um Feminismus oder gar um einen später vielleicht als Opposition dazu neu entstehenden »Maskulinismus«; mit einer geschlechtlichen Konfrontation in dieser Frage ist niemandem gedient. Vermutlich wird es den meisten Menschen genügen, bei den bisherigen Anreden Gott, Vater, Herr, Schöpfer zu bleiben und sich bewußt zu sein, daß aus diesen Worten nicht auf männliche, ja überhaupt menschliche Eigenschaften der Gottheit geschlossen werden kann und darf. Eine allseits befriedigende Lösung dieses Problems wird es nicht geben. Oder hatte es vielleicht Goethe (für sich) gefunden? Sein Faust (zweiter Teil) endet mit einer Erlösungshymne, zu der der zum »Doctor Marianus« verklärte Faust anstimmt.

»Höchste Herrscherin der Welt!
Lasse mich im blauen,
Ausgespannten Himmelszelt
Dein Geheimnis schauen (...)
Unbezwinglich unser Mut,
Wenn du hehr gebietest;
Plötzlich mindert sich die Glut,
Wie du uns befriedest.
Jungfrau rein im schönsten Sinn,
Mutter, Ehren würdig,
Uns erwählte Königin,
Göttern ebenbürtig.«

Für den faustischen Doctor Marianus ist das Weibliche jetzt zum Ende der Tragödie nur noch in vier Funktionen weltbeherrschend:

»Werde jeder beßre Sinn
Dir zum Dienst erbötig;
Jungfrau, Mutter, Königin,
Göttin, bleibe gnädig!«

Da bleibt nur noch anzumerken, daß Faust in dieser himmlischen Gestalt eine Funktion der Frau nicht mehr genannt hat. Neben Jungfrau, Mutter, Königin, Göttin fehlt die Geliebte. Fausts Himmelskönigin wird zum geschlechtslosen Wesen wie die mythische Maria. Das irdische und irdisch geliebte Gretchen und die geistige Urgestalt des Weiblichen: Es ist nicht leicht, sich vorzustellen, daß beide ebenso identisch sind wie die Frau des Zimmermanns Joseph aus Nazareth und die Himmelskönigin. Menschen, denen es gelingt, diese Hürde zu überwinden, haben sicher etwas Wesentliches erfaßt.

1 Gnosis, Koptische Schriften, S. 34
2 Matthäus 13,55; Markus 6,3
3 Dorothee Sölle, Es muß doch mehr geben, S. 32 und 38
4 Spruch 25, übersetzt von Lyn Yutang
5 Spruch 28
6 Odyssee, übersetzt von Johann Heinrich Voß, 1. Gesang, 102–105
7 Aus den Versen 22–31 des 8. Kapitels der Sprüche, nach dem revidierten Luthertext von 1964
8 S. 35

Die abgehobene Wahrheit

Der Versuch, dem Unnahbaren auf dialektische Weise näherzukommen

Eines der größten Wunder im Neuen Testament, das meist nicht als solches gewürdigt wird, ist die Schilderung der drei Weisen, Magier, Könige oder sonst hochgestellten Persönlichkeiten, die *gemeinsam* einem Stern folgten, um das Kind in Bethlehem zu suchen. Man stelle sich heute drei weise Professoren vor, die gemeinsam und einmütig sich auf die Suche nach der ewigen Wahrheit machen, gleichzeitig am gleichen Ziel ankommen und dann sogar noch Geschenke mitbringen, statt einfach nur eine Honorar- und Spesenrechnung. Der gemeinsame Stern, die gemeinsame

Richtungssuche *Karikatur: Mandzel*

Sicht auf ihn und das gemeinsame Ziel auch für Menschen, die aus ganz unterschiedlichen Kulturen und Richtungen kommen, davon kann die Menschheit nur träumen. Bei vielen gehört es zum guten Ton, wenn jeder seinen Privatstern vor sich aufleuchten läßt. Originalität ist gefragt.

»Wahrheit ist, was uns verbindet«[1], sagte Karl Jaspers. Stimmt! Aber sie kann auch als Sprengsatz wirken, wenn es nicht die *gemeinsame* Wahrheit ist. Wahrheit trennt meist da, wo sie als unantastbares Erbe verwaltet wird, und sich die Erben in die Wolle kriegen. Erbstreitigkeiten waren schon immer die giftigsten. In der Naturwissenschaft mag es viele wahre und gesicherte Fundamente geben, auf die man bauen kann. An ihren Rändern und in ihren Unterlagen fangen sie jedoch an zu bröseln, sobald man versucht, ein bißchen hinzuklopfen wie auf den Unterboden eines zwanzig Jahre alten Autos beim TÜV.

Wenn es in der Religion so zuginge wie beim Fußballspiel, dann wäre alles viel einfacher. Sieger ist, wer die meisten Tore schießt, und die kann man zählen. Am Ende des Spiels gibt es eine sichtbare und allen bekannte Wahrheit, die akzeptiert wird, auch wenn sie die Verlierer schmerzt. In Sachen Religion genügte es oft nicht, den Gegner mit besserer Spieltaktik *aus*-zustechen, einfacher schien es, ihn gleich *ab*-zustechen. Je unbestimmter die Begriffe werden, desto bestimmter werden sie verteidigt. Als ich einmal in einem Artikel über den unsicheren Wahrheitsbegriff auch in Fragen des Glaubens schrieb, erhielt ich eine giftige Zuschrift, in der ich beschuldigt wurde, mit der Ewigen Wahrheit zu spielen, und zugleich wurde mir eine sehr schlechte Rechtsposition im Jüngsten Gericht in Aussicht gestellt. Aber ich meine, dort dereinst im Hinblick auf meinen Wahrheitsbegriff mit wesentlich prominenteren Denkern, gemeinsam auf der Anklagebank zu sitzen. Gott ist toleranter als seine Bodentruppen.

Was schon Platon immer wieder darstellte, das ist die Unschärfe und Mehrdeutigkeit der geistigen Welt, wenn man sie in Worten und Begriffen fassen möchte. Diese Wahrheit hat keinen festen Wohnsitz, sie ist nirgends polizeilich gemeldet. Oft wurde schon versucht, sie einzusperren, doch sie bricht überall aus. Wie macht sie das? Die Wahrheit, um die es hier geht, hat Flügel. Sie erhebt sich über die von der Einfalt der Menschen aufgestellten Stacheldrähte und Entweder-Oder-Fallen. Menschen mit binärer Denkstruktur können es nicht fassen, daß sich die Wahrheit nicht mit Ja-oder-Nein-Antworten bannen läßt. Sie hebt ab und schwebt irgendwo im Spannungsverhältnis zwischen den Extremen, wo sie jeder ahnen, keiner jedoch greifen kann. Sie sagt dann wie der Igel in Grimms Märchen: »Ick bün all hier«, obwohl der Hase wie verrückt hin und her rennt. Das Märchen beginnt schon mit diesem genialen Satz: »Disse Geschicht is lögenhaft to vertellen, Jungens, aver wahr is se doch!« Die Wahrheit ist wie der Igel immer schon am anderen Ende der Furche.
Hegel spricht von dem Denken, in dem die Einheit des Erfahrens und Erkennens in den Gegensätzen selbst enthalten sei.[2] Das ist die Einheit mit und über den Extremen. Von einem einzelnen Baum sehen wir entweder Blüten oder Früchte. Der Baum ist alles zugleich und doch nicht gleichzeitig. Es geht also nicht um entweder oder, ja oder nein, schwarz oder weiß, gut oder böse, richtig oder falsch, auch nicht um einen Kompromiß aus den entgegengesetzten Polen, sondern um eine Wahrheit, die sich nie auf einen Punkt fixieren läßt. Die Wahrheit läßt sich auch nicht in einem Optimierungsprozeß aus den eingegebenen Daten ermitteln. Es gibt keine gültige conclusio aus pro und contra. Die dialektisch erfaßte Wahrheit hebt die Gegensätze nicht auf, sondern vereinigt sie auf ihre dynamische Weise. Der Stoßseufzer, den der Psychiater C. G. Jung einmal formuliert hat, gilt nicht nur für die Psychologie, sondern für

alles, was Menschen über Gott und die Welt zu wissen vermeinen. Jung sagte, »daß es wohl keine psychologische Feststellung oder keinen allgemeinen Satz gibt, zu dem man nicht sofort auch das Gegenteil behaupten müßte.«[3] Und dennoch dürfen und müssen wir etwas aussagen und nicht vor der Anfechtbarkeit aller Erkenntnis verzweifeln.

Wenn eine Behauptung und ihr Gegenteil zugleich wahr und unwahr sein sollen, dann bleibt für die Wahrheit nur Platz in einem Kräftefeld einer zusätzlichen Dimension. Sie wird dann in einem höheren Sinne zwar *erfahr*bar aber nicht innerhalb der gewohnten Dimension *formulier*bar. Die Wahrheit, daß die »Borussen« am letzten Sonntag gewonnen haben, ist leichter darstellbar als die, ob und inwiefern Gottes Güte unermeßlich sein soll.

Solche Gegensätze und Spannungen in religiöser Hinsicht sind nicht eine Erfindung spitzfindiger Theologen, sondern sie sind in der Bibel selbst enthalten. Wer nicht bereit ist, sich mit solchen Undefinierbarkeiten abzufinden und in ihnen das eigentliche Wesen des religiös Erfahrbaren zu erkennen, bleibt ihnen gegenüber verständnislos auf der Strecke. Einige der grundlegendsten Widersprüche sollen hier aufgezeigt werden.

Gott ist erkennbar und unerkennbar. Er ist abstraktes Prinzip und schöpferische Kraft. Wäre überhaupt nichts von einer göttlichen Kraft für den Menschen spürbar, dann wäre alles Reden von ihr sinnlos. Menschliche Erfahrungen auf ganz verschiedenen Ebenen zeigen immer wieder, daß dieses Reden eben doch nicht sinnlos ist. Sowie man dann aber versuchen würde, Näheres und Deutlicheres zu erfahren als Mose, der aus dem brennenden Dornbusch nur vernahm: »Ich werde sein, der ich sein werde«, versagen Worte und Begriffe. Gott läßt sich nicht instrumentalisieren. Er widersetzt sich jeglicher Logik, doch nicht Gott verwickelt sich in Widersprüche, sondern der Mensch gerät in sie hinein, wenn er versucht, seine Logik dorthin abzufeuern, wo sie nicht treffen kann. Das schon erwähnte Eckhart-Wort von »Gott als Nichtgott« zeigt dies deutlich.

Eine andere paradoxe Aussage ist die: Gott ist gerecht und barmherzig. Wenn er barmherzig ist, dann kann er im Sinne der irdischen Rechtsvorstellungen nicht zugleich gerecht sein. Diese widersprüchliche Aussage hat schon Jesus betont. Die Tagelöhner, die als letzte mit der Arbeit im Weinberg anfingen, bekamen den gleichen Lohn wie die, die schon am frühen Morgen dort waren. D. h., wer erst im Nachmittag seines Lebens zur Einsicht gelangt, ist am Lebensende nicht schlechter dran als einer, der schon seit frühester Jugend sich bemüht hatte, ein gottgefälliges Leben zu führen. Daher wird auch der verlorene Sohn, als er in sein Vaterhaus zurückkehrt, mit Freuden empfangen, obwohl der brav zu Hause gebliebene Bruder dies als ungerecht empfinden muß. Anders gesagt: Wahrheit wird nicht wahrer, wenn man sie lange genug besitzt. Wahrheit reagiert nicht auf die Dimension Zeit.

Noch schwieriger werden die Gegensätze, wenn behauptet wird, Jesus sei Gott und Mensch zugleich. Er sei ein zeitloses Wesen, das dennoch eine bestimmte, historisch festgelegte Zeit gelebt habe. Dies weist auf einen anderen Gegensatz hin: Gott ist Geist, offenbart sich aber in einem Menschen. Und bei Jesus sind die Extreme wie schon in den gegensätzlichen Jesaja-Prophezeiungen noch deutlicher erkennbar. Er ist vorehelich von einer einfachen jungen Frau auf der Reise in einem Stall geboren. Er lebte besitz- und wohnsitzlos, hatte fast nur Anhänger aus der Unterschicht, wurde verraten, gefoltert, verspottet und hingerichtet. Nüchtern betrachtet, kann man das nicht gerade als Erfolgskarriere bezeichnen. Andererseits soll er König der Juden, Heiland, Herr der Welt und Retter der Menschheit gewesen sein. Also was nun? – würde da ein Uneingeweihter fragen müssen.

Auch in abstrakten Begriffen leben diese Gegensätze fort. Der Mensch ist determiniert und frei zugleich. Wenn die Fakten der Zukunft im Koordinatensystem aus Raum und Zeit schon existieren, dann brauchen wir uns auf unsere Handlungsfreiheit nichts einzubilden. Andererseits wissen wir selbst nicht, wie wir handeln werden und was mit uns geschehen wird. Wir haben das sichere Gefühl, für unser Handeln selbst verantwortlich zu sein, und müssen doch lernen, daß selbst unsere Liebe genetisch programmiert sein soll als Erbe aus der Vorzeit. Wenn also Gott in seiner Zeitlosigkeit zwischen Vergangenheit und Zukunft nicht unterscheidet, wie kann er dann auf den Menschen eingehen? Ist er abstraktes Weltprinzip, dann kann er sich für Sorgen und Nöte des einzelnen in seiner Gegenwart nicht interessieren. Wenn aber der Mensch das Erlebnis der sicheren, persönlichen Gottesnähe nie gehabt hätte, dann wäre Gott ein philosophischer Begriff geblieben und nicht mehr.
Aus vielen solcher unversöhnlichen Kontraste der Erkenntnis gibt es nur eine Folgerung: Der Logos hält sich nicht an die Logik. Er hält sich zumindest nicht an die mit der menschlichen Vernunft unmittelbar nachvollziehbare Logik. Es will uns normalerweise nicht eingehen, daß von zwei sich widersprechenden Aussagen beide wahr sein sollen. Und doch fängt es mit dieser verqueren Logik schon im Alltag an. Man kann zwar einigermaßen neutral und sicher feststellen, ob es regnet oder nicht regnet, aber schon die Behauptung: »Heute ist schönes Wetter«, könnte zwischen einem Biergartenwirt und einem Schirmhändler zu ernsthaften Streitereien führen. Nach der Frage, ob eine im Abendmahl ausgeteilte Hostie der Leib Christi *ist*, oder ob sie ihn als dessen Symbol nur *bedeute*, konnte aus dem Wortgefecht leicht eine Messerstecherei werden, denn wer will hier was beweisen, wo doch beides zugleich richtig und unrichtig sein kann?

Man denke an die heikle Frage: »Kann man mit guten Werken göttliche Gnade erlangen, oder ist der Mensch ohne diese Gnade weder zum Glauben noch zu guten Werken fähig?« Später ging es noch um eine andere Kontroverse: »Lenken wirtschaftliche Strukturen den Geist und die Gesellschaft oder lenkt zunächst der Geist Wirtschaft und Gesellschaft?« Der Streit über solche Fragen hat Millionen von Menschen das Leben gekostet, weil von den Wahrheitstyrannen niemand in der Lage war, sich in eine höhere Logik der Wahrheit einzufühlen.
Was den Menschen normalerweise abgeht, ist die Fähigkeit zum »synthetischen Erkennen«. Ein Ergebnis dieser Logik wäre dann, die Vereinigung sich widersprechender Aussagen zu einer umfassenden Erkenntnis, die die Widersprüche auflöst. Hegel befaßte sich immer wieder mit dem Problem, daß Wahrheit nicht im erstarrten Augenblick erkennbar sein könne: »Das synthetische Erkennen entwickelt dagegen die Bestimmungen des Ganzen, die nicht unmittelbar darin enthalten sind, noch identisch auseinander herfließen, sondern die Gestalt der Vielheit gegen einander haben, und zeigt die Notwendigkeit ihrer bestimmten Verhältnisse zu einander auf.«[4]
Die ewigen Probleme erhalten dann eine Antwort wie in diesem Beispiel: Die Frage, ob der Mensch frei oder determiniert ist, läßt sich auf dreifältige Weise so beantworten:

1. Der Mensch ist frei.
2. Der Mensch ist unfrei.
3. Der Mensch ist frei und unfrei zugleich.

Diese drei Antworten sind nicht alternativ zu verstehen, sondern als Einheit. Jede Teilantwort wäre, so verstanden, unvollständig. Eine andere Dreifältigkeit ergibt sich aus unserer Abhängigkeit von der Welt.

1. Ich bin ein Individuum, ein selbständiger Mensch.
2. Ich bin ein in einen kosmischen Gesamtorganismus eingebundener, unselbständiger Teil der Welt.
3. Ich bin selbständig und unselbständig zugleich.

Auch über die Frage, ob man sich Gott als Schöpfer, Verursacher, Urheber (Vater), als in der Materie verkörperten Menschen (Sohn) oder als alles miteinander verbindenden Geist vorstellen kann, läßt sich eine solche dreifältige Beziehung aufstellen. Die Dreiheit bildet eine neue Glaubenseinheit.
Die drei Weisen aus dem Morgenland kamen aus verschiedenen Orten und hatten ein gemeinsames Ziel. Sie kamen aus ihren Reichen und trafen sich am Punkt einer höheren Wahrheit. Sieht man sie als Könige, dann war ihnen die Suche nach dem neuen Licht, das in der Welt erstrahlen sollte, wichtiger als ihre weltliche Herrschaft. In jeder Weihnachtskrippe sieht man sie mit ihren Geschenken knien, aber wie sieht die Wirklichkeit aus? Diese Geschichte braucht historischen Forschungen nicht standzuhalten, obwohl in ähnlicher Weise nach einem wiedergeborenen Buddha teilweise auch heute noch geforscht wird, wie es die drei Weisen getan haben. Der Gautama war damals ja schon ein halbes Jahrtausend tot, und wenn die Magier aus dem »Morgenlande« kamen, könnten sie sogar aus Indien angereist sein. Darüber kann und muß spekuliert werden, obwohl sich dadurch an der aus dem Lukasevangelium hervorgehenden Wahrheit nichts ändert. Ob der »Stern« ein kosmisches Ereignis war, ob er die Natur oder nur die geistige Innenwelt der Gottsucher erleuchtet hat, darauf kann es nur den Menschen ankommen, die keinen Zugang zum Geistigen, Mythischen haben. Diese Geschichte ist wahr, auch wenn sie sich historisch nicht zugetragen hat.

Der Maler Wilhelm Steinhausen (1846–1924) hat einmal die drei Weisen auf dreifältige Weise dargestellt. Einer schaut zum Himmel, einer, mit Kerze in der Hand, in Richtung Erde, und einer ist in sich versunken im Gebet. Wer sucht nun auf die rechte Art? Keiner und alle drei. Sie fanden den Weg, weil sie das auf verschiedenen Wegen Erkannte miteinander vereinigen konnten.

1 Der philosophische Glaube, S. 40
2 Hegel Werke Bd. 11, S. 251
3 Welt der Psyche, S. 56
4 Hegel Werke Bd. 4, S. 159

Würfel, Quanten und Koans

Die Logik und ihre Grenzen

Wenn alles schon vorherbestimmt ist, worauf sollen wir dann noch hoffen? Es kommt ja doch alles so, wie es muß. Läßt Gottes Terminkalender noch Nachträge zu? Oder ist da nicht Fatalismus angesagt? Ich erinnere mich noch genau an einen Tag zwischen dem schriftlichen und mündlichen Teil meines ersten Staatsexamens. Ich lag mit Grippe im Bett, und meine Mutter brachte mir zusammen mit dem Frühstück einen eingeschriebenen Brief. Absender war das staatliche Prüfungsamt. Ich nahm den verschlossenen Umschlag in die Hand und wagte für einige Zeit nicht, ihn zu öffnen. Nach den Klausuren hatte ich wechselnde Gefühle der Hoffnung und der Furcht gehabt, denn ich hatte mich während meiner Studienzeit mehr mit Musik, Kunst und anderen Hobbies befaßt als mit Rechtswissenschaft. Ich wußte, vom Ausgang dieses Examens würde ein großer Teil meiner Zukunft abhängen. Bevor ich den Brief öffnete, wollte ich den lieben Gott um einen guten Ausgang des Examens bitten. Da wurde mir klar, wie naiv diese Bitte gewesen wäre, denn das Ergebnis stand doch schon fest, ich hatte es ja sogar schon in der Hand, ich kannte es nur nicht. Und Gott? Natürlich wußte er Bescheid, aber konnte er denn jetzt noch irgend etwas ändern, kann er die Vergangenheit rückgängig machen? Damals berührte mich dieses Problem meines Wissens zum ersten Mal. Seither ist diese Frage immer wieder entstanden.

Man kann das Problem aus subjektiver Sichtweise so darstellen: Solange *ich* das Ergebnis nicht kenne, ist *für mich* noch alles offen. Ich kann also auch in die Vergangenheit hinein hoffen. Die Verzweigungen der alternativen Fakten entstehen in *mir*, sie beginnen erst mit *meinem* Wissen und nicht schon vorher. Das »Schicksal nimmt seinen Lauf«, wie man so sagt, aber bevor es bei mir angelangt ist, bin ich nicht betroffen. Solche Fragen stellen sich jedem Menschen, der hofft, ein anderer habe eine gefährliche Reise oder eine Operation glücklich überstanden. Solange der Brief verschlossen war, konnte mir also noch alles passieren. Als ich ihn dann aufriß und mit aufgeregter Erleichterung die erreichte Punktzahl zur Kenntnis nahm, stand ich auf, beschloß, meine Temperatur nicht mehr zu messen, und begann, ziemlich schnell gesund zu werden. Die Frage, ob es logisch ist, etwas Unabänderliches, schon Feststehendes, zu erhoffen, stellte ich mir vorerst nicht mehr.

Diese Überlegung, die einem mit herkömmlicher Logik ausgerüsteten Menschen absurd erscheinen muß, kam in naturwissenschaftlicher Hinsicht zunächst in der Kernphysik zu neuer Aktualität durch die von Werner Heisenberg mitbegründete Quantenmechanik. Eines ihrer Paradoxa soll hier gezeigt werden. Geht man davon aus, ein Elementarteilchen sei ein »Etwas«, dann müßte dieses Etwas durch das darauf einwirkende Kräftefeld auch jeweils einen definierbaren Aufenthaltsort haben. Bei einer theoretisch vorstellbaren Momentaufnahme müßte es also fixiert werden können wie ein sichtbarer Planet am Himmel. Aber gerade diesen Gefallen tut das Teilchen den Forschern nicht. Die Quantenmechaniker kamen zu dem Schluß: Das Teilchen ist und ist nicht. Es hat keinen Raum und keine Bahn, Aussagen darüber müssen sich auf Kräfte, Verhältnisse und Wahrscheinlichkeiten beschränken. Das Verhalten des einzelnen Teilchens ist frei, weil es sich überall herumtreiben kann, und doch ist es determiniert zugleich, weil es im Zusammenhang mit anderen das bildet, was wir für Materie halten. Ein Hemdenknopf hat eine bestimmte Form, die erhalten bleibt, obwohl die Teilchen darin und über ihn hinaus frei herumwirbeln. Sie sind frei, müssen sich aber aufgrund immaterieller Kräfte immer wieder neu in der ihnen vorgegebenen Form zusammenfinden, denn sonst gäbe es weder Knopf noch Milchstraße. Albert Einstein hat zu dieser These der Quantenmechanik nur den Kopf geschüttelt. Seine sprichwörtlich gewordene, u. a. in Briefen an seinen Freund und Kollegen Max Born immer wieder geäußerte These war: »Gott würfelt nicht!« Für Einstein mußte die Ordnung der Welt auch beinhalten, daß alles seinen ihm zukommenden Platz findet und nicht einer chaotisch erscheinenden Zufälligkeit ausgeliefert ist. Am 7. September 1944 schrieb er an Max Born: »Du glaubst an den würfelnden Gott und ich an die volle Gesetzlichkeit in einer Welt von etwas objektiv Seiendem, das ich auf wild spekulativen Wegen zu erhaschen suche (...) Der große anfängliche Erfolg der Quantentheorie kann mich doch nicht zum Glauben an das fundamentale Würfelspiel bringen.«[1] Damit dachte Einstein logisch im Sinne der klassischen, nicht jedoch im Sinne einer höherdimensionalen Logik, in der Widersprüchliches gemeinsam die Wahrheit darstellen kann. Die höhere, nicht logisch gebundene Einsicht könnte dann so ausgedrückt werden: Gott würfelt, aber er weiß im voraus, wie die Würfel fallen werden. Was für uns nach Würfelei aussieht, ist aus höherdimensionierter Sicht die Verwirklichung eines zeitlosen Sinnes.

Der Glaube hat schon seit Urzeiten mehr oder weniger unbewußt die Methoden der Logik überwunden, er war immer »höher als alle Vernunft«. Den Glaubenden hat es nicht gestört, wenn er mit unvereinbaren Gegensätzen konfrontiert wurde. Er weiß, daß er in die Zeit gebunden ist und dennoch die Zeitlosigkeit erfahren kann. Ein Beispiel dafür zeigt uns Nikolaus von Kues in seiner Schrift »Vom

Sehen Gottes«. Sein Begriff der Paradiesmauer soll veranschaulichen, daß jenseits dieser Mauer eine andere, mit unseren Begriffen nicht darstellbare Sprache herrscht. »Jetzt und Damals fallen ja im Kreis der Paradiesmauer zusammen. Du aber, mein Gott, bist und sprichst jenseits von Jetzt und Damals. Du bist absolute Ewigkeit (...) Die Ewigkeit faltet die Aufeinanderfolge ein und aus (...) So bist Du, mein Gott, zugleich sichtbar und unsichtbar. Unsichtbar bist Du, wie Du bist, sichtbar, wie Du für das Geschöpf bist, das nur insoweit ist, als es Dich sieht.«[2]

Zeitgebunden und zeitlos, sichtbar und unsichtbar, gewürfelt oder nicht gewürfelt, vorherbestimmt und frei: Das sind auf der Ebene des Glaubens keine Gegensätze, sondern verschiedene Erscheinungsformen einer Einheit. So wird auch das Paradoxon eher verständlich, das in folgenden Sätzen angedeutet werden kann: Religion bezieht sich auf einen (jenseitigen) Zustand der Zeitlosigkeit, zugleich muß sie sich im Diesseits bewähren und auswirken. Gott ist eigenschaftslos, unbeschreibbar, und dennoch wäre er tot, wenn wir gar keine Worte für ihn finden könnten. Gott ist allgemeines Weltprinzip (Logos), und doch muß er unmittelbar zum Menschen reden, unmittelbar in einer persönlichen Du-Beziehung erfahrbar sein. Derartige Antinomien bestimmen das religiöse Erkennen. Da sie im Sinne der herkömmlichen Logik unauflösbar sind, wurden sie von der Naturwissenschaft, soweit sie auf dieser Logik baut, für absurd und sinnlos angesehen. Erst durch die Quantenmechanik wurde auch unter hellsichtig denkenden Naturwissenschaftlern die Annahme möglich, daß solche Mehrdeutigkeiten und Widersprüche ein tragender Teil der Weltkonstruktion sind. Die lange gesuchte Weltformel wird sich vielleicht eines Tages finden lassen, damit wir tags darauf erkennen, daß die Welt eben doch nicht in sie hineinpaßt. Gott ist nicht formulierbar, auch wenn er uns manchmal Formeln suggeriert.

Mit der Logik kann der Mensch die Welt beherrschen und zugleich wird er von ihr hinters Licht geführt. Man kann es auch so sagen: Wer die Welt nur logisch sehen will, sieht die Logik, nicht jedoch die Welt. Die Logik ist eine Kette, mit der der Mensch die Welt hinter sich herzuziehen meint. Dies unterstellt er so lange, bis er sich nicht mehr sicher ist, wer hier eigentlich wen zieht. Darum gibt es Trainingsmethoden, mit denen versucht werden kann, dem Denken die Freiräume zu verschaffen, die ihm die Logik verschließt. Wenn Gott ein Anhänger der Logik wäre, hätte er sich schon längst von selbst in einer Formel aufgelöst.
Eine schematische Darstellung eines logischen Paradoxons in höherer Ebene könnte so aussehen:

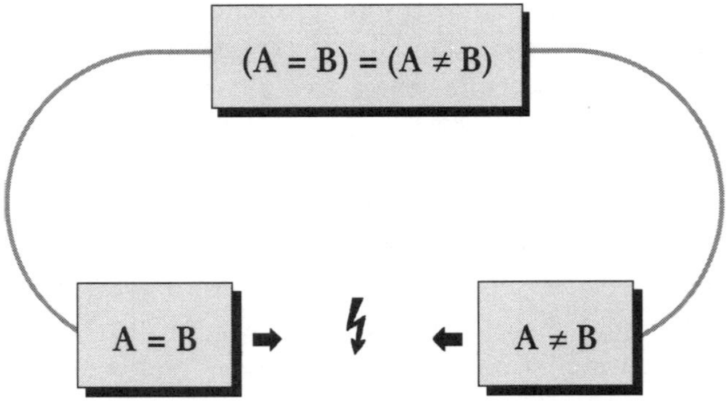

Die höhere Ebene vereinigt die Widersprüche, zugleich widerspricht sie unserer Logik. Anhänger einer rationalen Weltbetrachtung muß diese Darstellung aufregen, sie werden versuchen, sie für unsinnig zu halten, sofern sie nicht bereit sind, ihr angestammtes Denken selbst in Frage zu stellen. Aber gerade darum geht es ja. Im Zen-Buddhismus ist es seit Urzeiten ein Ziel, das erdverbundene logische Denken der Mönche wenn schon nicht zu vernichten, so doch zumindest seine einseitige Vorherrschaft in Frage zu stellen. Zu diesem Zweck werden ihnen paradoxe Sätze (Koans) aufgegeben, über die sie so lange meditieren müssen, bis sich neue Einsichten aus ihnen entwickeln, die sich nicht aus dem *bisherigen* Denken ableiten lassen. Sie müssen also gewissermaßen lernen, ihr Denken auf eine höhere Ebene zu heben. Als Beispiel soll hier ein Koan des Meisters Mumon aus dem 13. Jahrhundert zitiert werden.[3]

»Einmal stritten sich die Mönche in der östlichen Halle mit den Mönchen der westlichen Halle um eine Katze. Nansen hob die Katze hoch und sagte: ›Mönche, wenn ihr ein Zen-Wort sagen könnt, dann will ich die Katze verschonen. Wenn ihr es nicht könnt, bringe ich die Katze um.‹ Kein Mönch konnte antworten. Schließlich tötete Nansen die Katze. Als Joshu gegen Abend zurückkehrte, erzählte ihm Nansen den Vorfall. Da zog Joshu seine Sandale aus, legte sie sich auf den Kopf und ging weg. Nansen sagte: ›Wenn du hier gewesen wärest, hätte ich die Katze verschont!‹«

Was soll diese Geschichte, ist sie denn nicht völlig sinn- und belanglos? Der diese Koans sammelnde Meister Mumon fügte folgenden Kommentar an: »Sage mir, was hat es für einen Sinn, daß Joshu sich die Sandale auf den Kopf legt? Wenn du mir dazu das Schlüsselwort sagen kannst, dann wirst du sehen, daß Nansen nicht umsonst gehandelt hat. Wenn du es nicht kannst, dann nimm dich in acht!«

Das auf logischen Axiomen gegründete rationale Denken des westlichen Menschen hat uns spätestens seit der Renaissance alle technischen und wirtschaftlichen Fortschritte beschert, von denen und mit denen wir leben. Dürfen wir es in Frage stellen, ohne die Fundamente unseres Überlebens zu gefährden? Oder hat es eine Grenze erreicht, hinter der Abgründe auf uns lauern? Hier tut sich eine Frage auf, die in unsere Existenz eingreifen wird. Ob die Logik als »Widersacher des Menschen« angesehen werden kann, wie es der italienische Philosoph Massimo Scaligero (1906–1980) versuchte, oder als moderne Denkaufgabe wie in Asien ein Koan, über das es zu meditieren gilt. Aber es kann nicht darum gehen, wie Scaligero es tut, die bestehende Logik als Denkkrankheit zu verteufeln, sondern nur darum, ihre Grenzen besser wahrzunehmen und zugleich ihren Anhängern das Recht abzuerkennen, alles für Unsinn zu halten, was sie nicht zuzulassen scheint. Unsere Denkgrundlagen drohen uns aus der Kurve zu tragen, wenn wir nicht rechtzeitig gegensteuern.

Der Japaner Zenkei Shibayama versucht, das hier zitierte Koan zu erläutern, ohne irgendeine Auf-Lösung zu bieten, weil es diese gar nicht geben soll und kann. »Sei Nicht-Selbst; sei ganz und gar Nicht-Selbst. Wenn du wirklich Nicht-Selbst bist, gibt es dann einen Unterschied zwischen dir und der Welt? dir und der Katze? dir und Nansen? Gibt es einen Unterschied zwischen der getöteten Katze und Nansen, der tötet? Um jeden Preis mußt du zunächst wirklich Nicht-Selbst sein; das ist die erste absolute Bedingung im Zen. Dann wird das Wort, das die Katze rettet, ganz natürlich wie ein Blitz aus dir hervorschießen.« Noch schwieriger nachzuvollziehen ist folgender Satz: »Ein Zen-Anhänger sollte, wenn er eine Katze tötet, sein Zen frei zum Ausdruck bringen und leben. Wenn die Katze umgebracht ist, dann ist das ganze Universum getötet, und sein Zen wirkt in der toten Katze. Sonst hat er noch nicht einmal einen Schimmer von dem wirklichen Sinn dieses Koan.«[4]

Dies scheint ein Text für Fortgeschrittene zu sein. Ein Normal-Europäer muß sich da wohl aufs Staunen beschränken. Angesichts solcher Denkaufgaben ist die Überlegung, ob es sich noch lohne, auf ein gutes Examen zu hoffen, wenn man den verschlossenen Brief mit dem Ergebnis schon in der Hand hat, relativ harmlos. Immerhin geht es um die Frage, inwieweit Vergangenheit, Gegenwart und Zukunft voneinander getrennt erlebt werden *müssen*. Übrigens zeigt Shibayama, der selbst kein Christ ist, daß hier auch ein Denkansatz für Tod und Auferstehung Christi gefunden werden könnte. Die Grenze zwischen Leben und Tod kann dann als absurde Schranke im Hinblick auf eine höhere Wirklichkeit gedeutet werden. »Erst wenn wir uns von der Verhaftung an diese provisorisch gegebenen Namen freimachen, wird die Wirklichkeit, die Wahrheit aufleuchten.«[5]

Die Anerkennung einer Wahrheit in höherer Dimension würde Natur und Geist auf neue Weise miteinander vereinigen können und das ermöglichen, was Werner Heisenberg zu seiner Meinung brachte, durch die im 19. Jahrhundert erfolgte Idealisierung mathematischer Begriffe und präziser Definitionen gehe die »unmittelbare Verknüpfung mit der Wirklichkeit verloren«. Aufgrund der Erfahrungen der modernen Physik seien im Gegensatz zu bisherigem Denken Begriffe wie Geist, menschliche Seele, Leben, Gott, die zur natürlichen Sprache gehören, mit der Wirklichkeit unmittelbar verbunden.[6] Diese Thesen, die Heisenberg im Jahr 1959 vorgetragen hat, haben direkt oder indirekt inzwischen bei vielen Naturwissenschaftlern, auch wenn sie vermutlich noch eine kleine Minderheit sind, zu neuen Ansätzen des Denkens und Forschens geführt. Der Geist hält sich nicht an die Logik. Aber nicht die Logik ist schuldfähig, sondern der Mensch ist es, der sie bewußt oder unbewußt vergöttert.

1 S. 199
2 S. 50–54
3 Shibayama, S. 133
4 a. a. O., S. 136 ff.
5 a. a. O., S. 138
6 Physik und Philosophie, S. 195

Die verschlossene Tür als Symbol

Verbindungen jenseits der physikalischen Kausalität

Vor vielen Jahren während meiner Referendarzeit, mußte ich im Auftrag der Staatsanwaltschaft an einer Verhandlung bei einem auswärtigen Amtsgericht teilnehmen, um die Anklage zu vertreten. Nach der Sitzung am frühen Nachmittag, nutzte ich diese Dienstreise, um einen Platz für ein Praktikum beim Landratsamt zu suchen, das nicht weit vom Amtsgericht entfernt, in einem alten Palais mitten in der Altstadt untergebracht war. Als ich eintreten wollte, fand ich das Portal verschlossen. Ich suchte nach einer anderen Tür, entdeckte aber keine, weil das Haus mit den Nachbargebäuden zusammengebaut war und ich es also von der Rückseite aus nicht versuchen konnte. In dem Augenblick, als ich vor der verschlossenen Tür stand, wußte ich sofort: »Die können mich nicht brauchen.« Meine weitere, kritische und etwas verärgerte Überlegung war: »Vielleicht möchten die am Nachmittag in ihrem Büroschlaf nicht gestört werden.« Als ich es am anderen Tag telefonisch versuchte, sagte man mir, nachmittags sei das Amt für den Publikumsverkehr nicht geöffnet, und daher sei auch die Tür verschlossen. So einfach wimmelte man damals die Leute ab. Außerdem erfuhr ich, wie erwartet, man habe derzeit keinen freien Praktikantenplatz für Referendare. Beim nächsten Versuch in einer anderen Kreisstadt hatte ich dann mit meiner Bewerbung Erfolg.
Mir geht es hier um die Beobachtung, die der Grund dafür war, daß ich mich an diese wirklich nebensächliche Episode überhaupt noch erinnern kann. Als ich dachte:

»Die können mich nicht brauchen«, war ich mir sofort bewußt, daß dies eine abergläubische Überlegung war. Ich schloß von der äußerlich verschlossenen Tür auf eine mir gegenüber unsichtbar verschlossene Tür. Ich sah hier also einen Zusammenhang zwischen Geist und Materie. Und im Ergebnis hatte ich ja sogar recht. Aber die symbolische und die materielle Tür standen hier doch in keiner rational erfaßbaren Beziehung zueinander! Es läßt sich da beim besten Willen keine Kausalität feststellen oder unterstellen. Es hätte ja alles auch ganz anders sein können. Man hätte mir, wenn ich am Vormittag gekommen wäre, auch bei offener Tür sagen können, es sei kein Platz frei, oder mir am nächsten Tag trotzdem eine Zusage machen. Später ist es mir gelegentlich auch passiert, daß ich wieder ein Vorzeichen verinnerlichte und es dann doch nicht das zu bedeuten hatte, was ich meinte.

Wir alle meinen verstandesmäßig zu wissen, daß äußere Vor-Zeichen keinen Schluß auf verborgene Zustände oder kommende Ereignisse zulassen, soweit sie nicht einen Hinweis auf eine nachvollziehbare kausale Verknüpfung geben. Aber kein Mensch, wenn er ehrlich in sich hineinhört, ist ganz frei von abergläubischen Anwandlungen. Das gilt vom Glückspfennig, von dem zu Unrecht berüchtigten Freitag, den 13., von der den Weg kreuzenden schwarzen Katze, von Talismanen, von vielen privaten, nicht genormten Mutmaßungen und natürlich von dem berühmten glückbringenden Hufeisen, über das der dänische Kernphysiker Niels Bohr einmal von einem Freund, an dessen Haus ein solches Hufeisen angebracht war, gehört hatte: »Ich glaube nicht daran, aber mir hat man gesagt, es hilft auch dann, wenn man nicht daran glaubt.«

Zunächst muß hier eine schmerzliche Erkenntnis geäußert werden: Wer eine auch in der Praxis nachvollziehbare eindeutige Trennlinie zwischen Glauben und Aberglauben sucht, der verfängt sich in einem Gewirr unvollendbarer Denkansätze, denn die psychischen Grundlagen des Aberglaubens sind mit denen des Glaubens eng verwandt. Man kann höchstens sagen, Aberglaube sei eine primitive Grundform oder eine Entartung des Glaubens. Nur wo fängt die an, wo hört sie auf? Gewiß, man kann alles definieren, aber wenn es dann um den Einzelfall geht, fangen die streitbaren Probleme an. Gibt es z. B. eine »Macht des Schicksals«, begegnen wir sinnbestimmenden Zufällen, darf man an Gedankenübertragung, Geisterscheinungen, Voraussagen oder Telepathie glauben? Was für den einen eine konkrete Erfahrung ist oder zumindest eine sachliche Überlegung lohnt, bedeutet für den anderen schon ein rotes Tuch.

Unter der Vorherrschaft einer konsequent naturwissenschaftlichen Denkweise sind alle Überlegungen ausgeschlossen, die Kräfte und Strukturen in die Deutung der Welt mit einbeziehen, die sich schon vom Ansatz her nicht als natürlich erklären lassen. Ein etwas naiver Physiker sagte sogar einmal zu mir: »Wenn eine Kraft vorhanden ist, dann können wir sie messen. Wenn wir etwas nicht messen können, ist das der Beweis dafür, daß es die Kraft nicht gibt.« Auf meine Erwiderung, es könne doch auch Kräfte geben, deren Entdeckung und Meßbarkeit sich erst in der Zukunft ergeben, antwortete er: »Wir sind in der Physik inzwischen so weit, daß wir im Prinzip *alles* messen können. Womit wir uns beschäftigen, das sind allenfalls die Meßmethoden und die Meßgenauigkeit.« Zum Glück denken geistreiche Physiker anders als die nur nützlichen, aber dies gilt schließlich für alle Bereiche der Forschung, ja sogar für alle Berufe.

Normalerweise geht der vernünftige Mensch bei seinen Überlegungen so vor: Alles hat seine Ursache, und diese muß aus einem natürlichen Zustand folgen. Wenn ich damals keine Stelle bekam, dann eben nicht, weil die Tür

verschlossen war, sondern weil kein Platz frei war. Die Tür war nicht zu, weil die mich persönlich nicht brauchen konnten, sondern weil die Beamten außerhalb der Sprechzeit nicht gestört werden wollten. Es gibt keine darüber hinausgehenden Zusammenhänge und Querverbindungen. (Wie sich die nachmittäglich ungestörte Arbeit dann in der Praxis abspielte, das habe ich später in dem anderen, damals noch nicht einer Verwaltungsreform geopferten Ämtchen ein paar Kilometer neckarabwärts miterlebt, als ich für einen total überforderten Amtsleiter einen Aktenstoß aufarbeiten mußte, den er vor sich hergeschoben hatte, weil er jedesmal in ernste Formulierungsschwierigkeiten geriet, wenn er etwas schreiben mußte, was er nicht abschreiben konnte. Vielleicht durfte ich dank einer beamtenfreundlichen Vorsehung die erste Stelle deshalb nicht bekommen, weil sonst dieser Beamte im anderen Amt vorübergehend niemanden gehabt hätte, der ihn vor einer eingebildeten Überlastung rettete. – Schon wieder überlege ich also abergläubisch.)
Rationale Überlegungen zu diesem Thema sind nicht alles, was es zu bedenken gibt. Da zeigen sich noch ganz andere Denkansätze, über die jeder sich seine Meinung bilden kann. Sie ergänzen sich oder schließen sich aus, sie stehen nebeneinander. Wer über sie nachdenkt, muß bereit sein, auf seine herkömmlichen Vorstellungen über Kausalität zumindest vorübergehend zu verzichten. Es könnte vielleicht auch so gewesen sein:

- Ich fand die Tür verschlossen, weil ich, ohne mir dessen bewußt zu sein, nicht in dieser Stadt arbeiten wollte und sollte. Das Symbol paßte sich der Wirklichkeit an.
- Weil ich an das Symbol mit der verschlossenen Tür geglaubt hatte, gab es für mich keine Stelle. Ich zog also selbst die Reaktion auf mich. (Dies wäre das umgekehrte Phänomen des sogenannten, in Amerika populären, »po-

sitiven Denkens« gewesen, also gewissermaßen des »negativen Denkens«.)

• Ich ahnte bereits, daß die mich nicht brauchen konnten, und nur deshalb habe ich der verschlossenen Tür überhaupt eine Bedeutung beigemessen. Andernfalls wäre mir an der Geschichte nichts aufgefallen, und ich hätte alles längst vergessen.

• Es war mir bestimmt, das Praktikum nicht in der Stadt R., sondern in der Stadt N. abzuleisten. Wer weiß, aus welchen Gründen.

• Bei der symbolischen Deutung der verschlossenen Tür handelte es sich um ein Resonanz- oder um ein Synchronizitätsphänomen. Immer wieder wird beobachtet, wie sich überall in der Welt ähnliche, vergleichbar strukturierte Dinge und Vorgänge zusammenfügen oder angleichen, obwohl keine Kausalbindung feststellbar ist. (Über solche Phänomene haben sich u. a. C.G. Jung, F. David Peat und Rupert Sheldrake Gedanken gemacht.)

• Symbol und Wirklichkeit stehen in unmittelbarem geistigen Kontakt. Wann, wie und ob dieser Kontakt für uns erkennbar wird, ist eine darüber hinausgehende Frage.

Diese völlig verschiedenen Denkansätze sind keine Behauptungen, sie können aber, so absurd sie für manchen zunächst klingen mögen, als Brücke zu Erkenntnissen dienen, die geistige Kräfte auch dann mit einbeziehen, wenn sie sich nicht in wissenschaftlichen Experimenten aufzeichnen lassen. Man könnte sie unter »Verbindungen jenseits der Kausalität« zusammenfassen und weiter erforschen.
Der Mensch will bewußt oder unbewußt vom Sinn der Welt in allem überzeugt sein. Er zieht daher Symbole und Analogien heran, die ihm einen nicht vorhandenen oder nicht erklärbaren Sinn deuten sollen. Gewiß, damit kann man auch in die Irre geraten oder Mißbrauch treiben. Wer aber andererseits sein Denken nur auf das rational Nach-

vollziehbare beschränken will, kommt mit der Welt und mit dem Leben nicht zurecht. Dies ist ganz bestimmt kein Plädoyer für den Aberglauben; doch nur mit der bewußten Offenheit gegenüber dem zunächst Unerklärlichen gelangt man aus dem Käfig einer geistverneinenden und geistvernichtenden Weltanschauung. Auf diesem Gebiet läßt sich eine Menge beobachten, wenn man bereit ist zu suchen. An dieser Stelle könnte der schon erwähnte »metaphysische Empirismus« ansetzen, nämlich das Erforschen dessen, was objektiv nicht erfaßbar ist. Da gibt es gewiß erhabenere Ansatzpunkte als die lächerliche Tür im Landratsamt, aber es kommt darauf an, wie *wir* die Phänomene sehen. Die Welt ist aus einem Guß und alles, auch das Kleinste, weist auf die große Einheit hin.

Wer bereit ist, Neues zu finden, muß etwas von einem Polarforscher, Flugpionier oder Erstbesteiger in sich spüren. Er muß bereit sein, jedes Denkrisiko und jede Kollegenverachtung auf sich zu nehmen. Er muß aber auch bereit sein, mit seinem Denkgebäude unter Umständen abzustürzen und endgültig zu scheitern. Wer Neues finden will, muß in einem Land reisen, für das es noch keine Landkarte gibt. Auch wenn er wie einst Kolumbus zunächst Amerika mit Indien verwechselt, ist das eine Tat für die Nachwelt.

Das beste Beispiel dafür, wie der Glaube historische Fakten schafft und umgekehrt die Fakten den Glauben, ist das Volk Israel, wie es in den biblischen Schriften und in seiner Geschichte bis zum heutigen Tage erscheint. Die feste Überzeugung, das Volk »seines« Gottes und Herrn zu sein, hat Israel, das seit dem Beginn geschichtlicher Nachrichten immer durch äußere und innere Feinde in seiner Existenz bedroht war, überleben lassen. Der Glaube an sinnbestimmende Zusammenhänge und Fügungen, an die Führung durch Gott, hat es ermöglicht, daß Menschen in menschenunwürdigen Situationen zumindest psychisch überleben konnten. Der Wiener Psychologe Viktor E. Frankl (1903–1997) hat dies in seinen Erinnerungen an das Konzentrationslager, das er überlebt hat, eindrucksvoll geschildert. (»... trotzdem Ja zum Leben sagen.«) Ganz allgemein kann man sagen, der Glaube, »es mußte so kommen, weil es von Gott kommt«, hilft einem Menschen, wenn er nicht weiß, warum es so kam, und selbst dann, wenn er schließlich der Gewalt zum Opfer fällt. Und so kann man die Frage stellen: Wenn die Juden seit Urzeiten in vielen Ländern und zu fast allen Zeiten mit Haß, Messer und Feuer verfolgt, beneidet und verachtet wurden, wer war dann von Gott verlassen? Die Opfer oder die Täter? Das Bewußtsein, von Gott gestraft zu werden, ist leichter zu ertragen als das Gefühl, der banalen Sinnlosigkeit ausgeliefert zu sein. Den Lesern des Buchs Hiob ist dies seit jeher bekannt: Das Gefühl der Geborgenheit, der Aufgehobenheit in der Welt wird nicht unmittelbar mit Leben, Gesundheit und Reichtum belohnt, sondern auch mit Not und Verachtung.

Viele Völker der Welt sind im Lauf der Geschichte verschwunden, obwohl sie, objektiv gesehen, weit bessere Überlebenschancen gehabt hätten als das jüdische Volk. Der Glaube an Gott ist zugleich der Glaube an die Sinnerfülltheit all dessen, was geschieht, auch des Bösen. Aber gerade dieser Sinn ist kein Bestandteil eines von Menschen durchschaubaren Systems. Wer daran glaubt, daß Gott den Menschen erschaffen hat, der muß auch bekennen, daß die Evolution, die schließlich den Menschen hervorgebracht hat, von Anfang an dieses Ziel verfolgte. Dies anzunehmen, fällt vom Standpunkt der Naturwissenschaft aus gesehen schwer, weil das, was werden soll, nie in dem erkennbar ist, was schon besteht. Der Pfeil der weiteren Entwicklung ist dem Existierenden nicht *sichtbar* aufgeprägt. Daher wird die Zukunft dem Zufall, nicht jedoch einer auf ein Ziel hin gerichteten Lenkung zugeschrieben, weil man die Lenkimpulse selbst nicht spürt. Besonders eindrucksvoll hat diesen Gedanken Jacques Monod in seinem einst aufsehenerregenden Werk »Zufall und Notwendigkeit« (1970) formuliert: »Der Alte Bund ist zerbrochen; der Mensch weiß endlich, daß er in der teilnahmslosen Unermeßlichkeit des Universums allein ist, aus dem er zufällig hervortrat.«[1] Dieses auf dem Boden des Existentialismus beruhende Anti-Glaubensbekenntnis stößt, wenn man es übernimmt, den Menschen ins Leere, in die Sinnlosigkeit, in einen Zustand, in dem ihm die Hoffnung nur auf das bleibt, was ihn jetzt befriedigt.

Der Ansatzpunkt jeder Religion, selbst wenn sie sich ganz aus rationalen Bausteinen zusammensetzen sollte, ist die Anerkennung von Bindungen, die über das hinausgehen, was aus den einzelnen Fakten ablesbar ist. Setzt man diesen Gedanken fort, dann wird die Verbindung zwischen Symbol und Wirklichkeit, zwischen Vorzeichen und Anzeichen nicht mehr grundsätzlich zu einer Erscheinungsform des Aberglaubens, sondern zu einem Aufleuchten aus einer der Vernunft nicht zugänglichen Welt.

Die Gegenposition zu Monod wird, wenn auch hundertfünfzig Jahre zuvor, aber dennoch mit nicht verblaßter, sondern mit immer noch sich steigernder Aussagekraft von Schelling eingenommen. Er faßt seine Erkenntnis zum Zufall so zusammen: »Im All schlechthin betrachtet ist nichts Zufälliges, sondern alles, auch das Endliche ist notwendig. – Zufällig nennen wir dasjenige, von dem es uns scheint, daß es sein und auch nicht sein könne. Dieser Schein entsteht in uns aber einzig dadurch, daß wir das Endliche von dem unendlichen Begriff abgesondert, als eine Realität für sich betrachten.«[2] Der »unendliche Begriff« ist der große Sinnzusammenhang, der *über* allen Phänomenen steht, aber nicht *in* ihnen erkennbar ist. Dieser Zusammenhang drückt sich in der Form aus, daß die erkennbaren Dinge zugleich Symbole ihrer selbst sind, also eine materielle und eine geistige Doppelfunktion haben. Schelling: »Alle Symbolik muß von der Natur aus- und zurückgehen. Die Dinge der Natur bedeuten zugleich und sind.«[3]

So verstanden sind Zufälle Bestandteile einer Ordnung, deren Strukturen und Impulse nicht aus Zeit und Materie, sondern aus einer untrennbar mit ihnen verbundenen geistigen Welt stammen und daher nicht in die uns von der Natur aufgezwungene Zeitabhängigkeit eingeordnet werden können. Zufälle können auch als Ursachen aus der Zukunft gedeutet werden. Sie steuerten seit Urzeiten die Welt dorthin, wo sie heute ist, und zwar von einem Ort aus, in dem sie enden wird, es ist der Punkt, in dem A und O, Alpha und Omega, identisch sind. Ob und was wir uns darunter vorstellen können, bleibt ein unlösbares Rätsel. Wir können nur eines unverbrüchlich und sicher wissen: Um die Welt in den Zustand zu versetzen, an dem sie in dieser Sekunde angelangt ist, hatten alle Zufälle der Vergangenheit keinerlei Alternative. Sie hätten sonst eine andere Welt hervorgebracht, und eine solche andere Welt kennen wir nicht.

Vielen wird es nicht leichtfallen, den Begriff »Ursachen aus der Zukunft« und die hinter ihm stehende, auf ein Ziel gerichtete teleologische Weltauffassung heute noch oder wieder zu akzeptieren. Sie scheint unser rationales Denksystem geradezu über den Haufen zu werfen, weil wir davon ausgehen, daß Ursachen immer aus zeitlich *vorhergehenden* Ereignissen folgen. Das Ausgerichtetsein der Welt auf ein unbekanntes Ziel hin ist angesichts der chaotisch erscheinenden Zufälle, die alles bestimmen, eine Provokation. Man sollte sich ihr bedächtig nähern, sie jedenfalls nicht von vornherein in Bausch und Bogen ablehnen. Im religiösen Denken bedeutet sie ohnehin nichts

Neues, weil Gott als über der Zeit stehend angenommen wird, für den es kein zeitliches Nacheinander, sondern nur ein ewiges Miteinander geben kann.
Ob der, so verstanden, jeweils notwendige Zustand der Welt nach unserem Geschmack ist, danach werden wir nicht gefragt. Wir leben nur in dieser einen Welt und haben nur eine Wahl: Entweder wir akzeptieren sie so, wie sie ist, oder wir verzweifeln an ihr. Dies soll uns nicht daran hindern, an und mit der bejahten Welt zu arbeiten, um das Positive zu verstärken und das Negative abzuschwächen. Wir können daher versuchen, die alltäglichen Erscheinungsformen der Welt mit neuen, freudig aufgeschlossenen Augen zu sehen. Dies gelingt uns, wenn wir auch das Kleine und Nebensächliche, das scheinbar Überflüssige und das Böse als vorgegeben und in einem umfassenden Sinne als unumgänglich anerkennen. Um diese Einstellung wurde und wird in allen Religionen der Welt auf die verschiedenste Art, aber mit dem gleichen Ziel gerungen. Die Bejahung der Welt angesichts ihrer oft tragisch erscheinenden Unzulänglichkeit, das ist die große mystische Herausforderung. Sie verlangt von uns, die banalen Denkgrenzen immer wieder, ja eigentlich ununterbrochen zu überschreiten.
So betrachtet, kann nicht nur eine verschlossene Tür zum Symbol oder zu einem wichtigen Hinweis werden, sondern auch ein abgefallenes Buchenblatt, das Spatzengezänk, ein nicht funktionierender Kassettenrekorder, ja selbst eine zertretene Bierdose, sofern wir die einzelne Erscheinung als *uns* angehend beachten und betrachten. Alles, auch das scheinbar nebensächlichste Detail, hat unendlich viele Ursachen und wird selbst wieder zur Ursache von unendlich vielen Wirkungen. Doch wir haben uns daran gewöhnt, nur die nach unserem Wissensstand materiell nachvollziehbaren Ursachenketten für wesentlich zu halten und alle anderen in den Abgrund unseres

Desinteresses zu kippen. Diese einseitige Denktradition können wir überwinden. Wir werden uns darauf einstellen müssen, mit den lange Zeit vernachlässigten nichtphysikalischen Kausalitäten, wie sie auch umschrieben werden, z. B. als Felder, Resonanzen, Wellen, Synchronizitäten usw., umzugehen, wenn wir unseren verengten Horizont überschreiten wollen. Die Gegenwart bietet uns täglich unzählige Chancen, scheinbar neue Beziehungsgeflechte wahrzunehmen oder doch zu ahnen. Lassen wir sie nicht ungenutzt, auch auf die Gefahr hin, immer wieder danebenzugreifen oder einfach nur mit unseren Vorurteilen konfrontiert zu werden. Nur durch den sich über das Scheitern hinwegsetzenden, immer wiederholten Versuch, Signale zu erkennen, kann sich allmählich ein Gespür für geistige Zusammenhänge entwickeln, das für uns bald schon ebenso wichtig werden kann wie die aus der Physik bekannten Ursachenketten.

1 S. 157
2 Würzburger Vorlesungen (1804) § 184; 2. Ergänzungsbd., S. 302
3 a.a.O., § 240, S. 501

Die grosse Entzweiung: Hegel und Freud

Spuren der Transzendenz in uns

Als vor Jahren einmal ein lieber Kollege mich in einer Versammlung vor dem Publikum auf unschöne Weise und mit verdrehten Fakten attackiert hatte, um mich zugunsten seines Freundes, der auf meinen Posten lauerte, gewissermaßen abzuschießen, nahm ich das nicht besonders tragisch. Ich beschränkte mich darauf, seine Behauptungen richtigzustellen, und fing sofort damit an, die ganze Angelegenheit, die ich sowieso zunächst nicht richtig durchschaut hatte, wieder zu vergessen. Ein Vierteljahr später, bei einer gesellschaftlichen Veranstaltung, saß dieser »liebe Kollege« zufällig neben mir. Wir unterhielten uns sachlich und kollegial, als ob nichts gewesen wäre, obwohl die Affäre gegen mich damals noch gar nicht abgeschlossen war. Erst viel später fiel mir ein, daß ich eigentlich das Recht und die Pflicht gehabt hätte, böse und beleidigt, zumindest vorsichtiger zu sein. Mit diesem Menschen hätte ich doch gar nicht mehr reden dürfen! Warum habe ich mich so verhalten? – Wenn ich mich selbst befrage, dann muß ich gestehen, daß meine Neigung, andern nichts nachzutragen, nicht einer moralischen Überlegung entspringt, sondern einem Charakterzug, den man vielleicht auch als Schwäche deuten könnte. Da muß eben etwas in mir sein, was mich so sein läßt. Erst später habe ich bewußt zu lernen versucht, in dieser Beziehung etwas klüger und vorsichtiger mit anderen umzugehen.

Entspringt alles aus einem Charakter, unter dem ich nun einmal angetreten bin, ohne daß irgend jemand auf der

Welt, weder ich noch andere, ihn so entworfen hätten? Wen sollte ich denn verantwortlich machen? Meine Eltern vielleicht? Die haben mich doch nicht gestaltet? Meine Mutter hat mich gestillt, aber nicht gestylt. Wenn andere mir danken für etwas, was ich gut gemacht habe, dann mag das ja ein erhebendes Gefühl für mich sein, aber konnte ich denn anders? Wenn ich das Gute tun *mußte*, dann verdiene ich doch keinen Dank. Wenn andere sich über mich beklagen, kann ich mir überlegen, was ich falsch gemacht habe. Wenn ich spüre, ich habe das einfach nicht richtig hinbekommen, obwohl ich mich bemüht hatte, dann frage ich mich, wem soll ich meinen Kummer darüber klagen? An wen gebe ich Dank und Klage weiter, wenn ich doch spüre, Gutes und Unvollkommenes, Gelungenes und Mißlungenes kommen aus einer inneren schicksalhaften Quelle, die mir für das ganze Leben mitgegeben wurde. Wir können versuchen, dies alles mit dem Charakter zu erklären. Aber was heißt das schon? Charakter, das ist doch nur ein Wort, eine Chiffre für ein Phänomen, das sich unser von Anfang an bemächtigt hat. Soll ich denn wirklich alles, was ich kann, *meinem* Verdienst zuschreiben? Wenn Orden und Preise verliehen werden, darf sich dann der Empfänger wirklich stolz an die Brust klopfen und sagen: »Das war allein *mein* Werk?« Wie viele haben sich die gleiche Mühe gegeben und es einfach nicht geschafft? Wenn jemand verzweifelt ist, wer ist schuld? Wem kann er es klagen?

Ganz besonders deutlich wird dieses Phänomen bei der Frage nach der künstlerischen Inspiration. Lichtenberg hat es kurz und treffend so formuliert: »Ich glaube, daß es mit dem Studieren gerade so geht wie mit dem Gärtnern: Es hilft weder der da pflanzt, noch der da begeußt etwas, sondern Gott, der das Gedeihen gibt. Ich will mich erklären. Wir tun sicherlich eine Menge von Dingen, von denen wir glauben, daß wir sie *mit Wissen* täten, und die wir doch tun, *ohne es zu wissen*. Es ist so etwas in unserm Gemüte wie Sonnenschein und Witterung, das nicht von uns abhängt. Wenn ich über etwas schreibe, so kommt mir das Beste immer so zu, daß ich nicht sagen kann *woher*.«[1]

Das Wort Eingebung verdeutlicht ähnlich wie Inspiration (Einhauchung), daß hier etwas von außen auf den Menschen einfließt. Die Quelle, aus der sie entspringt, gehorcht uns nicht. Und die Griechen sahen in ihr daher eine scheue Frauengestalt, eine Muse, die den Künstler, je nachdem, küßt oder verschmäht. Rainer Maria Rilke schrieb über dieses Thema an Ellen Key am 13. Februar 1903: »Ich muß auf das Klingen warten in der Stille, und ich weiß, wenn ich das Klingen dränge, dann kommt es erst recht nicht. (...) Manchmal ist es da, dann bin ich der Herr meiner Tiefen, die sich auftun, strahlend und schön im schimmernden Dunkel; aber ich habe nicht den Zauberspruch getan, Gott tut ihn, wenn es Zeit ist, und mir gebührt nur, geduldig zu sein und zu warten und meine Tiefen gläubig zu ertragen. (...) Ich habe in schlechten Tagen nur tote Worte, und die sind so leichenschwer, daß ich mit ihnen nicht schreiben kann, nicht mal einen Brief. Ist das schlecht, schwach? Und doch will es Gott so bei mir.«[2]

Solche und ähnliche Überlegungen stellt der Mensch immer wieder an. Wenn er ehrlich ist, muß er erkennen, daß eine verborgene, nicht von Menschen zu verantwortende Quelle uns steuert. Natürlich kann man versuchen, alles, was in und durch uns geschieht, aus den ererbten Genen, aus biochemischen Reaktionen und zufälligen Einflüssen durch Erziehung und Information herzuleiten. Doch diese Ansicht beschäftigt sich allenfalls mit den Spuren, auf denen sich geistige Regungen bewegen. Sie erklärt nichts. Der Inhalt eines Rilkegedichts hat mit Biologie nichts zu tun, allenfalls sein Entstehungszeitpunkt.

Ein Künstler mag Drogen nehmen, aber die Drogen sind nicht der Geist, vielleicht beschleunigen sie seinen Fluß. Es geht hier ja nicht um materielle, sondern um geistige Phänomene. Es gibt keinen untauglicheren Versuch als den, Genie von den Genen her zu deuten.

Die von uns nicht oder nur unvollkommen beherrschbare Quelle, aus der wir unser Tun und Lassen nehmen, stammt aus der Welt jenseits der von uns wißbaren Bereiche. Sie muß dort in irgendeiner Weise verankert sein. Das Wort Seele steht für diesen spirituellen Teil des Menschen, der seiner Verfügungsgewalt weitgehend entzogen und nicht auf direkte Weise ansprechbar ist. Die klassische Erklärung für das Phänomen der seelischen Zeitlosigkeit und Unbeeinflußbarkeit ist ihre Verwurzelung in Gott. Man kann es auch wie Karl Jaspers so ausdrücken: Der Mensch kann »nicht sich selbst verdanken«, sondern einer »fühlbaren Hand aus der Transzendenz«.[3]

Der Mensch möchte mit diesem Bestandteil des Ewigen in ihm in Verbindung treten. Er weiß, ich komme mir frei vor, aber in mir ist etwas, das mich bestimmt. Dieses Bestimmende kann erfühlt, gesucht, erkannt, aber auch übersehen und verdrängt werden. Es ist über mir und in mir zugleich.

Das Miteinander von zeitlichen und ewigen Komponenten im menschlichen Geist hat Hegel zum Ausgangspunkt seiner Religionsphilosophie gemacht. Der Mensch bewegt sich im Spannungsverhältnis zwischen seinem aktiven (zeitlichen) Bewußtsein und dem religiösen Gefühl der (zeitlosen) Unterworfenheit unter eine göttliche Macht. »Auf der einen Seite treibt der Verstand sein Wesen; gegenüber hat er das Gefühl der religiösen Abhängigkeit.«[4]

Nun ist der Mensch aber längst nicht immer bereit, seine religiöse Abhängigkeit zu spüren und anzuerkennen. Im Gegenteil, er versucht, irdische Dinge mit irdischen Mitteln zu gestalten und zu beherrschen; wer sein Auto reparieren will, braucht nicht den heiligen Geist zu bemühen. Jeder erkennt, daß es da verschiedene Bereiche gibt, denn ein Blick in die Gebrauchsanleitung hilft meist schneller als ein Stoßgebet. Obwohl nicht einmal dieser Satz ganz unwidersprochen bleiben müßte. Für die Unterscheidung zwischen Verstand und religiöser Abhängigkeit verwendet Hegel den fundamentalen Begriff der »Entzweiung«. Sie ist das, was das Gefühl der Eingebundenheit in die Unendlichkeit einerseits und den verstandgebundenen Willen, die Welt zu beherrschen, andererseits, immer weiter auseinandertreibt. »So liegt eine Entzweiung in sich selbst darin, daß, der ewigen Wirkungsweise Gottes zuwider, endliche Dinge zu wesentlichen Zwecken erhoben werden.« Und auf diese Weise kommt eine Entwicklung zustande, die die Entzweiung immer weiter treibt: »Die Wissenschaft bildet so ein Universum der Erkenntnis, das für sich Gottes nicht bedarf, außerhalb der Religion liegt und mit ihr direkt nichts zu schaffen hat. In diesem Reiche ergeht sich das Erkennen in seinen Verhältnissen und Zusammenhängen und hat damit allen bestimmten Stoff und Inhalt auf seiner Seite, und für die andere Seite, die Seite des Unendlichen und Ewigen, bleibt nichts übrig.«[5]

Das Abrücken des Menschen aus seiner natürlichen Einheit zwischen irdischer und religiöser Erkenntnis war für Hegel ein Ansatzpunkt für zeitkritische Seufzer: »Es macht unserer Zeit keinen Kummer mehr, von Gott nichts zu erkennen, vielmehr gilt es für die höchste Einsicht, daß diese Erkenntnis sogar nicht möglich sei.«[6] Damit meinte er vor allem Kant, der diese Unmöglichkeit behauptet hatte.

Die Welt funktioniert also in unseren Augen auch dann, wenn wir die im Menschen unbewußt zutage tretenden Einflüsse aus transzendenten Quellen nicht zur Kenntnis nehmen. Aber diese Entzweiung ist noch nicht alles. Hegel ahnte schon etwas von einer weiteren, noch einschneidenderen Entzweiung. Aus der Seele wurde ihr griechisches Pendant, die Psyche, und diese zum Gegenstand einer nicht mehr religiös gebundenen Forschung. Hegel sagte weit vorausschauend: »Dieser Standpunkt, der überhaupt unserer Zeit eigentümlich ist, verfährt nach empirischer Psychologie, nimmt dasjenige auf, was und wie es sich im gewöhnlichen Bewußtsein findet, beobachtet die Erscheinung und setzt außerhalb derselben, was das Unendliche darin ist.« Aus der »ewigen Seele« wird die »erforschbare Psyche« herausgetrennt. Für den auf materialistischer Grundlage arbeitenden Psychologen ergibt sich aus dieser Heraustrennung insoweit kein Problem, als er die Verbindung von Ewigem und Aktuellem nicht nur nicht wahrnimmt, sondern sogar von vornherein leugnet. Für Hegel jedoch bleibt eine unlösbare seelische Verbindung: »Religion ist auf diesem Standpunkt das Bewußtsein des Menschen von einem Höheren, Jenseitigen, außer ihm und über ihm Seienden. Das Bewußtsein findet sich nämlich abhängig, endlich, und in diesem seinem Empfinden ist es insoweit Bewußtsein, daß es ein Anderes voraussetzt, von dem es abhängt und welches ihm als das Wesen gilt.«[7]

Dieser religiöse Grundbezug blieb nicht unangefochten. Sigmund Freud versuchte, das menschliche Band zum Jenseits, die Grundlage aller Religion, zu durchschneiden. In seiner Schrift »Das Ich und das Es« (1923) führt er aus: »Nun, da wir uns an die Analyse des Ichs heranwagen, können wir all denen, welche, in ihrem sittlichen Bewußtsein erschüttert, geklagt haben, es muß doch ein höheres Wesen im Menschen geben, antworten: Gewiß, und dies ist das höhere Wesen, das Ichideal oder Über-Ich, die Repräsentanz unserer Elternbeziehung. Als kleine Kinder haben wir diese höheren Wesen gekannt, bewundert, gefürchtet, später sie in uns selbst aufgenommen.«[8] Freud meinte, das Ichideal als Ersatz für die Vatersehnsucht enthalte den Keim, aus dem sich einst alle Religionen gebildet haben. Damit ist für Freud und seine Anhänger das Problem der Jenseitsbeziehung des Menschen ein für allemal abgehakt. Was noch zu untersuchen bleibt, das sind allenfalls die Auswirkungen religiöser Erziehung und Vorstellungen auf den Menschen. Für Freud sind sie die Ursachen verschiedener neurotischer Erkrankungen. Die »zweite Entzweiung«, deren Anfänge Hegel gekannt hatte, führte bei Freud zu einer Art Wiedervereinigung im Diesseits. Der himmlische Vater wurde zum Trugbild, gemeint konnte nur der leibliche Vater sein. Daß ein Genie wie Freud einer so naiv klingenden Vorstellung erliegt, wundert uns heute. Vermutlich hat es im Wien seiner Zeit, und nicht nur dort, Erzieher gegeben, die sich als Gott aufgespielt haben. Freud gelang es, mit einem Funken Wahrheit einen psychologischen Großbrand zu entfachen. Noch glimmt er in vielen von der Feuerwehr unerreichten Köpfen.

Zwei Generationen nach Freud wissen wir, daß es nicht nur Neurosen gibt, die aus einer orthodox religiösen Erziehung stammen, sondern auch solche, die auf ihr Gegenteil zurückzuführen sind. Aus orthodoxen Bibelwortverteidigern sind manchmal orthodoxe Freudanhänger geworden. So sind nicht nur »ekklesiogene« (kirchlich verursachte) und »psychogene« (seelisch verursachte), sondern, je nach Behandlung, auch »psycho*lo*gene« (durch psychologische Behandlung verursachte) Krisen und Neurosen möglich. Wenn aus dem einstigen Seelsorger im Extremfall ein Seelzerbrösler wird, dann muß unter einem solchen Einfluß beim Patienten nicht alles besser werden. Bei derartigen Risiken und Nebenwirkungen, an denen ganze Familien zerbrechen können, ist auch meist der geistliche Apotheker ratlos. Die weitere Entwicklung hat gezeigt, daß Freuds Stimme, als die einst deutlichste unter vielen, zunehmend verhallt. Sein radikales Konzept vom Diesseits, so bestechend und einleuchtend es für viele geklungen haben mag, war nur der Versuch, ein menschheitsaltes Problem zu verdecken, zu verdrängen. Das Rätsel hat er nicht gelöst. Es bleibt. Man kann für die Seele nicht dadurch sorgen, daß man sie zu entsorgen sucht.

Zu der Erzählung von meinem »lieben« Kollegen muß ich noch folgendes nachtragen. Es ist ihm damals gelungen, mit vielfältigen Beziehungen, die er für sich arbeiten ließ, meinen Posten für den Freund freizuräumen. Ich mußte die Stadt am Bodensee, in der ich drei Jahre gelebt hatte, verlassen. Und das war mein großes Glück. Hätte ich mich erfolgreich gewehrt, um in meiner Stellung zu bleiben, wäre ich beruflich in eine Sackgasse geraten und hätte, um weiterzukommen, später die Stadt doch verlassen müssen, dann aber unter wesentlich erschwerten Umständen. Was ich damals nicht wissen konnte und auch nicht wissen wollte, war dies: Der »liebe« Kollege hat mir, natürlich ohne es zu wissen und zu wollen, einen richtigen Weg in die Zukunft gewiesen. Wenn ich diese Zusammenhänge heute aus großer Distanz überblicke, so muß ich anerkennen, daß hier Bindungen und Netze bestehen, die ich mit den üblichen positivistischen Vorstellungen nicht erklären kann. Für mich sind die von Hegel unvollkommen dargestellten Wahrheiten auf einer weit höheren Stufe und bedeutsamer als der geniale und dazu noch besser formulierte Versuch Freuds, das Band zum Jenseits zu durchschneiden.

Mit der rein intellektuellen Einsicht und Absicht, die Grenze zur Transzendenz zu öffnen, ist zunächst jedoch noch wenig erreicht. Immer schon hat der Mensch versucht, einen inneren, mitunter steinigen Pfad zur Erkenntnis zu beschreiten. Aus der Tatsache, daß es unzählige solcher Pfade gibt, darf man nicht vorschnell folgern, es lohne sich keiner, weil man ja doch nicht auf allen wandern könne. Der Blick auf ein Gebirge mag ein erhebender Anblick sein. Zunächst muß sich der Bergsteiger entscheiden, wo er hinaufklettern möchte. Wer im Fels hängt, mag von einer Schwebebahn träumen, aber das bringt ihn nicht voran. Zwei der vielen beschriebenen Pfade wollen wir uns ansehen.

[1] Sudelbücher, K 183
[2] Briefe aus den Jahren 1902–1906, S. 60
[3] Der philosophische Glaube, S. 53
[4] Werke Bd. 16, S. 20
[5] a.a.O., S. 22 ff.
[6] a.a.O., S. 43
[7] a.a.O., S. 167
[8] Das Ich und das Es, S. 189 ff.

Stufenweise in Richtung Gott

Zwei Versuche, sich das Göttliche anzueignen

In Platons Dialog »Theaitet« doziert Sokrates unter anderem über das Böse, das nur auf unserer irdischen Welt und nicht bei den Göttern seinen Sitz haben könne. Wer das Böse fliehen will, müsse daher versuchen, Gott ähnlich zu werden, das bedeute, gerecht und fromm zu werden, verbunden mit Einsicht in die großen Zusammenhänge. Sokrates geht es dabei keinesfalls um Abgehobenheit und Weltflucht. Im Gegenteil: Der Fromme sei der wahrhaft Weise und Tüchtige und schaffe erst durch seine Tugenden die Voraussetzung für verantwortliche Tätigkeit im Staatswesen. In seiner Platonübersetzung verwendet Friedrich Schleiermacher dafür den Ausdruck: »Verähnlichung mit Gott.«

Zwischen Platons idealistischem Gottesbegriff und dem Herrschergott Jahwe der Juden und später auch der Christen gibt es im wahrsten Sinne des Wortes himmelweite Unterschiede. Und doch entstanden im Lauf der Jahrhunderte nicht nur im Christentum, sondern auch im Judentum immer engere Verbindungen zwischen diesen Gegensätzen. Es gab unterschiedliche Versuche, die »Verähnlichung« zu konkretisieren, erfahrbar und lehrbar zu machen. Zwei dieser Wege sollen hier, gewissermaßen als Beispiele, erwähnt werden.

Der erste dieser beiden Wege wurde mir schon in meiner Jugend vorgestellt, ohne daß ich allerdings damals im mindesten begriffen hätte, worum es ging. Einige Tage vor der Konfirmation führte uns der Pfarrer in unserer Kirche deren besonderes »Heiligtum« vor. Er versuchte mehr oder weniger vergeblich, uns die an der südlichen

Chorwand bis an die Decke reichenden und von barockem Zierat umgebenen Altartafeln zu erklären. Er klappte die Seitenflügel auf, und da zeigte sich uns ein überwältigendes und verwirrendes Kolossalgemälde, das hauptsächlich in Rot und Gold einen kuppelgekrönten offenen Tempel mit einem runden Vorgarten darstellte (Abb. S. 211). Der Himmel um die Kuppel, diese selbst, der Garten und die Säulen, alles ist da voller Gestalten. Jeder einzelne Stein des Tempels ist, wenn man genau hinsieht, mit einer minutiös gemalten biblischen Szene geschmückt. Das ganze Bild ist ein umfassendes Symbol, das aus zahllosen großen, kleinen und kleinsten Symbolen zusammengesetzt ist. Was uns der Pfarrer damals erklärte, weiß ich nicht mehr, vielleicht hat er uns das Wesentliche gar nicht anvertraut. In Erinnerung sind mir nur zwei Namen geblieben, nämlich Prinzessin Antonia und ihr Stuttgarter Hofprediger Johann Valentin Andreä. Zum Abschluß dieser Erklärung schenkte er uns ein Büchlein mit diesem Titel: »Die Lehrtafel der Prinzessin Antonia von Württemberg in der Dreifaltigkeitskirche zu Teinach. Eine Auslegung des Namens Jehova. Dargeboten von J. Beck.« Obwohl ich die Broschüre damals nicht las, schließlich hätte ich sie auch nicht verstanden, bewahrte ich sie die ganzen Jahre seither auf, als eine für mich wichtige Kostbarkeit.
Erst nach Jahren, als ich wieder einmal in das enge Schwarzwaldtal zurückkehrte, das im Winter fast ohne Sonne ist, ließ ich mir das Bild von einem Nachfolger unseres damaligen Pfarrers in der Bad Teinacher Kirche nochmals erklären. Seit der Aufstellung des Bildes im Jahr 1673 wurde darüber viel geschrieben und noch mehr geredet, vieles auch kontrovers, je nachdem ob es von christlicher (landeskirchlicher), rosenkreuzerischer, theosophischer, anthroposophischer oder feministischer Seite gewürdigt wird. Kunsthistoriker sind allerdings etwas

zurückhaltender, denn der württembergische Hofmaler Johann Friedrich Gruber, der das Bild nach genauen Vorgaben und Skizzen auszuführen hatte, zählt nicht zu den ganz Großen seiner Zunft.
Diese »kabbalistische Lehrtafel«, in der jüdische und christliche Symbole eine eigenartige und verblüffende Einheit bilden, ist einmalig. Die Kabbala als jüdische Geheimlehre, die im 13. Jahrhundert aus alttestamentlichen, gnostischen, neuplatonischen und anderen Quellen entstanden ist, versuchte das Wesen Gottes in einem zehnstufigen Einweihungsweg zu erkennen. Die Wesenheiten oder »Abglänze Gottes« werden als zehn »Sephirot« vorgestellt. Die jüdische Lehre selbst verwendete dafür aber nur *Sprach*-Bilder, keine gemalten Figuren. Das Gemälde, das unter dem Einfluß von Johann Valentin Andreä (1586–1654) und anderen Theologen von der hochgebildeten württembergischen Prinzessin Antonia selbst entworfen wurde, versucht, diese zehn Sephirot (Wesenheiten) durch Frauengestalten mit Attributen bildlich darzustellen. Der damaligen Praxis entsprechend, einem Erbe der noch nachklingenden Renaissance, versuchte auch Andreä immer wieder, seelische Vorgänge nicht nur in mystischen Erzählungen (z. B. »Die chymische [alchimistische] Hochzeit des Christian Rosenkreuz«) aufzuzeigen, sondern auch, sie in ein graphisches System zu bringen, wie ja auch Spinoza damals versucht hatte, die Ethik auf geometrische Weise darzustellen. Schaubilder mit Symbolen waren der Versuch, die inneren Verworrenheiten des Menschen zu ordnen. Antonia ging es nun darum, kabbalistische Gotteserkenntnis in einer visionären Gesamtdarstellung zu verdeutlichen, möglicherweise hatte sie in einer mystischen Schau das Vor-Bild dieses Gemäldes gesehen. Die zehn göttlichen Wesenheiten oder Stufen der Manifestation aus der Kabbala werden dem Betrachter in der Kirche nur dann überhaupt erkennbar, wenn er

bereit ist, sich mit der jüdischen Geheimlehre zu beschäftigen, sonst bleibt ihm das Altarbild verschlossen. So muß es sich wenigstens die Stifterin und Gestalterin vorgestellt haben.

Da das Heilbad im nördlichen Schwarzwald nicht nur von Mitgliedern der Herzogsfamilie, sondern auch von anderen gebildeten Menschen aufgesucht wurde, hätte das Altarbild manchen Einfluß auf das geistige Leben in der Nachfolgezeit ausüben können. Statt dessen wurde es vergessen. Erst hundert Jahre später versuchte kein geringerer als der bedeutende Theologe und theosophische Schriftsteller Friedrich Christoph Oetinger (1702–1782), in einer ausführlichen, wenn auch recht unübersichtlichen Schrift auf das Bild hinzuweisen. Er gibt einen Schlüssel zum Verständnis dieser Art von Gotteserkenntnis: »In aller Lehre sind Gleichnisse; im Geist läßt man sie wieder fahren und behält allein die Sache selbst, ohne Wortstreit. Wer es fassen mag, der fasse es; ist jemand unwissend, der sei es.«[1]

Die zehn Sephirot, die im Bild als Frauengestalten dargestellt sind, werden von Ernst Harnischfeger in dem Buch »Mystik im Barock«[2] so vorgestellt und gedeutet: Kether (Urwille, Krone), Bina (Verstand, Einsicht, Klugheit), Din (Strenge, Kraft, Stärke, Hoheit), Hod (Dauer, Majestät, Lob und Preis Gottes), Malchut (das Reich, das Reich der Sinne, die menschliche Verkörperung), Zaddik (das Gerechte, der Urgrund der Welt), Nezach (Sieg, Ruhm), Tif'ereth (Güte, Schönheit, Erbarmen), Chessed (Liebe, Gnade, Größe), Chochma (tätige Weisheit, Sophia). Oetinger und später Beck wiesen diesen zehn Gestalten teilweise andere Namen und Funktionen zu.

Die Absicht der Geheimlehre und der Sinn des Bildes ist es, sich die verschiedenen Sephirot oder Wesenheiten ganz zu verinnerlichen, um die gesamte Welt in einer mystischen Vision als Einheit zu erschauen. Auf dem Weg dorthin müssen die Bilder vergeistigt und dann, wie Oetinger sagt, auch wieder verlassen werden. Die zehn Sephirot bringen dem Menschen jedoch nicht nur eine allgemeine Erkenntnis, sondern sie sollen dem, der sie ganz in sich aufnehmen kann, zugleich göttliche, heilende Kräfte schaffen, die er auf dieser Welt für sich nutzen kann.

Die zentrale Figur des ganzen Bildes ist Zaddik, der Urgrund der Welt: eine Frau, deren Haupt von einem Sternenkranz umgeben ist und die auf einer Mondsichel steht. Dieses alte Symbol einer Weltenurmutter hat Wurzeln in vorchristlicher Zeit und taucht in vergleichbarer Gestalt in Ägypten und Persien auf. Der Mond bzw. die Mondsichel ist ein Symbol der Weiblichkeit, die Sternenkrone ein Hinweis auf Kosmos und Weltbeherrschung. Diese Symbolgestalt erscheint auch in der Offenbarung des Johannes: »Und es erschien ein großes Zeichen am Himmel; ein Weib, mit der Sonne bekleidet, und der Mond unter ihren Füßen und auf ihrem Haupt eine Krone von zwölf Sternen.« (Offenb. 12, 1) Diese Frau wurde im Mittelalter in Kirchen oft auch als Maria – Muttergottes und Himmelskönigin – dargestellt. In Bad Teinach ist Zaddik das eigentliche Herz des Bildes: Urgrund und Weltenmutter in einem.

Der lebende Christus erscheint selbst *nicht* im Tempel, er steht in der Mitte des Vorgartens als Auferstandener, nicht von seinen Jüngern, sondern von den zwölf Söhnen Jakobs, den Stammvätern des Volkes Israel umringt, die die gesamte Weltbevölkerung verkörpern. Christus ist die einzige Sephirah, die durch eine männliche Gestalt gezeigt wird. Er steht im Garten *vor* dem Tempel, mitten unter den Menschen als sichtbar gewordene Verkörperung des Geistes.

Ein ganz besonders wichtiger Bestandteil ist eine Frauengestalt, die am unteren Bildrand steht, im Tor zu dem

Kabbalistische Lehrtafel in der Dreifaltigkeitskirche zu Bad Teinach im Schwarzwald von 1673 – grafische Darstellung des inneren Altarbildes. Die Ziffern sind Hinweise auf kabbalistische Figuren und biblische Szenen, die an diesen Stellen auf dem Originalgemälde dargestellt sind.

Garten, gewissermaßen an der Paradiesmauer. In ihrer Rechten hält sie ihr flammendes Herz: Es ist der Mensch, der diese strahlende Herrlichkeit betreten will, im konkreten Fall ist es die Stifterin selbst. Ihr Herz wurde übrigens nach ihrem Tod unter dem Bild bestattet.
Die damalige Absicht einer Frau, die jüdische Kabbala in das Christentum zu integrieren, ist leider im wesentlichen folgenlos geblieben, weil sich die Sephirot, trotz des Oetingerschen Versuchs, das Bild theologisch zu rechtfertigen, nicht aus der Bibel herleiten lassen und orthodoxe Theologen von solchen Abenteuern nichts wissen wollten. Wären sie aufgeschlossener gewesen, dann wäre eine solche Lehre vielleicht die Chance gewesen, die hohe Bedeutung der jüdischen Theologie und Philosophie aus nachbiblischer Zeit besser zu verstehen, und zugleich hätte dies auch zur Grundlage einer neuen Gemeinsamkeit und Toleranz werden können. So ist das Bild ein Kuriosum geblieben. Dennoch kann es auch heute noch eine faszinierende Kraft ausstrahlen, wenn man bereit ist, sich in eine uns heute fern erscheinende Gedankenwelt hineinzuversetzen. Doch vielleicht sind diese Gedanken gar nicht so fern. Wenn sie je zeitlos waren, dann sind sie es auch geblieben.
Ein völlig anderer Weg einer »Verähnlichung Gottes« stammt von einem anonymen Mönch aus dem 14. Jahrhundert. Er ist ohne Bilder. Ein Deutschherren-Mönch aus Sachsenhausen bei Frankfurt am Main veröffentlichte eine Schrift, die unter dem Namen »Theologia deutsch« (eine deutsche Theologie) bekanntgeworden ist. Der Verfasser des Büchleins, der in der Vorrede »der Frankfurter« genannt wird, stellt jedoch keine theologische Wissenschaft auf, sondern er lehrt einen mystischen Weg, sich das Göttliche zu verinnerlichen. Der Frankfurter zeigt als sein Ziel den »vergotteten« Menschen. Um sich auf diesen Weg zu machen, brauche der Mensch vier Voraussetzungen:

1. Begierde, Fleiß und stetigen Ernst,
2. ein Vorbild, daran man lernen kann,
3. einen Lehrmeister, an den man glaubt und dem man gehorcht,
4. Fleiß und Übung.

Aber trotz oder gerade wegen dieses Pfades der Einübung in die göttliche Weisheit braucht der Mensch keine starren Regeln. »Man darf sie [die Kinder Gottes] nicht lehren, was sie tun oder lassen sollen, denn ihr Meister, das ist der Geist Gottes, soll sie wohl lehren, was ihnen not ist zu wissen. Auch darf man ihnen nicht gebieten, Gutes zu tun oder Übles zu lassen und desgleichen, denn (...) sie haben alles im voraus bereit.«[3] Der Frankfurter lehrt in vierundfünfzig kurzen Kapiteln den Weg zur besitz-, gesetz- und vor allem willenlosen Gottesliebe. Er verwendet dazu eine einfache, ungelehrte Sprache. Sein mystischer Pfad ist vor allem an eigenen Erfahrungen orientiert. Als in der Zeit der Reformation Martin Luther dieses Büchlein wieder herausgab, schrieb er: »Mir ist nach der Bibel und Sankt Augustin nicht vorgekommen ein Buch, daraus ich mehr erlernt habe.«[4]
Den beiden hier vorgestellten Wegen, als Beispielen von unzähligen anderen, ist trotz aller Unterschiede eines gemeinsam: Sie versuchen einen von Bibelkunde, Dogmen, Gelehrsamkeit und Hierarchie freien Weg zu zeigen, den der Mensch auf eigene Initiative beschreiten kann. Es ist kein Wunder, wenn solche Wege von den Kirchen jahrhundertelang bis in die Gegenwart vernachlässigt wurden, denn Menschen, die sich solcherart auf die Wanderschaft begeben, landen selten bei kontrollierbarer Wortgenauigkeit. Ihre scheinbaren Seiten- und Abwege haben zwar ein gemeinsames Ziel, aber sie eignen sich nicht für einen Massentransport. Etwas haben diese Wege mit östlichen Religionen gemein: Sie setzen voraus, daß jeder Mensch,

der dem Urgrund der Welt näherkommen möchte, sich selbst auf einen mitunter beschwerlichen und mühseligen Weg machen muß. Er kann sich einer inneren Führung anvertrauen, doch die Schritte selbst nimmt ihm keiner ab. Wer sie unternimmt, für den endet der uralte Machtkampf zwischen Gott und Mensch. Noch gibt es dieses Ringen um die Vorherrschaft.

[1] Schriften II, S. 22
[2] S. 27
[3] S. 85
[4] Zitiert nach G. Wehr in der Einführung zu der »Theologia deutsch«

Es geht um die Weltmeisterschaft: Gott und Mensch im Finale

Menschlicher und göttlicher Wille im Widerspruch

Der Kampf begann schon mit der Menschwerdung. Alle Schöpfungsmythen berichten vom Ringen der Menschen mit den Göttern, auch wenn sie mit ganz verschiedenen Tricks versuchten, die Herrschaft an sich zu reißen. Adam kämpfte anders als Prometheus. Und auch die immer wieder durchdringende Einsicht, Schlappen hinnehmen zu müssen, hält Menschen nicht davon ab, weiter auf Sieg zu setzen. Aber warum kämpft der Mensch, hat er denn je eine Chance gehabt, Meister zu werden? Und andererseits: Will Gott wirklich die Welt beherrschen, oder ist er nicht auch bereit, seine Macht mit uns zu teilen?

Stephen Hawking meinte in seinem Buch »Eine kurze Geschichte der Zeit«, seit die Philosophen nichts mehr von Mathematik und Naturwissenschaft verstehen, hätten sie die Frage nach dem Warum der Welt aufgegeben. »Wenn wir jedoch eine vollständige Theorie entdecken, (...) werden wir uns alle – Philosophen, Naturwissenschaftler und Laien – mit der Frage auseinandersetzen können, warum es uns und das Universum gibt. Wenn wir die Antwort auf die Frage fänden, wäre das der endgültige Triumph der menschlichen Vernunft – denn dann würden wir Gottes Plan kennen.«[1] In seinem nächsten Buch (»Einsteins Traum«) greift Hawking diese Hoffnung wieder auf: Wenn uns Menschen die vollständige Theorie gelinge, »dann wären wir wirklich die ›Masters of the Universe‹.«[2] Dieser Satz hört sich ähnlich an, wie wenn ein Trainer seiner Mannschaft verkündet: Wenn wir jedesmal mehr Tore schießen als unsere Gegner, dann

werden wir Meister. Wer kann eine solche Behauptung, so naiv sie auch sein möge, widerlegen? Aber wir kennen und durchschauen doch schon längst einige Ursachen von Erdbeben und Stürmen, von Hungersnöten und menschlicher Gewalt. Wir kennen die Risiken unserer eigenen Technik. Wir wissen oder ahnen zumindest, was wir täglich an materieller und geistiger Schöpfung zerstören. Im Prinzip könnten wir doch schon längst Herren der Welt sein. Und dennoch zeigt sich immer wieder der Mensch als schlechter Verlierer, wenn er zugeben muß, daß er im Prinzip alles erforschen, aber nicht alles beherrschen kann. Er kann montags in der Zeitung die kluge Weisheit der Reporter nachlesen, die ganz genau wissen, warum keine Tore geschossen wurden. Nur, wem hilft das? Zu wissen, wie etwas funktioniert, heißt noch lange nicht, es im Griff zu haben. Hawking hat sicher recht, wenn er feststellt, daß den Philosophen die Naturwissenschaft entglitten ist. Er selbst ist das beste Beispiel dafür, was dabei herauskommt, wenn den Naturwissenschaftlern die Philosophie entgleitet, von der Theologie, die noch ein Kepler, Newton, Pascal oder Leibniz beherrscht hatten, ganz zu schweigen.
Auf einem wesentlich höheren Niveau steht der Machtanspruch, den Friedrich Nietzsche für den Menschen erhebt. Nietzsches Mensch, der von dem »Willen zur Macht« besessen ist, erkennt keine Herrschaft an, außer der, die er selbst ausübt. Er denkt so, wie es Nietzsche einmal in einem kleinen Gedicht formuliert hat, dessen Anfang so lautet:

»Entschluß

Will weise sein, weil's *mir* gefällt,
und nicht auf fremden Ruf.
Ich lobe Gott, weil Gott die Welt
so dumm als möglich schuf.«

Gewiß, es gibt von Nietzsche gewaltigere Worte; aber dieses leichtfüßig erscheinende Gedichtchen[3] zeigt doch schon, wie ein Mensch spricht, der Macht und Weisheit Gott streitig machen will. Wer sagt, Gott habe die Welt dumm erschaffen, der geht davon aus, selbst besser zu wissen, wie sie eigentlich sein müßte, denn sonst könnte er ja nicht urteilen. Aber will denn Gott wirklich auf eine Art und Weise herrschen, wie es ihm Nietzsche unterstellt? Offensichtlich gibt es unterschiedliche Gottesvorstellungen, denen nicht nur Nietzsche, sondern auch viele andere Menschen anscheinend nie begegnet sind.

Die Wege zu einer »Verähnlichung« mit Gott haben eines gemeinsam: Sie gehen nicht von einem Herrschergott aus, dessen Dienst den Menschen aufgezwungen wird, sondern von einem, der erst gefunden werden muß. Der Mensch muß Gott sein Leben lang suchen, um dessen Herrschaft *in sich* allmählich zu errichten. Er kann es wie in der Kabbala unternehmen, die göttlichen Wesenheiten zu verinnerlichen, oder er kann durch Meditation und Gebet versuchen, seinen eigenen Willen dem göttlichen Willen nicht aufzureden, sondern anzugleichen, wie es Mystiker, z. B. der sogenannte Frankfurter in der »Theologia deutsch« vorschlagen. In beiden Fällen geht der Mensch *von sich aus* Gott entgegen, man könnte vielleicht auch sagen, er schafft *in sich* ein göttliches Abbild, was ihm natürlich nur gelingen kann, wenn auch Gott auf ihn zukommt. Der Gegensatz zwischen Herrschergott und Findegott ist natürlich nichts Objektives, sondern er liegt in der Art, wie der Mensch reagiert. Diesen Gegensatz hat es schon im Alten Testament gegeben. Neben den Hinweisen auf seine Macht, seine Größe und seinen Zorn gibt es immer wieder Stimmen, die verdeutlichen, man müsse Gott suchen, wie z. B. in Psalm 33: »... und die Gott suchen, denen wird das Herz leben.« Im Neuen Testament sagt Jesus: »Suchet, so werdet ihr finden!« So verstanden, wird Gott also nicht *vor*-gefunden, sondern allmählich *auf*-gefunden. Die Unterscheidung zwischen Herrschergott und Findegott kann man nur auf dialektische Weise auflösen, gelingt dies nicht, dann kann sich dieser Gegensatz als unversöhnlich, drohend und letzten Endes auch zerstörend im Herzen festfressen. Nietzsche ist im Kampf mit Gott, dem er in seiner Jugend demütig gedient hatte, unterlegen, weil er, nachdem sein Selbstbewußtsein bis zum Exzeß gewachsen war, den Weg zu einer friedlichen Kooperation oder wenigstens Koexistenz mit ihm nicht gefunden hatte. Seine ursprüngliche Angst verwandelte sich in Haß. »Der christliche Gottesbegriff (...) ist einer der korruptesten Gottesbegriffe, die auf Erden erreicht worden sind (...) Gott zum Widerspruch des Lebens abgeartet, statt dessen Verklärung und ewiges Ja zu sein!«[4] Immerhin, sein Hinweis auf »Verklärung und ewiges Ja« deuten darauf hin, daß er auf einen außerchristlichen, lebensbejahenden Gott hoffte.

Von einem anderen Machtkämpfer ist hier noch zu berichten, demgegenüber die Arroganz Hawkings oder Nietzsches geradezu harmlos erscheinen könnte. Als Zwanzigjähriger schrieb dieser andere folgenden Satz: »Ich kündige mich an als Herrn der Natur und fordere, daß sie durch das Gesetz meines Willens schlechthin bestimmt sei (...) die ganze Welt ist mein moralisches Eigentum.« Dieses idealistische, in jugendlichem Übermut hingeschleuderte Glaubensbekenntnis stammt von Schelling, der es in seiner Schrift »Neue Deduktion des Naturrechts« (1795) veröffentlichte.[5] Sein Bekenntnis zur absoluten Freiheit kennt allerdings Grenzen: »Mein Wille unterwirft sich dem allgemeinen Willen, damit er keinem individuellen untertan sei. Oder: Ich lege mir selbst den allgemeinen Willen als Gesetz auf, damit mein Wille jedem anderen Willen Gesetz sei.« Das Grundprinzip dieser Art von mystisch beeinflußter Willensphilosophie ist leicht zu erklären. Wenn ein Mensch davon überzeugt ist, er selbst wolle alles, was tatsächlich geschehen muß und geschieht, so und nicht anders, dann geschieht es nach *seinem* Willen. Eckhart hatte ähnliches gesagt, später auch Johannes Scheffler in seinem »Cherubinischen Wandersmann«:

> »Dafern mein Will' ist todt/so muß Gott waß ich will:
> Ich schreib Jhm selber für das Muster und das Zil.«[6]

Wer einfach seinen Willen als den definiert, der allem zugrunde liegt, was geschieht, wird automatisch zum Herrn der Welt. Er braucht dazu keine universale Weltformel, es sei denn, er finde sie in der von Scheffler und Schelling formulierten Weise. Im Prinzip kann so jeder zum »Master of the Universe« werden, soweit er diese Einsicht akzeptiert. Man könnte diesen Gedanken so komprimieren: »Ich will, daß alles ist, wie es ist, und somit bin ich Gott.«

Wenn Arthur Schopenhauer später meinte, man müsse seinen Willen vernichten, so kommt dem Schelling zuvor: Man braucht seinen Willen nicht zu vernichten, es genügt, daß man das zu seinem Willen macht, was tatsächlich geschieht. Im Ergebnis mag das vielleicht auf das Gleiche herauskommen, aber das eine ist positiv, das andere negativ gesehen. Schelling geht es nicht um allgemeine Wursthaftigkeit, oder, besser gesagt, um Fatalismus, sondern darum, »das Unbedingte zu realisieren«, wenn dies gelingt, dann muß es »aufhören, Objekt für mich zu sein«[7], d. h. alles, was ich wahrnehme, ist nicht etwas, was um mich herum geschieht, sondern ich selbst als handelndes Subjekt bin es, der alles macht, was ich geschehen sehe. Ohne mich gäbe es – für mich – keine Welt. Mein Inneres, meine Sinne schaffen mir die Welt. Wer denn sonst als ich selbst könnte sie denn schaffen? Daher sagt Schelling:

»Wo meine physische Kraft hinreicht, gebe ich allem Existierenden meine Form, dringe ihm meine Zwecke auf, gebrauche es als Mittel meines unbeschränkten Willens.« Daraus könnte man folgern: Nicht wer Gott vom Thron verdrängen will, sondern nur wer sich zu ihm da hinaufsetzt, wird Meister der Welt. Im Grunde ist dies eine uralte mystische Erkenntnis.

Wie wird der Kampf um die Weltmeisterschaft ausgehen? Jesus empfiehlt, man solle darum bitten, daß Gottes Wille geschehe. Das scheint zunächst ein Widerspruch zur Vorstellung eines allmächtigen Gottes zu sein. Wie kann man denn wünschen, es möge etwas geschehen, was sowieso geschieht? Es geht auch hier offensichtlich nicht um das Geschehen selbst, sondern um die schon erwähnte persönliche Einsicht in das Geschehen. Nicht die (Schopenhauersche) Vernichtung des menschlichen Willens ist hier das Ziel, sondern die Angleichung des menschlichen an den göttlichen Willen. Der übergeordnete Wille kann von einem Menschen auch verlangen, daß er für etwas kämpfe, und sei es nur um seine eigene Zukunft. Der sich so Unterordnende hat also dann sehr wohl einen Willen, aber einen, den er mit Gott abgestimmt hat. Wie diese Abstimmung funktioniert, das ist etwas, für das es kein Rezept gibt. Karl Jaspers hat in seinem Werk »Der philosophische Glaube« versucht, dies in Worte zu fassen. »Diese Führung [durch die Transzendenz] ist radikal anders als jede Führung in der Welt; denn sie wird nicht objektiv eindeutig; sie fällt zusammen mit dem völligen Freiwerden des Menschen. Denn sie geschieht nur über die Freiheit der Selbstvergewisserung. Gottes Stimme liegt in dem, was dem einzelnen, aufgeschlossen für Überlieferung und Umwelt, aufgeht als eigene Überzeugung. Gottes Stimme wird vernehmlich in der Freiheit der Selbstüberzeugung und hat kein anderes Organ, dem Menschen sich mitzuteilen. Wo der Mensch aus der Tiefe

entschieden ist, glaubt er, Gott zu gehorchen, ohne in objektiver Garantie zu wissen, was Gott will.«[8]
Unter solchen Voraussetzungen kann es zwar menschliche Irrtümer, aber keinen Machtkampf mit Gott geben. Der Streit beginnt dann, wenn verschiedene Menschen auf ihre Fragen an Gott unterschiedliche Antworten zu vernehmen meinen. Dieser Streit wäre schon immer überflüssig gewesen, wenn die Menschen dies bedacht hätten: Es ist besser, auf Gott zu vertrauen, als sich auf ihn zu berufen. Denn sonst sind die heiligen Kriege vorprogrammiert. Eine Religion, die sich von solchen mit materiellen Waffen geführten Kämpfen nicht ausdrücklich und nachhaltig distanziert, und zwar für ihre Gegenwart *und* für die Vergangenheit, verdient diesen Namen nicht. Was letzten Endes zählt, ist nicht die Zahl der Gläubigen und die Macht über Gott und Welt, sondern das, wovon der Mensch lebt: von Heil und Heilung.

1 S. 218
2 S. 9
3 Bd. 1, S. 238
4 In »Der Antichrist«, Bd. 4, S. 442
5 Bd. 1, S. 169 ff.
6 Reim 98
7 a.a.O., S. 171
8 Der philosophische Glaube, S. 57

III. Teil

Die Suche nach Heil und Heilung

Die Macht aus dem Jenseits muß nicht nur erkennbar *sein, sie muß sich auch* erkenntlich *zeigen. Der Mensch erwartet von Religion, daß sie ihm etwas bringt. Trotz der Verborgenheit Gottes, gibt es Erfahrbares, das zumindest indirekt von ihm herrühren kann. Die Frage, wie der Mensch aus der vordergründigen Kleinlichkeit des Lebens entfliehen kann und wer oder was ihm dabei hilft, ist immer aktuell geblieben. Vielleicht gelingt es in der Zukunft, solche Fragen von einer gemeinsamen, alle Wissenschaften umfassenden Ebene aus anzugehen.*

Selbstverdanker und Segelbläser

Das Gespür für die große Ursachenkette

Vor vielen Jahren machten wir einmal einen Familienspaziergang entlang der Argen bis zu ihrer Mündung in den Bodensee. Als wir am Seeufer ankamen, sagte meine damals vierjährige Tochter Ulrike: »Warum bleiben denn die Segelboote da draußen stehen?« Ich schaute hinaus auf das Wasser, stellte fest, daß Flaute herrschte, und antwortete: »Wenn wieder etwas Wind aufkommt, dann können die Boote weiterfahren.« Ulrike überlegte sich das, dann sagte sie: »Oder dann, wenn die Leute im Boot ganz fest auf die Segel blasen, dann geht's auch, gell, Papa?«

Diese Episode fiel mir erst wieder ein, als ich las, wie ein Minister reagierte, als er gefragt wurde, warum er bei seiner Vereidigung auf den Zusatz »So wahr mir Gott helfe« verzichtet habe. Der Minister antwortete: »Ich baue lieber auf die eigene Kompetenz als auf Gottes Hilfe.« – Es geht hier um ein Grundproblem der menschlichen Existenz, das man auf diese Formel bringen kann: Was bewegen wir in der Welt, und was bewegt die Welt in uns. Man könnte es auch so ausdrücken: Was haben wir der Welt, und was hat die Welt uns zu verdanken? Es geht also um den Versuch, den aktiven und den passiven Teil des Daseins voneinander abzugrenzen. Viele möchten gerne, was ihnen gelingt, ihrer eigenen Tüchtigkeit, was ihnen mißlingt, den bösen Umständen zuschreiben. Sie wissen dann immer genau, wo das gute Ich aufhört und die böse Welt anfängt. Dabei laufen sie Gefahr, im Falle des Erfolgs den Wind, der ihr Boot vorantreibt, für ihre eigene Puste zu halten. Wenn etwas schiefgeht, dann war's natürlich die Flaute.

Leider funktioniert die Welt nicht ganz so einfach, wie sich das manche vorzustellen scheinen. Ich möchte dazu die Geschichte eines jungen Sportlers erzählen, der seit seiner Kindheit davon träumte, einmal bei den Olympischen Spielen teilzunehmen. Nachdem er in Leichtathletik immer der Beste in seinem Verein war, wurde er gefördert, und es gelang ihm sogar die Landesmeisterschaft. Die Tür zur nächsten Olympiade schien offenzustehen. Dann erreichte er aber bei den Auswahlwettbewerben nicht die nötige Punktzahl für die Qualifikation und mußte enttäuscht zu Hause bleiben. Nach vier Jahren wiederholte sich für ihn dieses Drama. Er wurde wieder nicht in die Bundesmannschaft aufgenommen. Der junge Sportler hatte alles in sein großes Ziel investiert, aber jetzt ließ er den Kopf hängen. Im Gespräch mit einem älteren Sportler, der einst eine Goldmedaille errungen hatte, versuchte er, sich über seine Situation Klarheit zu verschaffen. Er fragte ihn ganz direkt: »Wer oder was ist wohl schuld daran, daß ich es wieder nicht geschafft habe?« Der andere reagierte verwundert: »Ich verstehe nicht, warum du das Wort ›schuld‹ in diesem Zusammenhang verwendest. Dieses Wort deutet immer auf einen Rechtsanspruch oder gar auf einen Vorwurf hin. Wenn du so denkst, dann frage ich dich: *Wer* schuldet dir den Erfolg? Sind es deine Eltern, ist es dein Verein, dein Trainer, sind es die Leute, die die Auswahlwettkämpfe durchführen, oder bist du es vielleicht selbst? Denk doch mal darüber nach.«

Der junge Mann überlegte sich das eine ganze Weile, dann sagte er: »Ich kann das nicht auseinanderhalten. Ich sehe ja ein, weiß, daß mich niemand daran hindern will, noch besser zu sein. Und doch habe ich irgendwie in mir ein vorwurfsvolles Gefühl, obwohl ich niemandem einen Vorwurf machen kann, nicht einmal mir selbst, denn ich meine, mir einbilden zu können, ich hätte alles mir Mögliche versucht. Mein Körper gibt einfach nicht mehr her. Ich bin so geworden, wie ich bin. Niemand ist schuld oder die ganze Welt, alle miteinander.« Der ehemalige Olympiasieger war anscheinend auf diese Reaktion vorbereitet: »Siehst du, zu dieser Einsicht wollte ich dich bringen. Du suchst einen Partner für dein Selbstmitleid und findest keinen. Du hast Schwierigkeiten, dich damit abzufinden, daß du mit deinem Willen die Welt und dich selbst nicht ändern kannst. Du spürst eine Macht über dir, die dich daran hindert. – Ich selbst habe einmal etwas Ähnliches erlebt, wenn auch vielleicht mit umgekehrtem Vorzeichen. Als ich seinerzeit mit der Medaille nach Hause kam, wurde ich von allen bewundert, so etwa mit diesen Worten: Das hast du fein gemacht, das verdankst du deinem unermüdlichen Training, deiner Willenskraft, deinen guten Nerven, deiner guten Kondition usw. Wir danken dir, daß du unserem Verein diese Ehre verschafft hast. Überall, natürlich auch in Zeitungen wurde mein Lob gesungen. Ich konnte mich vor Einladungen kaum mehr retten. Doch mir wurde bei diesen Lobhudeleien immer unbehaglicher zumute. Ich fragte mich ähnlich wie du, nur, wie gesagt, umgekehrt: Wenn die Leute den Vereinsruhm angeblich mir verdanken, wem verdanke dann ich ihn? Mir fiel damals das Wort ein: Ich will und kann doch kein Selbstverdanker sein. Ich habe alles nur so gemacht, wie ich es konnte und mußte. Wurde ich denn nicht sogar irgendwie dahin geführt? Als ich dann zu einem sagte: ›Weil ich der Mensch bin, der ich bin und sein will, muß ich der sein, der ich sein muß‹, blickte der mich nur ein bißchen komisch an und sagte, diese Feststellung sei entweder eine Banalität, oder er verstehe nicht, was ich damit sagen wolle. Ich merkte, daß ich mit dieser Argumentation nicht weiterkam und sagte dann nichts mehr, sondern verlegte mich aufs Nachdenken. Ich spürte, daß alles, was mir gelang oder mißlang, das Ende einer unendlich langen Ursachenkette war, die längst vor meiner Geburt, ja vielleicht am Anfang der Welt beginnen mußte. Meine Herkunft, meine Eltern, meine Schulzeit, aber auch sonst fast alles, was auf der Welt je geschehen war, konnte direkt oder indirekt mein Wesen, mein Schicksal, mein Verhalten beeinflußt haben. Der ganze Kosmos muß irgendwie auf mich eingewirkt haben und jetzt noch in einer mir unerklärlichen Weise mein Verhalten bestimmen. Ob das nun alles Zufälle waren oder ob ein Sinn über ihnen lag, wußte ich nicht. Ich war mir nur über eines klar: Meine subjektiven Möglichkeiten, dieses Ursachennetz zu beeinflussen, waren viel geringer, als ich zunächst angenommen hatte. Je mehr ich darüber nachdachte, um so mehr spürte ich mit immer größerer Gewißheit, daß ich mir also entweder gar nichts oder in einem anderen Sinne vielleicht doch alles zu verdanken habe und daß zwischen beiden Extremen möglicherweise kein Unterschied bestehe. Ich sage es noch einmal, jetzt mit etwas anderen Worten: Weil ich der Mensch sein will, der ich geworden bin, entspricht alles, was ich tun kann und muß, aber auch alles, was mir von außen her geschieht, meinem Wesen, zu dem ich mich bekenne. – Da plötzlich fiel mir ein, ich könnte ja einmal versuchsweise für alles, was mich und andere auf diese Weise bestimmt, das Wort Gott einsetzen, denn dann würde sich die Frage nach dem Zufall von selbst erledigen. Dann wüßte ich auch, wem ich mich zu verdanken habe und wem ich eventuell auch etwas klagen kann, wenn ich spüre, daß ich etwas anderes will als er. Ich weiß dann auch, wen ich um etwas bitten kann. Zunächst war das für mich nur eine Hypothese. Aber mit ihr gelang es mir zunehmend, dem Unbegreiflichen in der großen Ursachenkette etwas näherzukommen. Das Wort Ursachenkette ist nicht gut gewählt, es sind Ursachen, die nicht linear, sondern netzförmig oder, noch besser gesagt, feldförmig, gewissermaßen als Ursachenwolken aufeinander einwirken. Ich konnte so allmählich ein Gespür dafür entwickeln, wie ich auf das Unspürbare reagierte. Der paradoxe Begriff: ›Gespür für das Unspürbare‹ half mir weiter. Nicht daß ich es mit ihm zu weiteren Triumphen gebracht hätte, im Gegenteil, ich mußte eines Tages einsehen, daß ich meine Grenze erreicht hatte. Trotz meiner zeitweisen Erfolge zeigte mir dieses Gespür, wie ich mit dem Stagnieren und allmählichen Ende meiner Sportkarriere zurechtkommen konnte.«

Der junge Sportler schien nach diesem Bekenntnis seines älteren Freundes etwas enttäuscht zu sein. Er meinte, vielleicht hätte er es mit einem anderen Trainer schaffen können. Doch der Ältere ließ sich durch diesen Einwand nicht aus dem Konzept bringen: »Der Trainer, den du hattest, war ein Teil des dir vorgegebenen Schicksals, du kannst ihn im nachhinein nicht mehr austauschen. Was dir in Zukunft gelingen oder mißlingen wird, verdankst du dem mit deinem Ich unlösbar verbundenen Geschick aus dem Weltganzen, für das ich in diesem Zusammenhang das Wort Gott gewählt habe. Du kannst ja versuchen, wenn du willst, dafür ein anderes Wort zu finden. Nur eines solltest du nicht, nämlich meinen, du könntest den Erfolg allein dir selbst verdanken, den Mißerfolg jedoch anderen in die Schuhe schieben. Erfolg und Mißerfolg kommen aus deinem Inneren, das auf unerklärliche Weise mit dem Weltganzen verbunden ist.«

Soweit die Geschichte des jungen Mannes, der später zwar nicht als Sportler, jedoch als Geschäftsmann ziemlich erfolgreich wurde. – Den geistigen Inhalt dieser Geschichte verdanke ich zu einem Teil Schellings Schrift: »Über das Wesen der menschlichen Freiheit und die damit zusammenhängenden Gegenstände« (1809).

Unter den vielerlei Grenzen, die unser Denken umgeben, spielt die zwischen Fremdverdankung und Selbstverdankung eine große, aber überflüssige und oft unheilvolle Rolle. Denn diese Grenze ist bei genauerem Hinsehen nirgends zu finden, weil es dem Menschen nie gelingen kann, sein wirklich eigenes Wollen und Verhalten aus den unendlich vielen Ursachenketten, die es bestimmen, herauszulösen. Schelling sagte in seiner Freiheitsschrift: »Wollen ist Ursein«[1], wir sind also aus der Zeitlosigkeit heraus bestimmt. Wem Hilfe von anderen zuteil wird, der verdankt auch diese zunächst seinem eigenen Wesen, dieses aber folgt aus seinem »Ursein«, seinem außerhalb der Zeit angelegten Ich, das etwas anderes ist, als eine Summe von Erbfaktoren, Umweltprägungen, vordergründigen Wünschen und Bewußtseinsinhalten. Wer kein Selbstverdanker sein will, muß die Hilfe, die über sein Inneres auf ihn zukommt, einer Macht verdanken, die nicht identisch ist mit dem, was der zitierte Minister für seine »eigene Kompetenz« hält. Die Möglichkeit, bei einem Eid an die Hilfe Gottes zu appellieren, müßte daher nicht unbedingt als religiöses Bekenntnis verstanden werden, es genügte, hierin die Einsicht zu erkennen, daß der Mensch auch auf die Hilfe angewiesen ist, die sich nicht in aufzählbaren Fakten darstellen läßt. Wer auf sein eigenes Segel pustet, verbraucht zwar Kraft, aber sein Boot rührt sich nicht von der Stelle. Der Windhauch, das, was die Griechen »pneuma« nannten, war für sie zugleich das Wort für Geist, also etwas, was der Mensch nicht selbst erzeugen kann, was ihn jedoch bewegt.

[1] Bd. 4, S. 242

Wenn es Brot regnet und Goldstücke im Wald liegen

Religion als Brotersatz oder Opium

Eine Zeitungsmeldung von 1998: Fast zehn Tage nach einem Grubenunglück in der Steiermark wird ein verschütteter Bergmann gerettet. In einem ersten Interview nach seiner Befreiung aus dem Schacht sagt er: »Es ist ein wunderbares Gefühl, wieder zu leben.« Das seien seine ersten Gefühle gewesen, als er wieder an der Oberfläche war. Der Glaube an Gott habe ihm die Kraft gegeben, neuneinhalb Tage ohne Wasser und Nahrung in sechzig Meter Tiefe zu überleben. – Der Gerettete sagte also nicht, *Gott* habe ihm die Kraft gegeben, sondern der *Glaube* an Gott, er sagte auch nicht, Gott habe ihn errettet.

Solche Unterschiede machte übrigens schon Jesus, wenn er sagte: »Dein Glaube hat dich gesund gemacht.« (Markus 5, 34) Jesus sagte nicht: »Ich habe dich gesund gemacht«, oder: »Gott hat es getan.« Der Glaube ist also das unerläßliche Bindeglied zwischen Gott und dem Menschen. Er hat eine eigene geistige Substanz. Glaube ist jedoch nicht ein umgangssprachliches Fürwahrhalten, sondern er ist in diesem Zusammenhang etwas völlig anderes, er ist weniger und mehr zugleich. Er ist zunächst nur die Bereitschaft, die Aufgeschlossenheit, Gott in sich und der Welt zu akzeptieren. Alles andere kommt von selbst. Glaube ist Ausgangspunkt und Ziel in einem.

Kann der persönliche, der gefundene Gott einem einzelnen Menschen im Überlebenskampf helfen? Die Überschreitung von Grenzen, die die Materie in unseren Vorstellungen setzt, ist im Neuen Testament kein Problem.

An dem Entstehen von Brot aus dem Nichts und von Wein aus Wasser bestehen, wenn man das alles als einen rein materiellen Vorgang bezeichnet, aus unserer heutigen natürlichen Sicht doch erhebliche Zweifel; an solche Wunder wird normalerweise nicht mehr geglaubt. Abgesehen davon sind solche Geschichten schon aus der ägyptischen Mythologie überliefert. Wenn aber, wie es der Evangelist Johannes voraussetzt, sogar ein Mensch aus dem Wort (Logos) entstehen kann und man versucht, diese Art von Sprache und Denken zu verstehen, dann schwindet die Grenze zwischen Geist und Materie. Der aus dem ewigen Geist entstehende Mensch, der ihn verkörpert, von ihm inspiriert ist, ist zwar auch ein Wunder, diesen Übergang von Geist in Materie können wir jedoch noch eher nachvollziehen. Aber ist damit nicht schon eine Grenze überwunden?

Für uns heute ist die klare Trennung zwischen geistigen und materiellen Vorgängen etwas Selbstverständliches. Was das abstrakte Sein eines Brotlaibs ist, weiß jeder. Satt machen kann er uns nur, wenn wir ihn als seienden Laib körperlich in Händen halten. Heben wir aber die ontologische Unterscheidung zwischen dem Sein und dem Seienden auf, dann verschwindet der Unterschied zwischen dem Wasser aus dem Brunnen und dem Wasser des Lebens. Johannes stellt Jesus als Mißachter und Überwinder der Ontologie dar. Sein Jesus kümmert sich nicht um materielle Grenzen und Gesetze, weil erst der Geist die Materie zu dem macht, was wir als Materie erkennen. Dabei entsteht die Frage: Wer als Dürstender in der Grube eingeschlossen ist, würde doch gerne, zumindest vorübergehend, auf das Wasser des Lebens verzichten und sich mit ordinärem Trinkwasser begnügen. Aber vielleicht ist auch diese so vordergründige wie einleuchtende Feststellung nicht ganz so selbstverständlich, wie sie zunächst erscheint.

Über den Umgang mit der Not möchte ich eine Geschichte erzählen, die sich um die Mitte des 19. Jahrhunderts in der Familie meines Ur-Urgroßvaters Reichert (Richard) Lauxmann (1803–1867) zugetragen hat. Der war gelernter Stricker und betrieb sein ärmliches Handwerk in Schönaich, einem Dorf im Schönbuch südlich von Stuttgart. Er mußte mit seinen selbstgestrickten Strümpfen am frühesten Morgen zu Fuß nach Stuttgart auf den Markt wandern und kam erst in der Nacht wieder zurück, manchmal ohne mehr Geld eingenommen zu haben, als ihn die Wolle gekostet hatte. Als dann Ende der vierziger Jahre des 19. Jahrhunderts die Kartoffelkrankheit ausbrach und das Hauptnahrungsmittel noch vor der Ernte im Boden verfaulte, war überall im Land große Not. In Berlin und anderswo in Deutschland waren die gewaltig gestiegenen Kartoffelpreise 1847 einer der Auslöser für Aufstände und schließlich für die Revolution 1848.

Da Reichert mit dem Aufkommen der Strumpfweberei vom Stricken nicht mehr leben konnte, verlegte er sich auf die Baumwollweberei. Um sich einen Webstuhl anzuschaffen, hatte er sich verschulden müssen. Dabei wurde er jedoch nicht selbständig, denn er arbeitete in Heimarbeit für einen Fabrikanten. Als dieser in Konkurs ging, wurde Reichert alles weggepfändet, auch konnte er nirgends mehr Arbeit finden. Die Familie stand buchstäblich vor dem Verhungern. Betteln außerhalb des eigenen Dorfes war streng verboten, und im Dorf selbst waren alle arm. 1853 starb Agnes (meine Ur-Urgroßmutter) mit dreiundvierzig Jahren. Sie hatte neun Kinder geboren, von denen noch sieben lebten, das jüngste war gerade zehn Monate alt.

Im Sommer zuvor, als die Mutter schon schwer an einer Herzkrankheit leidend mit dem Tode rang und der Vater, vergeblich nach Arbeit suchend, große Wanderungen im

weiten Umland unternahm, fand einer seiner Söhne im Wald einige runde Metallstückchen, in denen er »Sonnenschüsselchen« sah. Der Bub trug sie in der Hosentasche mit sich herum und spielte gelegentlich mit ihnen. Man stellte aber bald fest, daß es sich um alte Münzen handelte. Der Vater ließ sich die Stelle zeigen und grub nach. Dabei entdeckte er eine zerborstene Urne aus Ton und noch einige weitere Münzen, teilweise aus Silber, eine sogar aus Gold. Wie sich herausstellte, handelte es sich um keltische Münzen, und er konnte dafür acht Gulden erlösen, das war zwar weniger als der Metallwert, aber für ihn bedeutete es eine Hilfe in der Not. Dieser keltische Münzschatz ist übrigens heute noch im Württembergischen Landesmuseum zu Stuttgart ausgestellt. In einem Brief an seinen ältesten Sohn (meinen Urgroßvater) beschrieb der Stricker am 1. Juli 1852 die Geschichte dieses Fundes: »Jedoch danckten wir dem lieben Gott, daß er uns in dieser Beziehung geholfen hatte, indem er hier aus harten Steinen Brod und Arznei zur Erquickung gab, und immer wahr bleibt das Wort: ›Ich will dich nicht verlassen noch versäumen.‹ Denn wer hätte in solchem harten Wege etwas suchen wollen, wenn Er es nicht selbst gezeigt hätte ...«
Da die Briefe des Strickers an seinen Sohn aus dieser Zeit (1848–1852) erhalten sind, wissen wir, daß er als frommer Pietist nie auf den Gedanken gekommen wäre, seine Not öffentlich zu demonstrieren. Im Gegenteil, er bangte um die ebenso fromme Gesinnung seines als Seminarist im Kloster Schöntal lebenden Sohnes. Liest man heute diese Briefe in ihrer vollkommenen Gottergebenheit, dann wird einem klar, daß man solche Menschen wie den Stricker und Weber zu keinem Aufstand hätte führen können, wie seine schlesischen Kollegen wenige Jahre zuvor in Peterswaldau und Langenbielau. Vielleicht hat die Haltung solcher Menschen, wie mein Ur-Urgroßvater einer war, Karl

Marx zu dem berühmten Satz veranlaßt, die Religion sei das »Opium des Volkes«. Aber in den Briefen aus Schönaich kann man immer wieder erkennen, in welcher Weise der Glaube nicht als Opium, sondern als eine das eher klägliche als tägliche Brot um so reichhaltiger ergänzende geistige Grundnahrung empfunden wurde. In allen Briefen kam seine innere Zufriedenheit zum Ausdruck, wohl ein Beschreiben der Not, nie jedoch ein Klagen und Jammern oder gar Protestieren. Seine Haltung kann man ganz einfach erklären: Wenn das Glück von Gott kam, dann mußte auch das Unglück von ihm kommen. Wenn man darüber klagt, so müßte man ja Gott anklagen. Doch dies steht dem Menschen nicht zu, also nimmt der sein Geschick gelassen auf sich.
Wie könnte man diese Einstellung heute charakterisieren? Kommt da nicht auch bei denen, die keine Anhänger von Karl Marx sind, der Verdacht auf, die Obrigkeit habe mit der religiösen Ergebenheit ihrer kleinen und kleingehaltenen Bürger Schindluder getrieben; man habe ihre Religion als Mittel der Ausbeutung mißbraucht und sich so den gerechten Volkszorn vom Leibe gehalten? So kann man es zwar sehen, muß es jedoch nicht verallgemeinern. Wenn man die öffentlichen Bauten zumindest jener Zeit betrachtet, wird man selten großen Luxus entdecken. Weite Regionen Deutschlands waren damals trotz beginnender Industrialisierung auf dem wirtschaftlichen Stand eines heutigen Entwicklungslandes. Und die religiöse Ergebenheit beruhte auf einer langen, von Generation zu Generation weitergegebenen und erneuerten Erfahrung. Im übrigen fehlte den Menschen damals keineswegs das Selbstbewußtsein. Sie wußten, was sie wollten und konnten. Sie verlangten viel von ihrem Glauben und bekamen es. Zu dem kärglichen Brot erwarben sie sich reiche geistige Gaben, so empfanden sie es jedenfalls. Und vielleicht kann man dem hinzufügen, es ist nicht unsere Aufgabe,

heute über den Gemütszustand unserer Vorväter zu richten, um etwa zu sagen, sie seien doch nur verblendet gewesen. Was wirklich zählt, sind ihre eigenen Gefühle und Bekundungen, nicht unsere. Auch soweit wir heute anders denken, haben wir kein Recht, früheren Generationen vorzuschreiben, wie sie hätten denken sollen. Interessanter, aber auch unbequemer ist es, sich zu überlegen, welcher Zeitgeist uns heute beherrscht und wie spätere Generationen über uns denken könnten.
Die Frage, mit welcher geistigen Zusatznahrung man leben muß, um Not und Gefahr zu bewältigen, ist so alt wie die menschliche Kultur. Ein frühes Beispiel findet sich in der Geschichte von Mose. Als das Volk Israel auf der Wanderung von Ägypten nach Palästina durch die Wüste zog, herrschte Hunger. Die Unzufriedenheit wurde täglich größer, und es drohte ein Aufstand gegen die Anführer Mose und dessen Bruder Aaron. Man machte ihnen bittere Vorwürfe: »In Ägypten saßen wir an den Fleischtöpfen, aber hier müssen wir verhungern!« Da geschah ein Wunder. Es regnete »Brot« vom Himmel. – Es war natürlich kein Brot, sondern, wie wir heute annehmen, eine Art Honigersatz, nämlich die süßen Ausscheidungen einer Schildlaus, die man verzehren konnte. Sie nannten es Manna. Es kam ihnen so vor, als sei dieses Manna wunderbarerweise als Brot vom Himmel geregnet. (2. Mose 16, 4)
Das himmlische Manna und die gefundenen Münzen haben für uns heute eine ganz natürliche Ursache: Der Keltenfürst auf der Flucht vor den Sueven, die plötzliche Vermehrung der Läuse in der Wüste. Für die Menschen, die sich in andere, weit über die Natur hinausgehende Bindungen und Zusammenhänge eingefügt wissen, kommen diese Wohltaten aus jenseitiger Quelle. Für sie stehen die natürlichen Zufälle im Dienst des Weltenplans. Und Mose konnte daher sagen: »Der Mensch lebt nicht vom

Brot allein, sondern auch von anderen Gaben, die von Gott kommen.« (5. Mose 8, 3) Aus diesen anderen, eßbaren Gaben wurden später auch geistige. Nachdem Jesus vierzig Tage (freiwillig) in der Wüste gefastet hatte und der Teufel ihm empfahl, doch einfach die herumliegenden Steine in Brot zu verzaubern, zitierte Jesus seinen Mose ziemlich frei: »Der Mensch lebt nicht vom Brot allein, sondern von einem jeglichen Wort, das durch den Mund Gottes geht.« (Matth. 4, 4) Aus dem einstigen »Manna« ist jetzt das »Wort« geworden. Jesus verzichtet also auf die materielle Verwandlung und weist darauf hin, daß dem Menschen geistige Nahrung zum Leben ebenso wichtig sei wie körperliche. Mit der von ihm gemeinten geistigen Nahrung kann man bis zu einer gewissen natürlichen Grenze Hunger- und Notzeiten schadlos überstehen, aber man muß eben bereit sein, sich der Natur und den Zwängen zu ergeben und Beistand aus einer übernatürlichen Quelle erwarten.
Zwar gibt es für diese Haltung in der Geschichte unzählige Beispiele, doch ist diese Moral natürlich und dem Menschen angemessen? Wenn nämlich ein Mensch nicht aus langer Tradition rechtzeitig gelernt hat, solche Erfahrungen und Empfehlungen zu verinnerlichen, dann gilt die viel leichter durchschau- und erfahrbare Ur-Moral. Sie wurde von Bertolt Brecht treffend gekennzeichnet, wenn er in seiner Dreigroschenoper den Macky Messer singen läßt:

»Denn wovon lebt der Mensch? Indem er stündlich
Den Menschen peinigt, auszieht, anfällt, abwürgt und frißt.
Nur dadurch lebt der Mensch, daß er so gründlich
Vergessen kann, daß er ein Mensch doch ist.
Ihr Herren, bildet euch nur da nichts ein:
Der Mensch lebt nur von Missetat allein.«

Hier steht nun also Aussage gegen Aussage. Wer hat recht: Jesus oder Brechts Macheath? Dabei muß man dem Macky immerhin bescheinigen, daß er gar nicht so unmoralisch ist, wie er tut. Vermutlich ist da Bertolt Brecht beim Texten doch ein moralischer Vorbehalt in die Feder geflossen. Konsequent wäre es nämlich gewesen, wenn Macky *seine* Moral unkommentiert als die richtige und natürliche dargestellt hätte und sonst nichts. Aber was tut Brecht? Er läßt sagen, ein solcher Mensch vergesse, ein Mensch zu sein und lebe von Missetat. Also ist das, wovon der Räuberhauptmann lebt, nach seinen eigenen Worten unmenschlich und sündhaft. Macky Messer hat, ganz im Gegensatz zu der Rolle, die er spielt, anscheinend doch so etwas ähnliches wie ein schlechtes Gewissen, eine Art schlecht unterdrückter Restmoral.
Eine Frage, die über dem Song steht, ist aber immer noch ungelöst:

»Erst kommt das Fressen, dann kommt die Moral.
Erst muß es möglich sein, auch armen Leuten
Vom großen Brotlaib sich ihr Teil zu schneiden.«

Macky behauptet also gerade das Gegenteil von denen, die ihr Selbstbewußtsein, ihren Glauben, ihre Moral für wichtiger gehalten haben als das Fressen. Für dieses Grundproblem der Ethik gibt es keine eindeutige Lösung. Fortbestand und Fortschritt einer Gesellschaft werden durch gegenläufige Kräfte bestimmt. Einerseits von denen, die hungern können, ohne Mut und Glauben zu verlieren, und andererseits von denen, die durch ihre Revolte versuchen, die soziale Ungerechtigkeit zu mindern. Man braucht sie beide. Dabei kann sich herausstellen, daß diejenigen am ehesten etwas ändern können, die uneigennützig vorgehen und es gelernt haben, im Kampf um Gerechtigkeit mit Geduld, Entbehrungen und Rückschlägen zu leben. Es geht um Menschen, die auch im Protest nicht vergessen, daß sie noch Menschen sind und es auch bleiben möchten. Dies ist übrigens ein Thema, das Albert Camus, der selbst nicht an Gott glaubte, in seinen Werken immer wieder in den Mittelpunkt stellte.

Der sich auf Gott verlassende Mensch verlangt von seinem Glauben nicht unmittelbar eine göttliche Gegenleistung im Sinne von »biete Glaube, erwarte Wohlstand«. Allerdings wurde und wird ein solcher Handel immer versucht. Es gibt jedoch auch andere Erwartungen. So erhofft sich der Mensch, ob er nun darum bittet oder nicht, von seiner Religion unter anderem folgende schon im Diesseits feststellbare Wohltaten: Liebe, Freude am geistigen Leben, Hoffnung, Sinn, Leidensfähigkeit, Geborgenheit in der Zeitlosigkeit, Befreiung von drückenden Schuldgefühlen, Einsicht in den Urgrund der Welt, Gemeinschaft mit Menschen, Verbundenheit mit sichtbaren und unsichtbaren Erscheinungen der gesamten Welt usw. Eine Religion, die diese Hoffnungen nicht wenigstens zu einem Teil in einer für die jeweiligen Zeitgenossen auf der Erde spürbaren Weise erfüllt, muß vertrocknen und früher oder später absterben.

Dem Handwerksmann aus Schönaich haben diese Gaben nicht gefehlt. Er hatte bis zu seinem Lebensende mit vierundsechzig Jahren immer das Gefühl der Geborgenheit und der Erfüllung gehabt, ohne sein Schicksal zu beklagen. Er konnte teilweise noch beobachten, wie seine Kinder ihr Leben meisterten. Die Überwindung der ontologischen Trennung zwischen dem Sein und dem Seienden erscheint unserem gewohnten und nüchternen Denken als absurd. Aber es wäre des Nachdenkens wert, ob wir da nicht einer Denkblockade auf der Spur sind, deren Überwindung uns neue bzw. alte Einsichten vermitteln könnte. Zeugnisse von Menschen, denen das Wasser des Lebens in

Krisensituationen mehr geholfen hat als das Wasser aus dem Brunnen, gibt es zur Genüge. Vor allem waren sie immer in der Lage, Ereignisse aus der Zeitlosigkeit in ihre Gegenwart einzubeziehen und somit von einem Reichtum zu zehren, den ihnen niemand streitig macht.

Wie Rembrandt die Zeit überbrückte

Die Vergegenwärtigung zeitloser Geschichten und Mythen

Als die Schule aus war, an einem herbstlichen Nachmittag, fühlte ich mich schlapp und müde; aber ich hatte ja noch den Heimweg vor mir, der mich durch den Wald hoch über der Stadt Calw, durch das Rötelbachtal und dann über das Städtchen Zavelstein führte, von wo aus es wieder ins Teinachtal hinunterging. Menschen sind mir auf diesem Pfad durch den Wald so gut wie nie begegnet. In der Mitte des Wegs, kurz hinter dem Anstieg aus dem Rötelbachtal, fühlte ich mich so elend, daß ich den Schulranzen vom Rücken nahm und mich an einen Baum setzte. Als ich wieder erwachte, war es finster im Wald. Eine Uhr hatte ich damals noch nicht. Mich ergriff eine Panik, denn ich wußte zunächst eine Weile nicht, wo ich war und wie lange ich geschlafen hatte. Irgendwie war die Zeit weg. Mir gingen Märchen durch den Kopf: von Menschen, die Ort und Tag verloren hatten und zu ferner Zeit in einer fremden Welt wieder erwachten, womöglich noch als ein anderer Mensch. War mir das geschehen? War ich noch ich? – Nach kurzer Zeit konnte ich mich dann aber doch wieder orientieren und schleppte mich den restlichen Weg nach Hause, wo meine Mutter feststellte, daß ich Fieber hatte und mich sofort ins Bett schickte.

Dieses Erlebnis, das ja eigentlich keines war, kam mir wieder in den Sinn, als ich mir überlegte, ob unsere funkuhrgesteuerte Zeitgenauigkeit das einzige ist, was uns von der Zeit noch angeht. Gibt es nur die Zeit, die uns gnadenlos mitreißt, oder gibt es auch eine Zeit, die nicht der

Uhr entlangläuft, sondern, von sich selbst befreit, im Zeitraum pendelt?

Die Überzeitlichkeit ist für Augustinus ein Attribut Gottes: »Du gehst allem Vergangenen vorauf in der Erhabenheit der immer gegenwärtigen Ewigkeit (...) Denn dein heutiger Tag weicht nicht dem morgigen, folgt auch nicht dem gestrigen. Dein heutiger Tag ist die Ewigkeit.«[1] Ähnlich hatte es ja schon der Psalmist gesagt: »Tausend Jahre sind vor dir wie der Tag, der gestern vergangen ist.« (Psalm 90, 4) Die Zeitaufgehobenheit erscheint auch in Märchen immer wieder, und die hundert Jahre hinter Dornen, während die Kuchen im Ofen bleiben, sind nur ein Beispiel für einen menschlichen Urmythos, der die Zeit auf vielerlei Weise in Frage stellt.

Während im Märchen außerhalb der Zeit die Welt bestehen bleibt, müssen wir nach heutigen Erkenntnissen davon ausgehen, daß ohne Zeit weder Materie noch Raum stattfinden können. Wo es weder Raum noch Zeit gibt, ist der Größenunterschied zwischen einer Galaxie und einer Laus kein Argument mehr. Selbst die Winzigkeit des Menschen im Kosmos ist dort, wo Vergleiche zusammenbrechen, gegenstandslos. Aus ihr ergibt sich kein Hinweis auf die Verlorenheit des Individuums in der Unendlichkeit des Raums. Nicht einmal der zeitliche Abstand zwischen Urknall und dem Zusammenbruch unseres gesamten Weltalls sind dann noch von Bedeutung. Für ein zeitloses Wesen ist dieser Abstand nicht größer als eine Weltreise mit dem Auge über einen Zeitglobus. Wenn ich mich in Gedanken auf den Stern Sirius im Großen Hund einstelle, bin ich sofort da oben auf unserem Nachbarstern und kann die acht Lichtjahre Entfernung in einer logischen Sekunde überwinden. Andererseits bleiben die Abläufe zwischen der vergangenen Sekunde und der nächsten im Mantel der Ewigkeit ein bleibender, unveränderlicher Teil des Universums. So verstanden (oder nicht zu verstehen) erscheint die manche Fundamentalisten immer noch beschäftigende Frage, ob die Schöpfung ein paar Tage oder ein paar Milliarden Jahre gedauert hat, geradezu lächerlich. Wenn die Welt im Wirbel der Elementarteilchen jeden Augenblick zerfällt und neu entsteht, dann wäre ja schon eine Sekunde eine unendlich lange Zeit. Hörte die Zeit auf, bliebe nichts zurück, was wir zählen, messen und vergleichen können: keine Entfernung, keine Materie. Welt und Zeit schaffen und bedingen sich gegenseitig.

Gibt es eine Überwindung der Zeitgrenze? Ist der Sprung aus der durch die allgemeine Relativitätstheorie eingegrenzten Welt denkbar? Der Blick aus dem Universum hinaus, könnte der je gelingen? Darüber haben sich nicht nur Einstein und manche seiner Kollegen und Nachfolger wie z. B. Stephen Hawking Gedanken gemacht. Es gibt auch aus neuester Zeit Spekulationen von Denkern ganz verschiedener geistiger Herkunft über dieses Thema. Dafür stehen hier fünf beispielhafte Thesen von Menschen, die versuchen, die herkömmlichen Denkgrenzen ihrer angestammten Naturwissenschaft zu überschreiten, ohne sich um die gerümpften Nasen ihrer Kollegen zu kümmern, die sich eben auf diese Grenze berufen.

1. Der kanadische Physiker F. David Peat vergleicht das Universum mit einem Glockenturm, dem ständig neue Glocken hinzugefügt werden, was zu einer Zeit führe, die aus etwas bisher nicht Vorhandenem entstehe.[2]

2. Der amerikanische Physiker Frank U. Tipler verfaßte ein Werk über die »Physik der Unsterblichkeit« (1994). Darin behauptet er, anstelle des biologischen Menschen könnten die von ihm geschaffenen Informationsstrukturen bis ans Weltende bestehen bleiben.

3. Der englische Biochemiker Rupert Sheldrake schrieb in seinem Buch »Die Wiedergeburt der Natur« (1991): »Der Energiestrom, von dem Ihr Körper und Ihr Gehirn

in eben diesem Augenblick abhängen, ist ein Teil des kosmischen Stroms, und Ihre Energie wird weiterfließen, wenn Sie tot sind, und immer neue Formen annehmen.«[3]

4. Der aus Österreich stammende amerikanische Physiker Fritjof Capra versuchte in seinem Werk »Das Tao der Physik« (1975) anhand kernphysikalischer Phänomene die »Konvergenz von westlicher Wissenschaft und östlicher Philosophie« darzustellen. Er weist darauf hin, daß unser (nichtmaterielles) Bewußtsein ein wesentlicher Aspekt des (materiellen) Universums sein könnte.[4]

5. Der amerikanische Biochemiker und Philosoph Ken Wilber schreibt in seinem Werk »Eros, Kosmos, Logos« (1995) von der Leere, in der alle Widersprüche gelöst werden, vom leeren Grund, dem Zeit und Raum und die ewig sich fortsetzenden Schuldverschreibungen nichts anhaben, der sie aber alle umfängt.[5]

Das Thema »Zeit außerhalb der Zeit« ist also noch längst nicht erledigt; was die Vorausdenker jedoch vorweisen können, sind zunächst noch überwiegend gewagte Spekulationen. Es sind Träume von einer anderen Universalwissenschaft für eine andere Zeit. Mit der Aufhebung von Zeit und Raum kann man sich auf philosophischem wie auf naturwissenschaftlichem Wege befassen und mag darauf vertrauen, daß eines Tages beide Erkenntnisweisen auf höherer Ebene zusammenfließen werden.

Den von einer teilweise noch »alternativen« Naturwissenschaft ausgehenden Überlegungen zu Zeit und Raum gehen die religiösen weit voraus. Für den dänischen Philosophen und Theologen Sören Kierkegaard (1813–1855) war Christus eine »höchst unhistorische Person«. Er sagte, dem Absoluten gegenüber gibt es nur eine Zeit: die Gegenwart. »Wer mit dem Absoluten nicht gleichzeitig ist, für den ist es gar nicht da. Und da Christus das Absolute ist, so kann man leicht einsehen, daß es im Verhältnis zu ihm nur eine einzige Situation gibt: die der Gleichzeitigkeit; die 300, 700, die 1500 und 1800 Jahre bedeuten dabei nicht das geringste und verändern ihn nicht, offenbar auch nicht, wer er gewesen ist; denn was er ist, das ist nur dem Glauben offenbar.«[6]

Die zu Kierkegaards Zeit beginnenden Versuche, die historische Persönlichkeit Jesu mit geradezu kriminalistischen Mitteln hinter allen Zutaten zu erkennen und alle Übermalungen von ihm herunterzubürsten, um das Original freizulegen, sind die eine Seite. Ihm dagegen kam es auf etwas ganz anderes an: »Das Vergangene ist nicht Wirklichkeit: für mich; nur das Gleichzeitige ist Wirklichkeit für mich. Das, womit du gleichzeitig bist, ist Wirklichkeit: für dich.«[7] Damit bekannte er sich, ohne das Wort zu erwähnen, zu einer mythologischen Betrachtungsweise.

Die aufgehobene und damit auch jederzeit umkehrbare Zeit und die Gleichzeitigkeit mit Christus sind ein Phänomen, das seit Augustinus in Architektur, Kunst, Musik und Dichtung immer wieder Wirklichkeit geworden ist. Das läßt sich an Beispielen zeigen. In seinem Lied »O Haupt voll Blut und Wunden« hat Paul Gerhardt (1656) die Unterscheidung zwischen dem Einst des historischen Passionsgeschehens und dem Jetzt seiner Gegenwart aufgehoben:

»Nun was du, Herr, erduldet,
Ist alles meine Last,
Ich hab es selbst verschuldet,
Was du getragen hast …

Ich will hier bei dir stehen,
Verachte mich doch nicht!
Von dir will ich nicht gehen,
Wann mir dein Herze bricht.«

Dieses Prinzip der Zeitaufgehobenheit hat Bach in seinen Passionsmusiken durchweg eingehalten. Die Choräle und Arien machen das als Rezitativ vorgetragene biblische Geschehen zum aktuellen Bestandteil der menschlichen Existenz in einer zeitlosen Gegenwart. Die geschilderten Ereignisse vergehen nicht, sie bleiben stehen und können dadurch ohne Vermittlung einer geschichtlichen Kausalkette in jede Gegenwart hineingezogen werden. Aber diese Aufhebung der Geschichte ist kein objektiv gegebener Umstand, sie muß vom einzelnen Zuhörer oder Betrachter selbst besorgt werden, wozu ihn Dichter, Komponisten, Maler nur anleiten können. Kunst vermittelt den (zumindest vorübergehenden) Einstieg in die Zeitlosigkeit. Wo sie das nicht kann, bleibt sie Dekoration.

Wie die Kunst Brücken über den Zeitfluß bauen kann, das hat auch Rembrandt gezeigt. Um 1633 schuf der damals etwa Siebenundzwanzigjährige Passionsbilder, die heute in der Alten Pinakothek in München zu sehen sind. Der hier gezeigte Ausschnitt aus dem Bild »Kreuzerrichtung« stammt aus einer Radierung von Carl Ernst Christoph Heß (1755–1828), der Rembrandts Gemälde ziemlich naturgetreu, wenn auch notgedrungen seitenverkehrt abkupferte. Eine Gestalt steht genau in der Mitte der Komposition. Dies ist niemand anderes als Rembrandt, der Maler selbst. Er zeigt hier seine ganz persönliche, gegenwärtige Betroffenheit durch das von ihm dargestellte zeitlose Geschehen. Er scheint auszudrücken: Was hier passiert, das ist meine Gegenwart und die Gegenwart aller Zeiten. Allerdings läßt er wohl ganz bewußt nicht erkennen: Hilft er bei der Kreuzerrichtung oder will er sie verhindern? Er hält das Kreuz mit beiden Armen umfangen, aber sein Verhalten ist zweideutig. Vielleicht wollte Rembrandt damit aussagen: Ich bin dabei, aber ich kann es trotz meiner Betroffenheit nicht verhindern. Bei einem der folgenden Bilder, der Kreuzabnahme, zeigt sich Rembrandt, diesmal ohne Mütze, wieder im Zentrum des Bildes. Welch ein Wandel ist inzwischen eingetreten! Geradezu zärtlich umfaßt die Hand des Künstlers den toten Körper und blickt in höchstem Leid auf die schon geschlossenen Augen. Er kann damit ausdrücken: Dies ist mein Erleben, meine Trauer, mein Glaube.

Angesichts dieser künstlerisch und menschlich durchdrungenen Darstellung, die als Bild Wirklichkeit geworden ist, bleibt die den Menschen unserer Gegenwart anscheinend so brennend interessierende Frage, was zu sehen wäre, wenn ein Kameramann vor zweitausend Jahren die Szene für das Fernsehen gefilmt hätte, völlig nebensächlich. Für die Tagesschau wäre das alles ohnehin auf ein paar Sekunden zusammengeschnitten worden – und dann ab ins Archiv.
Die Vergegenwärtigung und Aufhebung der Vergangenheit ist ein Phänomen, das mit der objektiv erforschbaren Geschichte nicht allzuviel zu tun hat. Denn konnte der Sinn des Geschehens im Augenblick des historischen Ablaufs überhaupt schon erkannt werden? Das ist zu be-

zweifeln. Das historische Ereignis, das zum Anlaß für einen Mythos wird, ist noch längst nicht der Mythos selbst. Das Ereignis ist einmalig und datierbar, aber erst seine Mythologisierung hebt die Zeit auf und verwandelt das Vergangene in eine nicht mehr vorüberziehende Gegenwart.

[1] Bekenntnisse, S. 311
[2] Stein der Weisen, S. 157
[3] S. 116
[4] S. 322
[5] S. 585
[6] Einübung im Christentum, S. 100
[7] a. a. O., S. 101

Der Ruf aus dem Ichgefängnis

Das Gebet im Mittelpunkt der Religion

Daß Gott bei der Erhörung von Gebeten auch Humor haben kann, das schließe ich aus der Erzählung einer jungen Frau, die ohne elterliche Fürsorge, ohne Mann oder Freund, aber mit einem Kleinkind in materieller und psychischer Not lebte. Sie berichtete mir, übrigens nur einen Tag, nachdem das Folgende sich abgespielt hatte, von ihrem Erlebnis. Sie hatte intensiv gebetet: »Lieber Gott, schicke mir endlich einen Mann, der mich ehrlich liebt und dem ich mich ganz anvertrauen kann!« In dieser Sekunde, so erzählte sie mir, fühlte sie plötzlich, wie sie von einem goldenen, warmen Strahl übergossen wurde und ein unbeschreibliches Glücksgefühl erlebte. Sie vernahm in sich Worte, bei denen sie überzeugt war, daß Jesus sprach: »Jetzt segne ich dich.« Die junge Frau hatte den Eindruck, dieses Gefühl habe lange angedauert. Sie sagte zu den Menschen, die mit ihr im gleichen Raum waren: »Das hört ja gar nicht auf!«

Was war geschehen? Natürlich ist es möglich, dieses Ereignis als eine höchst irdische und private Psychose zu erklären und herunterzuspielen. Dies soll hier gar nicht bestritten werden. Die Frage ist nur, ob damit irgend etwas Wesentliches, der betroffenen Person Weiterhelfendes erkannt ist, denn solche Erlebnisse haben gleichzeitig mehrere Aspekte, von denen einige auch rational zugänglich sein können. Es wirken hier, wie in allem, was wir erfahren, Ursachen aus Vergangenheit und Zukunft ineinander. Die Betende hatte etwas erfahren, wovon Mystikerinnen immer wieder berichten konnten. Jedoch im Gegensatz zu den Lebensläufen der Klosterschwestern hatte die Ähnliches erlebende Zeitgenossin eine durch und durch weltliche Vergangenheit. Daß es aber auf das Vorleben nicht ankommt, hatte ja schließlich schon Jesus im Gleichnis vom verlorenen Sohn dargelegt. Der erbetene irdische Mann kam übrigens auch noch, allerdings stand er nicht gleich am nächsten Tag mit Blumenstrauß unter der Tür. Der nicht an die Zeit gebundene Jesus konnte schneller zur Stelle sein.

Kann die Wirkung eines Gebets von außen kommen, oder ist sie bestenfalls ein Insichgeschäft? Vielen Menschen, auch religiösen, fällt es schwer, sich einzugestehen, daß sie nicht wirklich frei und seelisch autark sein sollen, daß da jemand durchs Seelenfenster schauen und bei Bedarf auch auf Bitten reagieren könne. Sie fürchten Kontrolle und Einmischung und können sich daher auch nicht vorstellen, daß ihre Wünsche und Gedanken einen anderen Partner haben könnten als sich selbst oder die Mitmenschen, mit denen sie sprechen. Ihr Ich ist ein abgeschlossenes, bei Bedarf schutzbietendes Gemäuer. Die Behauptung einer übersinnlichen Wirkung des Gebets ist für sie die Überschreitung einer Grenze, jenseits derer kein Sinn angesiedelt sein darf. Kant, der trotz seiner christlichen Erziehung ein reiner Verstandesmensch war, schrieb einmal: »Alles, was außer dem guten Lebenswandel der Mensch noch tun zu können vermeint, um Gott wohlgefällig zu werden, ist bloßer Religionswahn und Afterdienst Gottes.«[1] Damit meinte er ausdrücklich auch das Gebet, denn er schrieb: »Das Beten, als ein innerer förmlicher Gottesdienst und darum als Gnadenmittel gedacht, ist ein abergläubischer Wahn.« Kant meinte, das Gebet könne zwar eine bestimmte Gesinnung in uns selbst beleben, »aber keine Beziehung aufs göttliche Wohlgefallen haben«.[2]

Über diese Kantsche Meinung ist der Mensch, der sich *nur* der Wissenschaft und nicht auch Gott anvertraut, nicht hinausgekommen. Noch bis in unsere Zeit ging und geht das an der empirischen Forschung orientierte Denken von der strengen Abgegrenztheit der menschlichen Seele aus. Man könnte diese Ansicht so komprimieren: »Was in mir vorgeht, geht in mir vor, aber sonst nirgends. Meine Seele gehört mir und sonst niemandem. Die andern nehmen von mir nur das wahr, was ich ihnen zeige. Was die Menschen untereinander verbindet, ist sinnlich wahrnehmbare Kommunikation. Wer sich damit nicht begnügen will, der redet von etwas, was andere nicht berührt.« Geht man von diesem Bekenntnis aus, dann ist das Gebet nichts anderes, als der seit Urzeiten wiederholte, aber oft untaugliche Versuch, die naive, an den Vater gerichtete Bitte des Kindes um Schutz und Versorgung oder das Flehen des Besiegten um Gnade und Schonung an ein übersinnliches Wesen zu richten. Bitten und Beten sind, so verstanden, das gleiche.

Der Psalmist hatte in Jahwe einen sicheren Partner im Jenseits für sein Rufen, den er in seinen Worten immer wieder lobte: »Der Herr hört mein Flehen; mein Gebet nimmt der Herr an.« (Psalm 6, 10) Dies ist für ihn Ruf und zugleich Antwort auf die immer wieder gestellten und zu stellenden Fragen: Wer hört wen? Dringt das Gebet aus dem Ichgefängnis? Gibt es eine Ebene, auf der *außerhalb* des Menschen etwas bewirkt wird? Wie kann diese Antwort in heutiger Zeit aussehen? Können wir einfach sagen: Was für David gegolten und was ihm geholfen hat, gilt auch für uns, daran hat sich nichts geändert; wie das funktionieren soll, wissen wir zwar nicht, Hauptsache ist, es wirkt. Obwohl die Psalmen (in sorgfältiger Auswahl) nach wie vor auch in christlichen Kirchen gebetet werden, ergab sich doch eine grundlegende, revolutionäre Neuerung des Gebets durch Jesus. Dabei ist es natürlich unwesentlich, ob sein Vaterunser vom historischen oder vom mythischen Jesus stammt, denn seine Worte sind von

den alttestamentarischen Hilfe-, Dank-, Lob- und Racherufen himmelweit entfernt.
Die durch Jesus eingeführte neue Dimension des Betens besteht darin, daß im Vaterunser nur solche Bitten enthalten sind, die sich auf das Verhältnis des Menschen zu Gott beziehen. Alles, was der Mensch von Gott darin erbittet, kann und muß sich im Menschen selbst erfüllen. Es gibt da keinen Wunsch nach äußerlich sichtbar werdenden göttlichen Fürsorgemaßnahmen. Da ist also nichts los mit eingeschlagenen Zähnen, zerschmetterten Knochen und Ähnlichem beim bösen Feind, wie es noch im 3. Psalm geheißen hatte, denn selbst die Bitte um das tägliche Brot ist, wenn man die Sprache von Jesus recht versteht, keine vordergründige Bitte um Ernährung, sondern zunächst nur um das Brot des Lebens. Heiligung des Namens, Errichtung des göttlichen Reichs im Menschen, Ergebung in den göttlichen Willen, Vergebung von Schuld, Befreiung von Versuchung und vom Bösen, also von Kräften, die im Inneren des Menschen wirken können, dies alles zeigt, worum es hier zunächst geht. Es ist also ein Gebet, das im Moment des Sprechens in Erfüllung gehen kann. Obwohl es, so verstanden, äußerlich bescheidene Bitten sind, verlangt der Beter unheimlich viel, denn er erwartet nichts weniger als die Aufhebung der Grenze zwischen Himmel und Erde, oder, etwas moderner gesprochen, zwischen zeit- und raumloser Unendlichkeit und irdisch erlebter Gegenwart. Der Beter wünscht sich zumindest offene Augen für das Reich hinter der Grenze. Die Bitte um den Willen, der im Himmel und auf Erden gleichzeitig geschehen soll, richtet sich auf die Zusammenführung und Auflösung der Gegensätzlichkeit zwischen Mensch und Gott. Mit dem Vaterunser bittet der Mensch um Gottes Existenz in sich *und* in der Welt zugleich. Man könnte einen Teil dieses Anliegen in nüchterner Sprache und stark vereinfacht auch so formulieren:

Lieber Gott! Werde! Werde in mir, werde in uns,
werde in und über allem!
Sei! Sei in mir, sei in uns, sei in und über allem!
Denn: Du bist! Du bist in mir, du bist in uns, du bist
in und über allem.

Hier geht es also nicht, wie bei Kant, um ein angeborenes moralisches Prinzip, das bekanntlich in einem großen Teil der Menschheit ohnehin nicht recht funktioniert, sondern um etwas aus einer ganz anderen Dimension, das der Mensch in sich erst verwirklichen muß. Es geht um eine Erfahrung, die Kant nie als eine solche hätte gelten lassen, weil sie nicht empirisch belegt werden kann. Wenn und soweit der Betende diese Erfüllung erlangt, hat er nicht mehr das Bedürfnis, etwas herbeizubitten, was nicht aus einem höheren Willen heraus geschieht.
So verstanden ist die Bitte um ein gutes Examensergebnis, die ich einst geäußert hatte, eigentlich unangebracht. Denn sicher kennt jeder von uns Fälle, in denen der nicht in Erfüllung gegangene Wunsch der Schlüssel zum notwendigen Schicksal, vielleicht sogar zum Glück war. Ein Mathematikstudent, der zugleich leidenschaftlicher Jazzmusiker ist, besteht endgültig sein Examen nicht. In seiner scheinbaren Ausweglosigkeit gründet er seine eigene Band, mit der er großen und dauernden Erfolg hat. Nicht nur dies, er verdient wesentlich mehr als ein durchschnittlicher Mathematiklehrer. Sein Bekenntnis, das er vertraulich äußert: Ich danke Gott, daß er mich durchs Examen hat fallen lassen. Oft haben auch schwere Krankheiten eine psychische Entwicklung eingeleitet, die die Chance für einen besseren Neubeginn mit sich gebracht hat. Das Ende einer menschlichen Beziehung, um deren Fortbestand gebetet wurde, hat schon manchen Weg zu neuem Glück geöffnet. Aber es kann dennoch auch das Gegenteil des Erhofften und Erbetenen ohne positive Spätfolgen

eintreten: Depressionen, unheilbare Krankheiten, Not, Drogenabhängigkeit, Unterdrückung, Unfall und Tod. Hier zeigt sich, auf welche Weise der Psalmist seinen Mut behielt: »Ich bin so müde vom Seufzen; ich schwemme mein Bett die ganze Nacht und netze mit meinen Tränen mein Lager. Meine Gestalt ist verfallen vor Trauern und ist alt geworden; denn ich werde allenthalben geängstet. Weichet von mir alle Übeltäter; denn der Herr hört mein Weinen, der Herr hört mein Flehen, mein Gebet nimmt der Herr an.« (Psalm 6, 7 ff.) Der verzweifelte Mensch erbittet sich auch in der größten Not seelische Hilfe und kann sie erhalten. Es gibt in den Psalmen nirgends das schmollende Kind: »Wenn ich jetzt kein Eis kriege, bin ich böse auf dich!« – eine Einstellung, die in bezug auf Gott viele Menschen in ihr Erwachsenenalter mitnehmen. Der Beter findet eine Ansprache, erhofft sich Trost in der Not, und er weiß, daß er die äußerliche Not selbst nicht so einfach wegbeten kann.

Bei all dem bleibt aber immer noch die Frage: Wie dringt das Gebet aus dem Individuum in einen überindividuellen, jenseitigen Raum? Ist es wirklich nur eine subjektive Einsicht, um die ein Mensch gewissermaßen sich selbst bittet, wie es ja auch Kant zugestanden hat, oder gibt es mehr oder weniger objektive Anhaltspunkte, die ein Herausdringen des Flehens aus dem Ich in eine Welt außerhalb des Ichs erkennen lassen und für den schon erwähnten metaphysischen Empirismus sprechen? Da ist zunächst die Frage nach der Wirkung des gleichzeitigen Betens zu stellen.

Viele Religionsgemeinschaften fordern nicht nur das individuelle, sondern auch das gemeinschaftliche Gebet. Der Muezzin ruft in arabischen Ländern die Gläubigen zum Gebet auf. Die (christliche) Gebetsglocke soll auch bei räumlicher Trennung zu bestimmten Zeiten oder bei Sonnenuntergang zum gemeinsamen Gebet einladen, z. B.

beim Angelusläuten oder beim Läuten, währenddessen in der Kirche das Vaterunser gesprochen wird, damit die Daheimgebliebenen den genauen Zeitpunkt wissen, um teilnehmen zu können. Geht man davon aus, durch gemeinsame Gebete werden psychische Felder (ein noch etwas unscharfer Begriff) aufgebaut und verstärkt, so könnte man daraus folgern, daß innerhalb *und* außerhalb der Individuen etwas bewirkt wird, und sei dies nur durch einen Begriff wie »simultanes kollektives Denken« umschrieben, wie Rupert Sheldrake ein solches Phänomen charakterisiert.[3] Gemeinsamkeit als Verstärkung des Rufs ist nur eine Seite. Aber das ist nicht alles.

Die über das Individuum hinausreichende Verbindung zeigt sich an ganz offenkundigen und weltlichen Gegebenheiten. Weitgehend unerklärt ist nämlich die Tatsache, warum Meinungsumfragen, die Ermittlung von Einschaltquoten und Hochrechnungen an Wahlabenden zu verblüffend genauen Ergebnissen führen. Wie, oder besser gefragt, warum funktioniert die Demoskopie? Wenn zweitausend nach richtigen Prinzipien ausgewählte und befragte Bürger prozentual (fast) richtig die Meinung von vielen Millionen Menschen wiedergeben können, wie sieht es da mit Freiheit und Unabhängigkeit der Individuen aus? Gewiß, jeder einzelne kann frei entscheiden, aber in gewisser Beziehung entscheiden die anderen für ihn eben doch mit. Wir denken im Kollektiv, nehmen es jedoch nicht wahr. Wer sich vorurteilsfrei mit diesem Phänomen befaßt, muß erkennen, daß auch er nur der Bestandteil eines Meinungsfeldes ist und seine Freiheit sich *innerhalb* einer fremdbestimmten Wahrscheinlichkeit bewegt. Die Demoskopen messen ein Feld, wie ja auch das Thermometer nur an einer bestimmten Stelle angebracht ist, und doch mehr zeigt als nur die Temperatur an eben dieser Stelle. Während aber der Luft- und Temperaturausgleich gut erforscht ist, ist die gleichzeitige Ausbreitung von Ansichten und Verhaltensweisen, von psychischen Feldern auch über große Entfernungen ohne direkte Kommunikation ein anderes Phänomen. Wir sind so frei wie der Würfel, dessen einzelne Wurfergebnisse in höherer Zahl sich der gleichmäßigen Verteilung von eins bis sechs nähern. Die einzelnen Ergebnisse sind unabhängig und stehen doch in enger Beziehung zueinander. Sie verhalten sich wie Materieteilchen, die in chaotischer Bewegung sind und doch das bilden, was wir als Materie erkennen. Der Würfel zeigt uns eine lockere Form der Materie, die wir nicht als solche wahrnehmen und deuten, weil sie, verglichen mit der inneratomaren Bewegung, extrem langsam ist. Aber diese Langsamkeit und Lockerkeit ist noch gering im Vergleich zu der der menschlichen Gesellschaft, die auf eine vergleichbare Weise zusammengehalten wird. So verstanden, läßt sich der Kosmos auf Ordnungen und Einheiten zurückführen, die von der Atomstruktur bis zu von Gott ausgehenden Kräften auf im Prinzip gemeinsam zu deutende Kraftfelder hinweisen. Fritjof Capra schlägt angesichts derartiger Phänomene vor, den klassischen Begriff von Ursache und Wirkung durch den weiterreichenden Begriff der »statistischen Kausalität« zu ersetzen.[4] Und Ken Wilber hat in seinem Buch »Eros Kosmos Logos« eindrucksvoll auf gemeinsame Weltbausteine, die über sich selbst hinausreichen, hingewiesen, er nennt sie Holons.

Ob man nun vom All-Organismus (Schelling), vom Weltgeist (Hegel), von morphischen Feldern und Resonanzen (Rupert Sheldrake), von Synchronizität (C. G. Jung und F. David Peat) oder von Holons (Ken Wilber) oder ähnlichen Phänomenen spricht, dies alles sind nur Beispiele für die noch unvollkommenen Versuche, das »was die Welt, im Innersten zusammenhält« außerhalb der vordergründig erkennbaren materiellen Strukturen zu deuten.

Und das Gebet? Gehen wir davon aus, daß alles mit allem zeit- und raumlos verbunden ist, eine Einsicht, die seit Urzeiten das Denken vieler Weisen beflügelt hat, dann liegt die Möglichkeit, diese Verbindungen durch psychische Kräfte zu beeinflussen, auf der Hand. Dann kann von betenden Menschen etwas ausgehen, das außerhalb einer direkten Willensbeeinflussung liegt. Rupert Sheldrake schrieb: »In den achtziger Jahren gab es mehrere internationale Initiativen, bei denen Millionen von Menschen auf der ganzen Welt für den Frieden beteten. Viele, die wie ich daran teilnahmen, gewannen den Eindruck, daß solche Gebete durchaus den Gang der Ereignisse und die allgemeine Stimmung und Einstellung beeinflussen können. Viele Menschen, die beten, erleben manchmal die überraschendsten Antworten ...«[5] Aus der deutschen Geschichte ist nur auf die Vorgänge im Herbst 1989 hinzuweisen, um zu verstehen, welche Kräfte hier wirken können. Solche Phänomene können allerdings auch in entgegengesetzter Richtung auftreten. Es ist sicher kein Zufall, daß gerade atheistische Ideologien wie der Nationalsozialismus oder der Stalinismus selbst solche Menschen, die es eigentlich hätten besser wissen müssen, in brutale Verhaltensmuster zwingen konnten. Nicht Gott, sondern der Gottverlassene diktiert das Verbrechen.

Wenn im Rahmen wissenschaftlicher Forschung Wege zu einer »transpersonalen Psychologie« gesucht werden, zu Erfahrungen, die zeigen, wie Menschen durch eine gemeinsame Seele miteinander verbunden sind, zu Erfahrungen, die auch in östlichen Religionen seit Jahrtausenden die selbstverständliche Grundlage des Menschseins bilden, so muß das noch lange nicht Religion erklären oder gar beweisen. Im Gegenteil, es kann sogar das Gefühl entstehen, diese Forschung entblöße das Mysterium. Gewiß, das Gebet liegt auf einer anderen Ebene als nur das Daumendrücken. Aber die Grenze zwischen Ich und der Ichlosigkeit läßt sich überwinden. Der Mensch ist weitgehend blind für die Bindungen, mit denen er ans All gekoppelt ist. Zumindest diese Blindheit ist heilbar. Dies erhoffte sich schon der Prophet Jesaja: »Die Tauben hören die Worte des Buches, und die Augen der Blinden werden aus Dunkel und Finsternis sehen, und die Elenden werden wieder Freude haben am Herrn.« (Jes. 29, 18)

[1] Religion innerhalb der Grenzen, Viertes Stück § 2, S. 170
[2] a. a. O., S. 194 ff.
[3] Das Gedächtnis der Natur, S. 286
[4] Das Tao der Physik, S. 309
[5] Die Wiedergeburt der Natur, S. 255

Wem gehören Pracht und Herrlichkeit?

Die Kirche als Macht über Menschen

Die folgende Bemerkung stammt (natürlich!) von einem Theologen: Warum sind die Hände Jesu auf dem Altarkreuz angenagelt? – Damit er sie nicht über dem Kopf zusammenschlagen kann, wenn er in die Kirche blickt. Wie auch immer man zur Kirche, beziehungsweise zu den Kirchen stehen mag, es besteht Anlaß, sich Sorgen um sie zu machen, und manche meinen daher, sie hätten allmählich ausgedient, wenn nicht noch ein Wunder geschähe. Wie soll dieses Wunder aussehen? Jesus hat gesagt: »Wenn du aber betest, so gehe in dein Kämmerlein und schließ die Tür zu und bete zu deinem Vater, der im Verborgenen ist.« (Matth. 6, 6) Da ist dann wohl die Frage naheliegend, ob und inwieweit die Pracht aus Gold und Marmorsäulen die geistige Fahrt ins Verborgene beschleunigen kann. Läßt sich denn der himmlische Glanz auf Erden nachbilden? Die Annahme, man müsse dies versuchen, hat zu Meisterwerken der Kunst geführt, denen religiöse Erfahrungen nicht unbedingt entsprechen müssen.

In diesem Zusammenhang möchte ich eine Beobachtung wiedergeben, die sich mit diesem Problem zumindest indirekt befaßt. Auf einer Reise durch Mittelamerika besuchten wir an einem heißen Samstag nachmittag in der mexikanischen Stadt Puebla die Kirche Santo Domingo mit ihrer goldüberladenen Rosenkranzkapelle. Obwohl gerade keine Messe gehalten wurde, saßen viele Menschen in der Kirche, es waren meist ärmlich gekleidete Indios: Arbeiter, stillende Mütter, Greise. Ob sie beteten oder nur Ruhe und Schutz vor der gleißenden Sonne suchten, die draußen auf dem Markt brütete, konnte ich nicht erkennen. Eines hatten alle Menschen gemeinsam, die stumm und ergeben in der Kirche saßen. Sie waren umfangen von einer überschwenglichen, goldglänzenden Pracht, die aus der Zeit stammte, als die spanischen Eroberer den Mexikanern zeigen wollten, wer den allein richtigen Glauben und die Macht hat, und vor allem, wer die prunkvollsten Tempel baut.

Die Vernichtung der altmexikanischen Hochkultur unter dem Zeichen des Kreuzes ist eines der vielen dunklen Kapitel in der Geschichte der Kirche, wenn man deren unterschiedlichste Erscheinungsformen, auch soweit sie an diesem Verbrechen nicht beteiligt waren, pauschal unter diesem Begriff zusammenfaßt. Als aber dann einer der Mitreisenden sagte, es wäre doch besser gewesen, man hätte damals mit dem geraubten und verbauten Gold das Elend unter der Bevölkerung gemildert, wurde ich nachdenklich. Ich stellte die Frage zur Diskussion, was denn die heutigen Armen noch davon hätten, wenn man ihre Vorfahren vor vierhundert Jahren reichlicher ernährt und mit Tequila versorgt hätte? Sind denn letztlich nicht alle Pyramiden, Tempel, Schlösser und Kathedralen, alle verbleibenden Zeugnisse einer Kultur, auf dem Rücken der kleinen Leute gebaut worden? Die mexikanische Marktfrau mit dem Kind an der Brust nimmt teil an einer zeitlosen Pracht, die auch ihr gilt und die sie den Plagen ihrer Ahnen verdankt. Als ich mit einigen Mexikanern sprach, spürte ich ihren Stolz nicht nur auf die vorkolumbianischen Kolossalbauten, sondern auch auf die christlichen Bauwerke. Man kann dieses Phänomen so deuten: Was bei den Leuten zählt, das ist die sichtbare und spürbare Gegenwart, nicht ihre Geschichte. Das Herauslesen der Vergangenheit in den uns umgebenden Erscheinungen ist ein kulturell später, intellektueller Prozeß, den die Marktfrau nicht braucht, und keineswegs nur sie nicht. Der Mythos ist zeitlose Gegenwart, während die Geschichte sich aus aneinandergereihten einmaligen Episoden zusammensetzt, deren Zusammenhänge oft verborgen bleiben oder womöglich einseitig und falsch gedeutet werden. So gesehen, ist die Kathedrale ein steingewordener Mythos und nicht einfach nur ein historisches Relikt. Die Baugeschichte von Kirchen und ihre ästhetische Bewertung mögen ja ein interessantes Studienobjekt für kamerabewaffnete Reisegruppen sein, aber wenn der spürbare Kontakt zum *geistigen* Bauwerk ausbleibt, dann ist der Besuch nicht mehr als eine nur touristische Pflichtübung. Im aufliegenden Besucherbuch einer deutschen Kirche las ich einmal die Eintragung einer Italienerin: »In questa chiesa sono molto felice« (in dieser Kirche bin ich sehr glücklich). Sie schrieb nichts vom Bauwerk, sie schrieb auch nicht »fühle ich mich glücklich«, sondern sie trennte Existenz und Gefühl nicht voneinander. Kunsthistoriker hingegen nehmen dieses erst hundert Jahre alte neuromanische Sandsteinbauwerk mit der grünen Kuppel gar nicht zur Kenntnis.

Und doch haftet die Geschichte an den Dingen, wenn man sie genauer betrachtet. Wenn das Vorleben der Kirche so rein wäre wie das der Jungfrau Maria, dann gäbe es über ihre Herkunft nichts zu zweifeln und zu verzweifeln. Maria selbst mag unbefleckt (ein entsetzliches Wort) empfangen worden sein, das Geld jedoch, mit dem Kirchen ihr zur Ehre gebaut wurden, stammte sicher nicht alles aus unbefleckter Empfängnis. Aber auch der Goldschatz des Kaisers Montezuma mußte vor den hungrigen Volksmassen geschützt werden. Wer weiß, was aus der Kirche geworden wäre ohne ihren unchristlichen Pakt mit der Macht.

Der Psychoanalytiker und Sozialpsychologe Erich Fromm (1900–1980) ging im Gegensatz zu Freud auch auf die positiven Aspekte der Religion ein. »Wo jedoch

die Religion sich mit der weltlichen Macht verbündete, mußte sie notwendigerweise autoritär werden. Der wahre Sündenfall des Menschen ist seine Entfremdung von sich selbst, seine Unterwerfung unter die Mächte, seine Wendung gegen sich selber – auch dann, wenn sie sich in der Verkleidung seiner Gottesverehrung vollzog.«[1]
Wie kam dieser Sündenfall zustande? Das Bündnis mit der weltlichen Macht, das sich Jesus, der meinte, kurz vor dem Ende aller Zeiten zu stehen, nicht hätte vorstellen und wünschen können und das er verabscheut hätte, wird wohl, wenn man die Geschichte der Menschheit betrachtet, zugleich ein hilfreiches Mittel gewesen sein, die christliche Botschaft weltweit zu verbreiten und zu erhalten. Kurz gesagt: Das Christentum hat überlebt, weil es sich unchristlicher Mittel bedient hat. Oder noch kürzer und skeptischer: Wären die Christen alle Christen geblieben, dann gäbe es sie möglicherweise nicht mehr. Dieser paradoxe Satz steht hier nur vorläufig, vielleicht ist er falsch. Die immer lauter tönende und doch noch ungelöste Frage ist die: Sind die Flecken, Abgründe und Leichen im Keller, die die Kirche seit ihrer Gründung angesammelt hat, ein unlöslicher Bestandteil ihres Wesens geworden, die heute noch sichtbar sind wie die Glasfenster der Kathedralen, oder kann man sie als Vergangenheit, als etwas Überwundenes und zu Vergessendes abtun? Können zumindest die Kirchen der Reformation oder noch später gegründete christliche Freikirchen und Glaubensgemeinschaften sich freizeichnen, oder haftet auch ihnen ihre vor- und nachreformatorische Vergangenheit noch an? Dies sind nicht nur Fragen der Kirchengeschichte oder der Kirchenpolitik, sondern sie berühren uns unmittelbar, wenn wir die Grenzen unseres Bewußtseins überdenken. Denn auch unser Denken ist nicht etwas, was mit jedem Menschen neu anfängt, sondern jeder wird automatisch ein Teil der ihn umgebenden und umdenkenden

Menschen, und zwar der lebenden *und* der toten. Unsere allgemein menschliche Vergangenheit denkt in uns mit. Wir sind Teilhaber an einem die Welt umfassenden Geist; wer ihn ausstoßen will, stößt sich selbst aus. Zwar wird diese Behauptung manchen nicht eingehen wollen, aber nur mit ihr ist unser Denken überhaupt verständlich. Der Mythos von der Erbsünde, auf den hier nicht näher eingegangen werden soll, ist nicht aus der Luft, sondern vom Himmel gegriffen. Leidet die Kirche selbst unter einer ererbten und unverbüßten Schuld? Ist sie gegenwärtig dabei, wenn schon nicht ernsthaft zu büßen, so doch wenigstens ihre Strafe zu erleiden?

Kann man sich vorstellen, daß Gott »seine« Kirche straft? Das wäre dann etwa so wie der Traum des zwölfjährigen Schweizer Pfarrersohns und späteren Psychiaters Carl Gustav Jung, über den er in seinem Buch »Erinnerungen, Träume, Gedanken« schreibt. Jung sah das herrlich in der Sonne glänzende Basler Münster und darüber Gott auf dem Thron. Da fiel vom Thron ein riesiger Exkrementhaufen herunter, der das Bauwerk völlig zerstörte. Jung empfand diesen Traum übrigens als Befreiung und göttliche Gnade.[2] (Es gäbe auch eine griffigere Kurzformel für dieses Traumbild. Aber da Jung sie nicht verwendet, soll sie auch hier nicht stehen.) Es wäre für Kirchen sicher eine heilvolle Aufgabe, sich immer wieder Gedanken über den archetypsichen Wahrheitsgehalt dieses kindlichen Traumes zu machen, und nicht nur zu denken: »Der junge Jung mußte halt mal, und da kam ihm dieses Bild im Traum in die Quere.«

Vermutlich können wir mit dem Dilemma nur fertig werden, wenn wir die Kirche – auch hier wieder undifferenziert, ökumenisch, alles zusammengefaßt – als ein Wesen betrachten, das wie ein Mensch Schuld auf sich geladen hat. Die begann schon mit ihrer fast unlösbaren Verbindung mit der weltlichen Macht. Während Christus

gesagt hat »mein Reich ist nicht von dieser Welt«, ging man spätestens im vierten Jahrhundert daran, das Jenseits mit diesseitigen Machtansprüchen zu versehen. Wer von den Verantwortlichen dachte schon daran, daß sich der Himmel nicht mit Goldstücken pflastern läßt und daß die Noten, nach denen die Engel singen, keine Banknoten sind? Für die wichtigste Verbindung mit der Macht berief sich die Kirche auf den römischen Kaiser Konstantin, der von 306–337 n. Chr. herrschte. Dieser Kaiser, der, einer alten Tradition folgend, auf dem Weg zur Herrschaft seine Rivalen umbringen ließ, soll auf dem Sterbebett getauft worden sein. Er gilt als der wesentliche Begründer der römisch-christlichen Macht, denn unter ihm wurde das Christentum zur staatstragenden Religion, und unter einem seiner Nachfolger, dem Kaiser Theodosius, wurden gegen Ende des vierten Jahrhunderts mit staatlicher Macht die verbliebenen Rückstände der altrömisch-heidnischen und der sonstigen Religionen ungnädig, um nicht zu sagen unchristlich, vernichtet.
Einerseits die aus dem Alten Testament unter vielen anderen schon bei Elias und bei David bezeugte und dann von christlichen Eiferern übernommene Praxis, den Un- bzw. Andersgläubigen, soweit sie sich nicht unterwarfen, die Schädel einzuschlagen, und der römische Absolutismus wurden zusammen noch im Altertum zu den Grundfesten der Kirche. Die Prinzipien der christlichen Nächstenliebe galten offiziell nur, wenn der Nächste haarscharf genau den rechten Glauben bekannte und nicht einen Millimeter, bzw. kein »Iota« über den Rand der offiziellen Lehre hinausdachte. Der Gedanke »liebe deine Feinde« wurde wohlweislich überhört, denn soviel christliches Gedankengut hat sich die Kirche im Mittelalter und darüber hinaus anscheinend nicht leisten können. Wären sich die Verantwortlichen ihrer Sache sicher gewesen, hätten sie mehr Toleranz geübt. Aber auch das muß gesagt sein: Wirkliche

Christen, die ganz mit und aus dem Evangelium lebten, hat es immer gegeben. Nur mit autoritärer Gewalt, aber ohne die wirklichen Tröstungen, die sie vermitteln konnte, hätte die Kirche nicht überlebt. Diese Gegensätze und Spannungen durchziehen die Geschichte des Christentums. Vielleicht kann man sogar dies sagen: Das Volk war frömmer, als es sich die Kirche anmerken ließ.

Ein Beispiel ist das Leben der Hildegard von Bingen (1098–1179). Sie wurde, entgegen der landläufigen Meinung, offiziell nie heiliggesprochen, im Gegenteil, im hohen Alter wurde sie mitsamt ihrem Konvent exkommuniziert, weil sie einen jungen Revolutionär auf ihrem Gelände hatte beerdigen lassen. Selbst wenn sie nicht eine große Visionärin, Künstlerin, Dichterin, Komponistin, Lehrerin und in Sachen der von ihr gegründeten Klöster Organisatorin gewesen wäre, hätte sie doch allein durch diese eine mutige Tat die Verehrung als Heilige verdient. – Franz von Assissi, der mit dem Gebot der Armut ernst machen wollte, wurde spätestens nach seiner Orientreise kaltgestellt. Das von ihm gepredigte Gebot der Armut wurde lange Zeit von der heiligen Kurie abgelehnt. – Meister Eckhart, der vielleicht genialste Mystiker des Christentums, hätte auf dem Scheiterhaufen geendet, wenn er nicht vorher verstorben wäre. Und das sind ja nur die Spitzen eines riesigen Eisgebirges. Wer sich dem Einheitsdenken widersetzte, wurde ausgeschlossen, er begegnete Unverständnis, Intoleranz, Haß und landete auf dem Scheiterhaufen wie der fromme Jan Hus aus Prag (Konstanz 1415) oder noch im Jahr 1600 der nicht ganz so fromme ehemalige Mönch und geniale Philosoph Giordano Bruno in Rom. Selbst Jeanne d'Arc, als Johanna von Orléans und Retterin Frankreichs in die Geschichte eingegangen, endete 1431 als etwa zwanzigjähriges Mädchen auf dem Scheiterhaufen, zu dem sie ein kirchliches Gericht (im Auftrag der Engländer) verurteilt hatte; sie wurde erst Jahre nach ihrem Tod 1456 rehabilitiert. Übrigens ließ auch der Reformator Calvin in Genf im Jahre 1553 den spanischen Arzt Miguel Serveto wegen Ketzerei verbrennen. Gerade solche Beispiele zeigen den Gegensatz: Die Heiligen im weitesten Sinne, die Frommen, Wohltätigen, Gewaltlosen, Erleuchteten, die Helfer und Christusnachfolger, aber auch die begnadeten Künstler machen die Kirche aus, nicht die geistliche Obrigkeit. Die Gläubigen waren schon immer wichtiger und letztlich auch (Gott sei Dank) einflußreicher als die offizielle Kirche, auch wenn diese das umgekehrt sah. Daran hat sich bis in die Gegenwart übrigens nicht viel geändert.

Es ist hier nicht der Ort, wieder einmal der Mode folgend, das weitläufige Sündenregister der Kirche aufzurollen, zumal dies in letzter Zeit von vielen ausführlich und manchmal geradezu mit verbissenem Eifer getan worden ist. Zu ergänzen wäre ohnehin, daß Mission mit Folter und Feuer ganz und gar keine christliche Spezialität ist, wie beispielsweise Berichte aus der Gegenwart über Morde an Christen durch Hindus in Indien und durch fundamentalistische Moslems zeigen. Es scheint sich bei dieser Art von Glaubenseifer um ein allgemeinmenschliches Phänomen zu handeln, das man in keinem Fall (also auch nicht beim Islam) auf den wahren Glaubensinhalt zurückführen darf, wie es manche Zeitgenossen versuchen. Zu unterscheiden ist nur: Handelt es sich um Entgleisungen einzelner Eiferer, oder geschieht der Mord im Auftrag und mit Billigung der geistlichen Obrigkeit?

Was dem Christentum trotz allzumenschlicher Niederungen bleibt, sind nicht nur Kathedralen, Gemälde und Skulpturen; die Weisheit der Heiligen und Denker; Musik, Dichtung und traditionelle Äußerungen gelebter Ethik, sondern vor allem die Zeugnisse wahrhafter Frömmigkeit im Großen und im Kleinen, aus Vergangenheit und Gegenwart. Ohne organisierte Kirchen wäre vermutlich das meiste davon nicht entstanden oder sang- und klanglos wieder untergegangen, weil die Kunde darüber nicht weitergetragen worden wäre. In der Anarchie halten sich keine Traditionen, sie können verwildern wie ein ungepflegter Garten. Wer z. B. den Versuch unternimmt, sich in die Fresken des Fra Angelico (ca. 1400–1455) in Florenz zu vertiefen oder die aus Holz geschnitzten Gesichter eines Tilman Riemenschneider (1460–1531) zu entschlüsseln, wird es kaum für möglich halten, daß solche Menschen in einer Zeit kirchlicher Krisen gelebt haben. In ihnen zeigen sich Spuren einer Erlösung, die weitab von weltlicher oder kirchlicher Macht aufkommen kann, deren Zeugnisse dann aber doch durch sie erhalten wurden. Ohne solche Spuren wäre die kalte Macht über Menschen, auch wenn sie im Namen Christi installiert ist, nichts Erhaltenswertes. Faßt man auch in diesem Zusammenhang trotz aller Gegensätzlichkeiten und unterschiedlicher Geschichte die Kirche in einem weltumfassenden, ökumenischen Sinn als Einheit auf, dann fragt sich: Läßt sie sich in die Zukunft retten, und verdient sie diese Rettung überhaupt?

[1] Psychonanalyse und Religion, S. 65
[2] Erinnerungen, Träume und Gedanken, S. 45

Kann die Kirche büssen?

Die Krise der Kirche und die Krise des Denkens

Als Franz von Assisi sich einst daran machte, eine zerfallene Kirche zu reparieren, war das nicht nur eine körperliche Arbeit, sondern auch eine symbolische, geistige. Geld brachte er dazu keines mit, später nicht einmal seine eigenen Kleider. Die Einsicht, der Heilige Geist sei wichtiger als das nicht ganz so heilige Geld, spielt anscheinend immer noch eine untergeordnete Rolle. Die oben gegebene vorläufige Antwort, die Kirche hätte ohne unchristliche Anbindung an die Macht möglicherweise nicht überlebt, kann auch bezweifelt werden. Man könnte dann die Frage so stellen: Hat sie dank dieses Verrats überlebt oder trotz dieses Verrats, an dem auch evangelische Staats- und Landeskirchen nach der Reformation partizipiert haben? Was wäre geschehen, wenn die Heiligen unter sich geblieben wären und nicht weltliche Macht, sondern die Aura ihres Wesens die Menschen beherrscht hätte? Haben denn nicht auch fernöstliche Kulte im Volk überlebt, oft ohne autoritäre geistliche Herrschaft? Immerhin gibt es auch im Westen Kirchen und Gemeinschaften, die von unten, von der Gemeinde her aufgebaut sind und die sich dem staatlichen Machtanspruch wirkungsvoll versagen konnten.

Die Frage, was Kirche in der Vergangenheit hätte sein können, ist müßig, wir können die Geschichte nicht ändern. Aber die Frage stellt sich für die Zukunft. Vielleicht kann man dann sagen: Ein Heiliger zählt mehr als hundert Dome. Nur, wie sieht ein Heiliger heute aus? Wenn der Geist lebendig ist, wird er sich in jeder Gestalt durchsetzen, auch in Zukunft. Aus der Tatsache, daß es die Kirchen noch gibt, darf man nicht voreilig schließen, daß sie in ihrer *gegenwärtigen* Form überleben werden. Sie werden nur dann überhaupt fortbestehen, wenn und soweit aus ihrer Mitte wieder Persönlichkeiten mit großer Ausstrahlung auftreten, die Begeisterung wecken können, wenn Impulse in ihr entstehen, die Menschen beflügeln. Aber wo bleiben sie eigentlich? Mit Geld und Macht läßt sich heute in dieser Beziehung schon längst nichts mehr ausrichten. Wird mit dem minderen Steueraufkommen auch der Geist dünner oder nur die Betriebsamkeit? Sieht man die Kirche jedoch als menschliche Persönlichkeit, in diesem Zusammenhang müßte man deutlich zwischen den verschiedenen Konfessionen differenzieren, dann könnten ernste und wirksame Bekenntnisse der Bußfertigkeit in der Öffentlichkeit etwas Neues bewirken. Dann gäbe es nichts zu verbergen, zu vertuschen und zu beschönigen, dann müßte man offen dazu stehen, daß hier irrende Menschen gehandelt haben und es nicht immer darauf ankommen lassen, bis kirchenfremde Autoren die schmutzige Wäsche auf den Markt hängen. Wenn die Kirche freiwillig von sich aus zu den dunklen Flecken in ihrer Historie büßend Stellung nehmen würde, dann könnte sich der Spieß herumdrehen lassen, dann könnte geschehen, daß Menschen der Kirche vergeben und nicht umgekehrt. Denn dazu gibt es Anlaß. Es sind in dieser Hinsicht weltweit viele Ohren und Antennen auf Rom gerichtet. Dort bestehen aber dogmatische Hindernisse, denn die römische Kirche sieht sich nicht als von Menschen gemacht an, und von Gott selbst kann man doch nicht erwarten, daß er seine Sünden vor den Menschen bekennt, obwohl es sich lohnte, sogar darüber einmal nachzudenken. Die Frage bleibt dann nur, mit welchem Recht man sich noch auf Jesus beruft, der ja nun weiß Gott ganz andere Dinge gelehrt hat. Das Dilemma erscheint, soweit man an solchen Dogmen festhält, unlös-

bar. Peter de Rosa, der sich selbst als Christen und praktizierenden Katholiken bezeichnet, sagte: »Dogmen sind Vorurteile mit Heiligenschein. Sie sind die den Schwachen aufgepfropften Meinungen der Starken.«[1] Das Problem scheint unlösbar: Läßt man dem Glauben freien Lauf, droht er zu verwildern, zu verwässern und zu versickern. Reglementiert man ihn, droht er zur inhaltsleeren Hülse zu werden. Hier zeigt sich wieder: Wer den allein richtigen Weg aus dem Dilemma sucht, findet gar keinen. Es gibt Rätsel ohne Auf-lösung. Er-lösung aus einer solchen Denkfalle bahnt sich nur an, wenn man wirklich erkennt, daß man sich Gott nicht mit logischen Prinzipien nähern kann. Es gilt, die Widersprüche auf höherer Ebene zu überwinden und nicht an ihnen zu verzweifeln. Etwas konkreter ausgedrückt, bedeutet dies: Es gibt Entscheidungen, die auch dann richtig sind, wenn sie unsystematisch und inkonsequent sein müssen.
Eine sicher so nicht erwartete Lösung bahnt sich an. Die Menschen lösen sich auf ihre Weise von der Kirche. Dabei spielen die Unterschiede zwischen den Konfessionen längst nicht die Rolle, die sie, strenggenommen, spielen könnten. Die Konfessionen, die sich von einem dogmatischen Absolutheitsanspruch schon weiter befreit haben, werden in der Gunst des Volkes keineswegs bevorzugt. Im Gegenteil, in Deutschland sind aus der evangelischen Kirche mehr Leute ausgetreten als aus der katholischen. Es zeigt sich dennoch, daß die Kirchen trotz aller Verschiedenheiten der Konfessionen eben doch gemeinsam in einem Boot sitzen, dazu in einem, das leckgeschlagen ist. Wenn die Entwicklung weitergeht, droht bei uns das Christentum zu einem Geheimtip zu werden.
Wie die Folgen des Lecks sich auswirken, kommt bei Statistiken und Befragungen immer wieder zum Vorschein. Bei einer EMNID-Umfrage in Deutschland im Jahr 1997 machte bei der Frage »Wen halten Sie bei der Vermittlung

von Werten für wichtig?« die Polizei mit 51 Prozent eindeutig das Rennen. Die Kirche kam mit 37 Prozent erst hinter den Parteien und Greenpeace auf Platz vier. Sieht man als »Wert« in erster Linie sein Haus, Auto, Bankdepot, seinen Schmuck und vielleicht noch seinen PC oder den Videorecorder, dann ist die Polizei zum Schutz dieser Güter sicher die richtige Adresse. Soweit es um die Sauberkeit von Trinkwasser und Atemluft geht, scheint die zumindest moralische Funktion von Greenpeace nicht unwichtig zu sein, auch wenn die selbst keine Kläranlagen bauen. Auch eine Partei ist wichtig, vor allem wenn sie als Werte Wohlstand, Arbeitsplätze, Stabilität und täglich Sonnenschein usw. verspricht.

Aber welche Werte vermitteln die Kirchen? Wie hoch ist der Börsenkurs der Schätze im Himmel? Darüber gibt eine andere Umfrage Auskunft, die von der Gesellschaft für Politik und Sozialforschung im Auftrag der Friedrich-Ebert-Stiftung in den Jahren 1997/98 bei etwa sechstausend Deutschen angestellt wurde.[2] Bei der Frage, welche Werte und Tugenden »von sehr großer Bedeutung« für den einzelnen sind, konnten auch hier mehrere Punkte benannt werden. Aus den Antworten war ein deutlicher Unterschied zwischen West- und Ostdeutschland erkennbar. Überall bekannten sich die Bewohner im Osten stärker zu den herkömmlichen Tugenden als die von Westdeutschland. Werte wie Familie (West 68, Ost 84), Gerechtigkeitssinn (67/79), Pflichtbewußtsein (61/76), Zukunftssicherung, Geborgenheit, Fleiß, Recht/Ordnung, Treue wurden in dieser Reihenfolge am stärksten betont. An letzter Stelle erscheint »Glaube an Gott«. Hier ist ein gravierender Unterschied erkennbar: Für ihn sprachen sich 27 Prozent der Westdeutschen, aber nur 9 Prozent der Ostdeutschen aus. Eine zwei Generationen dauernde staatliche Indoktrinierung mit atheistischer Ideologie blieb natürlich nicht ohne Folgen. Nachdem diese weggefallen, und an ihre Stelle der von Politik, Wirtschaft und den Medien in Ost und West gleichermaßen vorgelebte Materialismus als (indirekte) Staatsdoktrin getreten ist, braucht es niemanden zu wundern, daß selbst solche einst selbstverständlichen Tugenden wie Bekenntnis zur Familie, Gerechtigkeitssinn und Pflichtbewußtsein abbröckeln. Fleiß wird nur noch von 45 Prozent der Westdeutschen als besonders wichtig angesehen (Ost 69). Das war einmal anders. Man denke an Kants »moralisches Gesetz«, das er nicht nur sich selbst, sondern auch seinen Mitmenschen unterstellte.

Nicht eindeutig klären kann eine solche Befragung, inwieweit das nachlassende Bekenntnis zu herkömmlichen Tugenden und Werten in einem Zusammenhang mit dem Rückgang des Glaubens steht. Sicher gibt es da Wechselwirkungen, aber bei der Frage nach den Ursachen sollten in keiner Richtung voreilige Schlüsse gewagt werden, auch wenn es nachdenklich stimmt, daß »Lust/Spaß haben« für 56 Prozent der Ostdeutschen besonders wichtig ist, während »Glaube an Gott« nur 9 Prozentpunkte, also weniger als ein Sechstel davon erreichte.

Muß es da nicht auffallen, wenn in den USA mit ihren zahlreichen (völlig staatsfreien) Konfessionen und Gemeinschaften dies alles ganz anders aussieht? Nach einer Gallup-Umfrage glauben 96 Prozent der US-Amerikaner an Gott, in Deutschland rund 50 Prozent. Darüber hinaus wurden in den USA über 200 unabhängige Studien erstellt zu der Frage, inwieweit die Religion die körperliche Gesundheit ihrer Anhänger fördere. In Dreiviertel dieser Studien wurde eine nachweisbare positive Wirkung festgestellt, die auf diesen Nenner gebracht werden kann: Der Glaube an Gott dient der Gesundheit. Aber nicht nur dies, er vermindert Alkohol- und Drogenmißbrauch, vor allem natürlich auch Gesetzesdelikte. Er fördert psychische Gesundheit und Zufriedenheit, er vermindert die

Scheidungsrate. Dies wurde in den USA statistisch belegt. Zugleich wird hinzugefügt, es gelte nur für die Menschen, die in ihrem Glauben leben, regelmäßig beten und Zusammenhalt in der Gemeinde pflegen.[3] Man kann derart vordergründige Statistiken mit Skepsis entgegennehmen, weil sie nicht klar Ursache und Wirkung auseinanderhalten. Die Frage müßte dann so relativiert werden: Geht es den Frommen gut, weil sie fromm sind, oder sind sie nur fromm, weil und solange es ihnen gutgeht? Aber vielleicht ist auch schon diese Frage sinnlos. Warum ist uns die diesseitige Belohnung so fragwürdig geworden? Ist es denn wirklich so wichtig, daß jeder auf die rechte Weise und völlig zweckfrei glaubt? Wenn man bedenkt, daß in den USA vor allem in kleineren Gemeinden und Gemeinschaften nicht studierte Theologen, sondern bibelfeste Laien den Glauben ausbreiten, dann sollte man bei uns über die Frage nachdenken, welche Rolle die Theologie als eine auf der Universität gelehrte Wissenschaft in diesem Zusammenhang spielt. Was Jesus von den »Schriftgelehrten«, also den studierten Theologen der damaligen Zeit, hielt, ist bekannt. Er selbst rechnete sich nicht zu ihnen. Das Problem bleibt, daß dort, wo der Glaube in einfacher, hinter den Erkenntnissen der Zeit zurückbleibender Struktur verkündet wird, wie beispielsweise in manchen Kirchen in den Vereinigten Staaten, die fundamentalistisch-moralisierende Wucht gelegentlich wie ein Tornado über das Land fegt. Es bietet sich auch hier keine wirklich eindeutige Lösung an.

Die große Frage bleibt: Ist im Christentum ein neuer Aufschwung noch möglich, kann es eine auf der Kultur des Abendlandes (oder der Dritten Welt) basierende Religion geben, die an christliche Traditionen anknüpft, autoritäre Strukturen und Denkverkrustungen jedoch vermeidet? Es gibt zahlreiche Versuche in christlichen Gemeinden und Gemeinschaften, diese Frage positiv zu beantworten. Ob deren Zusammengehörigkeitsgefühl ohne strikte Unterordnung des einzelnen funktioniert und mehr als jeweils nur in sich abgekapselte Kreise trägt, müßte in vielen Fällen noch erwiesen werden. Gibt es in der westlichen Kultur überhaupt noch eine *gemeinsame* Kraft, die solches leisten könnte? Es bleiben viele Zweifel, jedoch auch Hoffnungen in die Zukunft gerichtet.

[1] Der Jesus-Mythos, S. 14
[2] DIE ZEIT 32/98
[3] DIE ZEIT 42/98

Die Kraft des einzelnen – oder: Der Heiland in der Pökeltonne

Auf die Masse der Bekenner kommt es nicht an

Der einzelne ist in seine menschliche Gesellschaft eingeschlossen. Zerreißt er ihre Ketten, um sie zu verlassen, kann er alles verlieren und alles gewinnen. Die Kernspaltung eines Individuums kann eine Kettenreaktion mit großer Sprengkraft hervorrufen. Aber der zündende Funke muß von außen kommen.

Als Franz von Assisi (1182–1226) aus dem bürgerlich wohlhabenden Leben, das ihm von seiner Familie her bestimmt war, ausstieg, um Aussätzige zu pflegen, sich der Armen anzunehmen und eine verfallene Kirche wieder aufzubauen, mußte es natürlich zum Zerwürfnis mit seinem wohlhabenden und geschäftstüchtigen Vater kommen. Dem Sohn wurde der Prozeß gemacht. Als sich die öffentliche Verhandlung auf einem Platz in Assisi immer mehr zuspitzte, kam es zum Eklat. Franz zog alle Kleider aus, warf sie dem Vater hin und verließ nackt die Stelle. Er, den der Schweizer Schriftsteller Walter Nigg als den größten Heiligen bezeichnete, den das Christentum hervorgebracht hat, brach mit jeder Konvention, verzichtete auf sein Erbe, löste sich von seiner Familie und begann ein neues Leben in völliger Freiheit von allem, was seine Einbindung in die Gesellschaft hätte ausmachen können. Er stand bindungslos und nackt wie ein Neugeborener vor den verdutzten Menschen. Der Versuch einer konsequenten Christusnachfolge war auch im angeblich frommen Mittelalter eine Provokation, er führte zu Isolierung und Ablehnung,

zugleich aber zu einer geistigen Explosion, deren Folgen bis in die Gegenwart erkennbar sind.
»Ist die Menge das Böse, ist es das Chaos, das uns droht, so bleibt nur die eine Rettung, daß man der einzelne wird.« Dieser Satz von Sören Kierkegaard[1] ist ein Schlüssel zum Verständnis des Glaubens seit Urzeiten. Wer die Geschichte von Kirche und Welt betrachtet, wird feststellen, daß es nie darauf angekommen ist, wie viele Menschen Halleluja singen, wenn der Priester das Zeichen gibt, sondern immer nur darauf, was die Leute mit ihrem Glauben ausrichten. Vielleicht bleibt der Anteil der wirklich Frommen immer etwa gleich groß, nur sehen sie zu verschiedenen Zeiten anders aus. Man könnte das auch so ausdrücken: Die Menge der Frömmigkeit ist konstant, nicht jedoch ihre Erscheinungsform. Dies spricht auch für unsere angeblich so kalte Zeit. Mancher, der sich womöglich sogar selbst für einen Musterchristen gehalten hatte, war in Wirklichkeit hartherzig und durchtrieben, ein anderer, der allgemein für eine Satansbrut angesehen wurde, entpuppte sich im Ernstfall als aufopfernder Helfer. Aber das ist ja ein altes Lied. Bekanntlich ist auch der Teufel ein Verwandlungskünstler, der sich gerne hinter Altären versteckt. Vielleicht kann man das auch umgekehrt feststellen: Gott versteckt sich gelegentlich in einem Ausgestoßenen. Spätestens in der Krise fällt die Maske. Es braucht nicht jeder ein Terrorist des Guten zu sein wie der heilige Franz, es genügt, zum harten Kern zu gehören. Ein wirklicher Heiligenschein war schon immer eine ziemlich unbequeme Kopfbedeckung, modisch war er nie. Anders war es nur mit Heiligenscheinen, die es als billige Imitationen auf dem Markt zu kaufen gab.
Menschen mit guten Vorsätzen und Absichten, die den von ihnen propagierten Weg selbst lieber doch nicht gehen, weil sie fürchten, kalte Füße zu bekommen, haben für den Glauben noch nie etwas bewirkt. Es kommt nur

auf die wenigen an, die bereit waren, ihre Kleider auf den Markt zu werfen. Die wirklich mit dem Guten der Welt in Kontakt stehenden Menschen waren immer eine geringe Minderheit. Das ist tröstlich: Güte und Schlechtigkeit, Intelligenz und Dummheit sind konstante Faktoren unter den Menschen. Die Dummheit der Welt ist so groß, daß sie nicht erst in unserer Zeit entstanden sein kann. Dies gilt auch für die Intelligenz. Diese Erkenntnis bewahrt uns auch vor falschen Hoffnungen und eitlem Überschätzen des Fortschritts.

1855, in seinem letzten, erst dreiundvierzigsten Lebensjahr, als sein Geld und seine Kräfte zu Ende gingen, war Sören Kierkegaard von einer einzigen Idee besessen, die er versuchte, mit letzter Kraft geradezu schreiend der Welt zu verkünden: »Ein einziger wahrer Christ genügt, damit man in Wahrheit sagen kann, das Christentum sei da. (...) Der Begriff ›Christ‹ ist ein polemischer Begriff; Christ kann man nur im Gegensatz zu andern sein. (...) Sobald der Gegensatz gegen andere weggenommen wird, verliert die Existenz der Christen ihren Sinn.«[2] Der wahre Christ im Sinne Kierkegaards muß also »Spion Gottes« sein, so wie er sich sah, oder ein waffenloser Terrorist, der Klischees und Konventionen sprengt, so wie es Jesus versucht hatte.

Um diese Botschaft öffentlich zu verkünden, verfaßte Kierkegaard eine periodisch erscheinende Kampfschrift mit dem Titel »Der Augenblick« (Øieblikket), deren erste das Datum vom 24. Mai 1855 und deren letzte, neunte Ausgabe das vom 24. September des gleichen Jahres trägt. Am 2. Oktober wurde er ins Kopenhagener Frederik Hospital eingeliefert, am 11. November war er tot. Eine Überschrift aus der letzten Nummer des »Augenblick« lautet: »Daß die Geistlichen Menschenfresser sind, und zwar von der abscheulichsten Sorte.« Wie kommt ein Mensch dazu, solche mehr als zweifelhaften Komplimente zu verteilen, und worin besteht der eigentliche Vorwurf? Im Grunde genommen wirft Kierkegaard in seiner schon krankhaft verzweifelten Polemik dem geistlichen Berufsstand vor, er führe ein angepaßtes, geehrtes bürgerliches Leben auf Kosten derer, die ihr Leben für den Glauben geopfert hatten. »Gemütlich hat sich der Pfarrer auf seinem Landsitz eingerichtet, auch mit der Aussicht auf das winkende Avancement; seine Gattin ist die Behäbigkeit selbst, und nicht minder seine Kinder. Und all das verdankt er: den Leiden der Herrlichen, dem Heiland, dem Apostel, dem Wahrheitszeugen (...) Er hat diese Herrlichen in der Pökeltonne.« (Statt Pökeltonne müßte man heute Tiefkühltruhe sagen.)

Eine Staatskirche wie in Dänemark, zu der sich zumindest pro forma alle bekennen, eine von oben herab verordnete Religion, lehnte Kierkegaard mit zunehmender Heftigkeit ab. Er fühlte sich, meist in depressiver Stimmung, als der einzelne, der sich seinen Weg zum Glauben für sich und für andere erkämpfen mußte. Christus *hat* gelitten, aber die Geistlichen *sind* gelitten, sie sind anerkannt und werden belohnt. So könnte man Kierkegaards Dilemma beschreiben. Demgegenüber schleudert er im letzten Abschnitt seiner letzten Kampfschrift seinen wenigen Lesern und den potentiellen Gegnern diesen Satz ins Gesicht: »Daß man glaubt, läßt sich nur auf eine Art beweisen: durch die Bereitwilligkeit, für seinen Glauben zu leiden.«[3]

Kierkegaards Leiden war sein Schicksal, das ihn dazu bestimmte, an sich und an dem etablierten Christentum zu verzweifeln. Wirklich verfolgt war er wohl nur von sich selbst. Natürlich hatte er Gegner, aber mehr noch hielt man ihn für einen Sonderling, für einen Spinner, dem man eine gewisse Narrenfreiheit zugestand.

Seine Philosophie, die jede verbindliche Wahrheit ablehnt, in der die Wahrheit nur aus dem Leiden der eigenen Existenz hervorbrechen kann, und auch da nur in einem im-

merwährenden Zeugungsprozeß, in einem unlösbaren Spannungsverhältnis zwischen »Entweder-Oder«, muß mit den Verwaltern absoluter und endgültiger Wahrheiten in Konflikt geraten. Das war immer so. Kierkegaard war nicht der erste, der es erfahren mußte, auch Jesus nicht. War denn nicht schon 399 v. Chr. Sokrates für seine Wahrheit gestorben? Wie viele auf der ganzen Welt werden es vor ihm und nach ihm gewesen sein?
Kann man für die Wahrheit aber wirklich nur dadurch kämpfen, daß man Anfeindungen und Leiden auf sich nimmt? Gibt es denn nicht auch eine Wahrheit als ethische Verpflichtung, die sich auf ganz andere, positive Weise äußern muß? Kann man den Auftrag der Nächstenliebe verwirklichen, wenn man als einzelner in der Vereinsamung gegen das anonyme menschliche Chaos kämpft? Gibt es nicht den Auftrag, Hand anzulegen, dort wo die Not am größten ist, wie es in unseren Tagen z. B. Mutter Teresa oder der nicaraguanische Priester und Dichter Ernesto Cardenal und viele andere getan haben und tun? Gibt es denn in unserer Zeit nicht mehr aufopfernde Helfer als je zuvor? Dabei kommt es weniger auf einen statistisch belegbaren Erfolg an als auf das menschliche Zeichen.
Derartige Fragen müssen den einundzwanzigjährigen Albert Schweitzer umgetrieben haben. Er schreibt voller Dankbarkeit über seine glückliche Jugend, aber dann: »An einem strahlenden Sommermorgen, als ich – es war im Jahre 1896 – in Pfingstferien zu Günsbach erwachte, überfiel mich der Gedanke, daß ich dieses Glück nicht als etwas Selbstverständliches hinnehmen dürfe, sondern etwas dafür geben müsse. Indem ich mich mit ihm auseinandersetzte, wurde ich, bevor ich aufstand, in ruhigem Überlegen, während draußen die Vögel sangen, mit mir selber dahin eins, daß ich mich bis zu meinem dreißigsten Lebensjahre für berechtigt halten wollte, der Wissenschaft

und der Kunst zu leben, um mich von da an einem unmittelbaren menschlichen Dienen zu weihen.«[4]
Wie allgemein bekannt, war diese plötzliche Eingebung für Albert Schweitzer nicht eine vorübergehende Stimmung, wie sie auch viele andere Menschen haben, die dann wieder in den gewohnten Alltag zurückkehren, sondern sein Entschluß stand fest. Er hat ihn neun Jahre später gegen zahlreiche Widerstände mit seinem Aufbruch nach Afrika durchgesetzt. Trotz des Gegensatzes zwischen dem depressiven und kränklichen Einzelgänger und dem kraftstrotzenden Menschen der Tat berühren sich Kierkegaard und Schweitzer nicht nur in ihrem Bekenntnis zu Christus, sondern auch in der Erkenntnis, daß es für die wirklichen Bekenner kein bequemes Leben geben kann. Schweitzer schrieb daher: »Es gibt keine Helden der Tat, sondern nur Helden des Verzichtens und des Leidens: Ihrer sind viele. Aber wenige von ihnen sind bekannt, und auch diese nicht der Menge, sondern nur den Wenigen.«[5]
Obwohl Schweitzer zeitlebens ein Mensch der Tat war, läßt er sich nicht auf dieses Prädikat allein festlegen. Davon zeugen seine musikwissenschaftlichen und philosophischen Schriften. Ausgangspunkt für Franz von Assisi, seine Anhänger und Nachfolger, für unzählige andere, die es versucht haben, aber auch für Kierkegaard und für Schweitzer war ein Wort, das nach dem Evangelisten Matthäus (16, 24) Jesus zu seinen Jüngern gesagt haben soll: »Will mir jemand nachfolgen, der verleugne sich selbst und nehme sein Kreuz auf sich und folge mir.«
An einem solchen Satz zeigt sich die Nahtstelle zwischen Philosophie und Religion. Man kann über Ethik nachdenken, forschen und gelehrte Bücher schreiben, aber davon wird kein Leidender getröstet und kein Hungriger satt. Das Chaos einer vom Egoismus umge-

triebenen Welt läßt sich auch durch das erhabenste ethische System nicht beeinflussen. Es geht darum, dem Geist auf die Erde zu verhelfen. An der Nahtstelle zwischen einer Eingebung und dem, was durch sie in der Welt sichtbar wird, kann man versuchen, »metaphysischen Empirismus« – im Sinne Schellings – zu betreiben. Natürlich wäre das nicht alles.

In seinem 1935 zunächst in englischer und dann erst dreißig Jahre später in deutscher Bearbeitung erschienenen Buch »Die Weltanschauung der indischen Denker – Mystik und Ethik« grenzt sich Schweitzer von einem privaten, inneren Streben nach Weisheit und Erkenntnis ab. »Alle bisherige Mystik ist unbefriedigend, weil sie welt- und lebensverneinend ist und keinen ethischen Gehalt hat. (...) Aus Welterkenntnis läßt sich keine Ethik gewinnen. Ethik läßt sich auch nicht mit Welterkenntnis in Übereinstimmung bringen.«[6] Ausschlaggebend ist nur das, was durch den ethisch bestimmten Menschen in der Welt geschieht.

Offensichtlich führen zumindest zwei Pfade in Richtung Himmel, die man beide für den rechten Weg benötigt, aber nicht gleichzeitig begehen kann. Schweitzers Resümee: »Es gibt zwei Arten von Mystik: diejenige, die sich aus der Annahme einer zwischen dem Welt-Geiste und dem Menschengeiste bestehenden Identität ergibt, und diejenige, die sich aus der Ethik herleitet.« Anders gesagt: Es gibt die Mystik der Versenkung und die Mystik der Tat. Schweitzers Folgerung: Man kann nicht beides zugleich haben. In diesem Zwiespalt hat nach seiner Auffassung das ethische Verhalten Vorrang. Also muß »das Denken der Menschheit dazu fortschreiten, die Weltanschauung der Ethik zu entnehmen«.[7] Kampf, Vereinsamung, Verzicht: ja; aber keine Nabelschau, kein Zurückziehen in eine erkennende Weltabgeschiedenheit, das ist Schweitzers Bekenntnis. Ist das Problem damit gelöst? Wäre

Kierkegaard mit diesem Problem umgegangen, hätte er eine solche Aussage als zu eindeutig, vielleicht auch als zu vordergründig plakativ verworfen. Für ihn stand Entweder-Oder nie als bleibende Alternative nebeneinander. Für ihn war entweder beides falsch oder beides richtig. Er hätte darauf hingewiesen, daß sich selbst Jesus nicht auf eine der Alternativen zwischen Ethik und Mystik festlegen ließ. Und ob es eine »ethische Mystik« geben kann oder ob das vielleicht doch nur ein schwarzer Schimmel, bestenfalls ein frommer Wunsch ist, darüber kann man nach wie vor nachdenken.

In einem Punkt wäre Kierkegaard in unserem Jahrhundert zufriedener gewesen. Die Zeit, da ein die ganze Gesellschaft (zumindest formell) einendes Christentum vorherrscht, ist gründlich vorüber. Im zwanzigsten Jahrhundert hat es auch in Mitteleuropa zahllose Menschen gegeben, die Erniedrigung, Gefangenschaft und Tod für ihren Glauben erlitten haben. Sie standen in einer fast ungebrochenen Tradition mit Märtyrern und Heiligen. Aber wie sieht es in den westlichen Industriestaaten aus, in denen es keine Christenverfolgung, allenfalls Christenverachtung gibt, und eine dem Schein nach liberale Marktwirtschaft herrscht, wobei das Wort »herrscht« in seinem unmittelbaren Sinne zu verstehen ist, der Machtmißbrauch und Unterdrückung nicht ausschließt? Der einzelne, der etwas bewirken will, der bereit ist, sich selbst zu verleugnen, mußte schon immer zum verachteten Außenseiter werden. Daran hat sich bestimmt auch in unseren Tagen nichts geändert. Die Fragen bleiben: Wo ist der einsame Kämpfer, was tut er, wie sieht die ihm entgegengebrachte notwendige Verachtung aus? Welche Sanktionen stehen einer Gesellschaft zur Verfügung, um beispielsweise die Verächter einer herzlosen Wirtschaftsbrutalität unschädlich zu machen? In manchen Ländern werden diese Kämpfer totgeschossen, in anderen nur totgeschwiegen.

Auf jeden Fall verschwinden diese Ketzer sang- und klanglos von der Bildfläche. Welche Hilfestellung könnten ihnen die Kirchen noch geben? Hat man in ihnen dieses Problem (außerhalb von Lateinamerika) überhaupt schon erkannt? Welche Stimme erhebt sich gegen eine auch in unserer Gesellschaft immer mehr zunehmende, wirtschaftlich motivierte Zerstörung menschlicher Bindungen innerhalb der Arbeitswelt? Den Christen scheint ein Polemiker im Sinne Kierkegaards zu fehlen, und daher findet in dieser Beziehung wieder einmal ein Tiefschlaf statt. Schnarchgeräusche sollten nicht durch Orgelklang übertönt werden.

1 Aus der Schrift »Der Gesichtspunkt für meine Wirksamkeit als Schriftsteller«, Agitatorische Schriften, S. 425
2 Der Augenblick Nr. 3, Agitatorische Schriften, S.239
3 Der Augenblick Nr. 9, a.a.O., S. 364
4 Aus meinem Leben und Denken, S. 72
5 a.a.O., S. 77
6 Die Weltanschauung der indischen Denker, S. 10
7 a.a.O., S. 210 ff.

DER LOHN VOR UND NACH DEM ENDE DER ZEITEN

Heilserwartungen des Glaubenden

Samuel wurde einst aus der Unterwelt herbeigerufen, um Saul zu helfen. »Hallo Jenseits! – Hier Diesseits« – solche Kontakte gehörten damals zum Standardrepertoire eines begabten Profi-Zauberers. Wie kann so etwas funktionieren? Wäre hier ein Beleg für die Behauptung zu suchen, das Jenseits müsse erfahrbar sein? Davon später. – Auch von einem Heiland erwartet man, daß er Heil und Heilung bringt, aber nicht nur dies, er soll den Menschen beibringen, wie sich die Türen zum Himmel öffnen lassen. Schafft er das nicht, dann bleibt er Philosoph, verdient jedoch nicht die Bezeichnung als Heiland.

Vor Urzeiten, als Theologie und Medizin noch einer gemeinsamen Fakultät angehörten und der Priester, der Medizinmann, der Schamane oder die Kräuterfrau mit Hilfe von Zauberformeln, Rauschmitteln und Tänzen die Götter und die Geister aus dem Jenseits in die irdische Gegenwart herunter- bzw. heraufholten, damit diese Regenwolken herbeizogen und heilende und sonstige Wunder vollbrachten, waren diese und die andere Welt noch aus einem Guß. Es gab einen geistigen Pendelverkehr zwischen hüben und drüben. Der Graben zwischen Geist und Materie war noch nicht ausgehoben. Daher ließen sich Tote beschwören und bei Bedarf vorübergehend herbeizitieren, Lebende ließen sich in eine Trance versetzen, aus der sie mit der Erkenntnis zurückkehrten, im Reich der Ewigkeit gewesen zu sein. Dies war ein erlernbares Geistwerk; nicht jeder konnte diese Ausbildung erfolgreich abschließen, manche kamen auch erst auf dem zweiten Bildungsweg in die höheren Sphären, aber solche

Menschen gab es in allen Gesellschaften. Einzelne Menschen sind auch heute wie eh und je in der Lage, seelische Felder von anderswo wahrzunehmen. Was sich dabei in physikalischer Hinsicht wirklich abspielt, das interessierte damals niemanden. Es zählt, was erlebt wird. Daran hat sich übrigens in den vergangenen vielen Tausend Jahren weniger geändert, als manche heute vermuten. Solche Beziehungen pauschal als Blendwerk, Bauernfängerei oder gar als Betrug anzusehen, wie es seit Kant unter aufgeklärten Menschen üblich ist, wird diesem Phänomen nicht gerecht. Natürlich gab und gibt es in diesem Metier viele Scharlatane, aber die gibt es überall. Menschliche Erlebnisse taugen nicht fürs Labor, und doch machen *sie* das Leben aus, nicht die Meßdaten, die aus einem menschlichen Außenbereich stammen, der einst gar nicht wahrgenommen wurde. Erst in unserer Zeit beginnt man wieder ganz allmählich, sich Gedanken darüber zu machen, ob denn solche menschheitsalten Erfahrungen wirklich nur Aberglauben und äußerliche Tricks waren oder ob da nicht doch konkrete Erkenntnisse angewandt wurden, von denen viele heute nur deshalb nichts wissen wollen, weil sie nicht in ihr materialistisches Weltbild hineinpassen. Schon allein die Beschäftigung mit der chinesischen Medizin und anderen alten Heils- und Heilerfahrungen könnten eigentlich zu einer Verunsicherung unserer naturwissenschaftlichen Dogmen führen. Aber noch werden diese manchmal mit geradezu fanatischem Eifer verteidigt. Vielleicht ist dieser Fanatismus ein Symptom für die verdrängte Einsicht, wie sehr das positivistische Fundament Risse bekommen hat. Es muß hier ausdrücklich betont werden: Es geht nicht darum, das naturwissenschaftliche und technische Weltbild in Frage zu stellen, in Frage gestellt wird nur der Glaube an die Idee seiner *Alleinherrschaft*. Dies ist ein Unterschied, der das geistige Fassungsvermögen mancher Denkschubladen zu überfordern scheint. Ich habe dies schon gelegentlich selbst erfahren müssen. Immer wieder begegne ich Menschen, die mich für einen Technikfeind halten. Das ist natürlich Unsinn; ich akzeptiere und nutze die technischen und naturwissenschaftlichen Möglichkeiten unserer Zeit wie andere auch, allenfalls mit kleinen Einschränkungen. Ich hoffe auf einen weiteren technischen Fortschritt, soweit er ethisch verantwortbar ist und uns nicht in die falsche Richtung lenkt. Wer es für falsch hält, daß sich die Menschen überessen, darf ja schließlich auch nicht als Feind des Essens bezeichnet werden. Was ich gemeinsam mit vielen anderen befürchte, das ist also nicht der weitere technische Fortschritt, wohl aber die bewußte oder unbewußte Neigung, ihn als Ersatzreligion kritiklos anzuerkennen und alles zu verdammen, was diese in Frage stellt. Die Kritik an der Vergötzung der Technik ist zwar so alt wie die Technik selbst, dennoch besteht Anlaß, sie immer wieder neu auszusprechen. Sie ist ein alter Hut, der nicht altert.

Von einem frühkulturellen Geisteszustand der Menschheit finden sich sogar im Alten Testament noch Spuren. Dabei muß man unterstellen, daß diese Schriften entweder von Priestern selbst verfaßt wurden oder zumindest einer priesterlichen Zensur- und Auswahlkommission vorgelegen haben. Sie schildern also nicht unmittelbar den wirklichen Volksglauben der Zeit, sondern das, was man dem stets zweifelnden und abtrünnigen Volk beibringen wollte. Und dennoch, es blieb soviel Reales und Drastisches, soviel Mut zum Negativen und menschlich Unvollkommenen in diesen Schriften, daß niemand auf die Idee kommen kann, hier werde zuviel beschönigt. Es bleiben daher auch archäologische Relikte, die Rückschlüsse auf frühere Schichten des Geistigen ermöglichen. Eines davon ist Sauls Geisterbeschwörung.

Saul, der erste König Israels, der etwa von 1020 bis 1000

v. Chr. diese Funktion innehatte, wurde in fortgeschrittenem Alter ein unangenehmer Psychopath. Vermutlich im Auftrag seiner rechtgläubigen Priester hatte er alle Wahrsager und Zeichendeuter ausrotten lassen. Als er aber dann wieder einmal in Schwierigkeiten geriet, galt plötzlich für ihn selbst nicht mehr, was er angeordnet hatte. Er verkleidete sich und ging zu der Zauberin von Endor, die offensichtlich seiner Säuberungsaktion entgangen war. Es war reichlich naiv, als König vor einer Wahrsagerin anonym bleiben zu wollen; die durchschaute nämlich sofort den Schwindel. Saul versprach aber, sie zu verschonen, und verlangte eine Unterredung mit dem toten Samuel, dem großen Weisen und Richter, der einst Saul zum König gesalbt hatte. Die Dame ging darauf ein. »Das Weib sprach zu Saul, ich sehe Götter heraufsteigen aus der Erde (...) es kommt ein alter Mann herauf und ist bekleidet mit einem Priesterrock, da erkannte Saul, daß es Samuel war ...« (1. Samuel 28, 13) Dieser heidnisch anmutende Zauber ist Zeugnis einer Urerfahrung, die nicht nur im Orient, sondern in ähnlicher Weise bei allen Völkern der Welt verbreitet gewesen war und teilweise auch noch ist. Beachtlich ist übrigens, daß Samuel von unten kam, aus der Unterwelt also, keineswegs vom Himmel herunter.

Mit der Beschwörung der Toten und Geister konnte man Jenseitiges und Zukünftiges erfahren und Taten vollbringen, die die natürlichen Fähigkeiten der Menschen überstiegen. In seinen Wunderheilungen haftet selbst Jesus noch ein Hauch von medizinmännischer Aura an. Die Evangelisten wußten es sehr wohl, das Volk erwartet vom Heiland und Erlöser nicht nur religiöse und politische, sondern auch herkömmlich priesterliche Funktionen, und dazu gehört nun mal, daß Wunder abgeliefert und böse Geister ausgetrieben werden. Jesus selbst sah das im übrigen auch so. Zu den Kranken, Lahmen und Blinden sprach er nicht: »Wartet, bis ihr im Himmel seid, dann werdet ihr geheilt sein.« Mit solchem Billigtrost hätte er bei seinen Zeitgenossen kein Aufsehen erregt. Dies gelang ihm durch seine Sofortheilungen ohne Krankenschein, Wartezimmer und Apotheke. Dabei bewies er sogar regelrecht Humor, als er selbst ein heute vielleicht nicht unbedingt empfehlenswertes Billigmedikament produzierte. Immerhin wäre es ein Beitrag zur Kostendämpfung im Gesundheitswesen. Jesus sagte zu dem Blindgeborenen: »Ich bin das Licht der Welt.« Und dann kommt die Behandlung: »Da er solches gesagt, spie er auf die Erde und machte einen Brei aus dem Speichel und legte den Brei auf des Blinden Augen und sprach zu ihm: Gehe hin zu dem Teich Siloah (...) und wasche dich! Da ging er hin und wusch sich und ward sehend.« (Joh. 9, 6–8) Der moderne Mensch würde nun vielleicht gerne wissen, welche chemischen Reaktionen der eingespeichelte Staub in Gang gesetzt hat. Doch ist dies eine Frage, für die man sich damals absolut nicht interessierte, denn Jesus stand jenseits der Chemie. Das Darumherum dieser Heilung war wohl nur ein Ablenkungsmanöver, weil der Blinde ihn zunächst ja noch nicht sehen konnte. Da mußte er etwas zu spüren bekommen. In diesem Zusammenhang wird auch verständlich, wie der moderne Materialist auf Geistiges reagiert. Der Schweizer Wissenschaftsjournalist Urs Willmann, schrieb einmal – mehr oder weniger locker –, der (nichtexistente) Gott sei »der größte Placebo-Effekt aller Zeiten«.[1] Für einen Menschen, dem in der Medizin nichts über die Chemie geht, gibt es anscheinend keine andere Deutung als diese: Gott als Mogelpackung. Und der Blinde soll gefälligst froh sein, wenn er sich bei diesem mehr als zweifelhaften Medikament nicht noch einen Abszeß ans Auge geholt hat. Wenn aber eine Heilung ohne Chemie durch geistige Kräfte zustandekommt, und sei es auch aufgrund einer Placebowirkung, und dies ist nun wahrlich etwas, was seither millionenfach vorgekommen und belegt ist, dann wird der Materialist sprachlos, oder er weicht auf Witzeleien aus, um seine Inkompetenz zu vertuschen.

Aber die Heilungen sind nicht alles, vor allem sind sie nicht das Wesentliche. Es geht um die Aufhebung der Schranke zwischen dem Hier und dem Jenseits, also um das Hereinragen der Zeitlosigkeit in die Zeitgebundenheit oder des Geistes in die Materie. Der Mensch, der mit dem Heil in Berührung kommt, muß einen Hauch, eine Ahnung vom allgegenwärtigen Jenseits *sofort* verspüren. Dies ist keine christliche Spezialität, sondern der Ursinn jeder Religion.

Der Theologe Heinz Zahrnt veröffentlichte 1972 ein Buch mit dem Titel »Wozu ist das Christentum gut?«. Darin behauptete er, Religion trage ihren Sinn in sich selbst, sie bedürfe und vertrage keinerlei Begründungen durch irgendwelche außerhalb ihrer selbst liegenden Zwecke. »Sie ist zweckfrei und nutzlos, aber sie ist darum nicht sinnlos; sie ist sinnvoll in sich selbst.«[2] Mit dieser puristischen These lag Zahrnt damals sicher im theologischen Trend der Zeit. Zugleich deckt sie aber ungewollt auch einen Grund dafür auf, daß die Religion inzwischen von einem großen Teil der Bevölkerung tatsächlich für zwecklos und nutzlos angesehen wird. Doch es hat sich seit Urzeiten nichts geändert: Religion muß etwas bringen. Warum soll der Normalmensch nicht das Recht haben, von seiner Religion zu verlangen, daß sie sein *gegenwärtiges* Leben wertvoller, erfüllter, reicher, gesünder, geborgener und gelöster oder erlöster mache, daß er froh und getröstet werde, wie es die zahlreichen Lieder aus alter und neuer Zeit immer wieder eindrucksvoll verkünden? Ob solche Besserungen nun ein außerhalb oder innerhalb der Religion liegender Zweck sind, scheint eine rein theoretische Frage zu sein, für die sich der Normalmensch nicht interessiert. Auch die Seligpreisungen von Jesus versprechen irdisch Erfahrbares, z. B.: »Selig sind die Sanftmütigen, denn sie werden das Erdreich besitzen.« (Matth. 5, 5) Das Heil muß erfahrbar, spürbar sein, nicht als Gutschrift auf einem himmlischen Nummernkonto, sondern als Gegenwärtigkeit.

Die Nähe des Himmelreichs ist bei Jesus und anderen Religionen nicht eindeutig nur das Ende *aller* Zeiten. Dieses Ende wurde als ein Ereignis erwartet, das *in* die Zeit fällt, und an einem bestimmten Kalendertag plötzlich mit Posaunenschall eintritt. So wurde es immer wieder erhofft, befürchtet oder vorausberechnet. Das Himmelreich kann aber auch bei Jesus als persönlich erreichbare Aufhebung der Zeit, als ein Überspringen des Grabens gedeutet werden. Wie dies verstanden werden kann, illustriert ein Satz aus dem apokryphen Thomas-Evangelium. »Es sprachen seine Schüler zu ihm so: Zeige uns den Ort, an dem du bist, denn es ist notwendig, daß wir ihn suchen. Er sprach zu ihnen so: Wer Ohren hat, soll hören! Licht ist innerhalb eines Menschen des Lichts, und er erleuchtet die ganze Welt. Wenn er nicht leuchtet, ist Finsternis.«[3] Dieser gnostisch beeinflußte Satz, der aber möglicherweise auf ein wirkliches Jesus-Wort zurückgeht, weist ebenfalls nicht auf eine unerreichbare, ferne Welt hin, sondern er bezieht sich auf eine erspürbare, leuchtende Gegenwart. Man könnte diesen Satz so verstehen: »Ich bin dort, wo mein Licht in euch leuchtet.« Ähnlich lautet der schon erwähnte Satz: »Ich bin das Licht der Welt.«

Viele vertrauen dem alten Versprechen auf eine Lohnfortzahlung im Jenseits, auf Auszahlung einer Prämie für die Strapazen und Benachteiligungen in diesem Leben, das nicht nur im Christentum, sondern z. B. auch im Islam schon immer abgegeben wurde. (»Wer im Heiligen Krieg sein Leben opfert, fährt schnurstracks in den Himmel«, oder wörtlich: »Auf daß Er diejenigen belohne, die glauben und gute Werke tun. Solche sind es, die Vergebung und eine ehrenvolle Versorgung erhalten werden.« – Koran, Sure 34, 5). Solche Versprechungen sind ein möglicherweise ungedeckter Scheck. Ob und wie Gott als ewiger Banker ihn einlöst, das hat der Mensch nicht in der Hand, er darf anderen also auch nichts versprechen. Er mag darauf vertrauen, aber Jesus selbst hat ein paar Gleichnisse verbreitet, die erkennen lassen, daß die Konten im Jenseits nach ganz anderen Gesichtspunkten geführt werden als bei der Kreissparkasse. Gewiß, das seelische Leben mag nach dem Tod weitergehen, was wir dabei jedoch erleben oder empfinden, ob wir dann noch Individuen sind oder nur noch Teil einer All-Gemeinschaft, das weiß keiner. Darum ist Erlösung zunächst einmal ein diesseitiger Begriff. Auch die indische Lehre vom Karma, von der Wiedergeburt und vom Nirwana, die jetzt auch im Westen bei vielen Menschen überzeugend wirkt, behält ihren Sinn nur dann, wenn daraus in erster Linie Lehren und Erkenntnisse für das gegenwärtige Leben gezogen werden, solange das Jenseits mit dem irdischen Leben verbunden ist.

1 DIE ZEIT 13/98
2 S. 50
3 Spruch 24, Apokryphe Bibel, S. 321

Die Doppelbödigkeit des Lebens

Über Versuche, die Seele zu lokalisieren

Ein einst populäres und mehrfach vertontes Gedicht aus dem 18. Jahrhundert heißt: »Das Canapee«. Einige Zeilen hier als Kostprobe:

»Das Canapee ist mein Vergnügen,
Drauf ich mir was zugute tu,
Da kann ich recht bequeme liegen
In meiner ausgestreckten Ruh;
Tut mir's in allen Gliedern weh,
So leg ich mich aufs Canapee.«

Das Möbelstück erweist sich in den folgenden Versen dieses trefflichen Gedichts ebenfalls als nützlich für das »Coffee trinken«, zum Pfeifchen rauchen, für die Liebe und für das Sterben. Daher folgt hier die letzte Strophe:

»Soll ich auf diesem Lager sterben,
So halt ich wie ein Lämmchen still;
Ich weiß, mein Geist kann nicht verderben,
Er spricht, Herr, es gescheh dein Will!
Die Seele schwingt sich in die Höh,
Der Leib liegt auf dem Canapee.«[1]

Dieses Gedicht ist ein Beispiel, wie der Mensch noch bis ins 18. Jahrhundert zwischen Alltag und Religion keine Grenze setzte. Seine Welt war in dieser Beziehung aus einem Guß. Gedanken über Leben, Lieben, Genießen, Sterben und Ewigkeit konnten auf dem gleichen Kanal empfangen werden. Der leider unbekannte Dichter spricht zugleich eine alte Vorstellung über das Verhältnis zwischen Seele und Körper aus, zumindest scheint er ein indirekter Anhänger der Philosophie eines René Descartes zu sein, der in seinem epochalen Werk »Von der Methode des richtigen Vernunftgebrauchs« (1637) eine klare Trennung zwischen Seele und Körper behauptet und ausführt, »daß dieses Ich, d. h. die Seele, durch die ich das bin, was ich bin, völlig verschieden ist vom Körper, ja daß sie sogar leichter zu erkennen ist als er, und daß sie, selbst wenn ich nicht wäre, doch nicht aufhörte, alles das zu sein, was sie ist«.[2] Mag auch dieser Dualismus zwischen Leib und Seele auf einer letzten Endes überflüssigen Abgrenzung beruhen, so ist er doch ein nützliches Hilfsmittel zu erkennen, worum es hier geht.

Daß sich die Seele weder mit dem Mikroskop noch mit dem Fernrohr entdecken läßt, hat sich herumgesprochen, daß sie sich jedoch auch gegenüber der Statistik spröde verhält, führt zu manchen voreiligen Rückschlüssen auf ihr Nichtvorhandensein. Die Frage, ob es so etwas Paradoxes wie eine »aktuelle Zeitlosigkeit« geben könne, ist älter und weltumfassender als das Christentum. Sie läßt sich auch so formulieren: Gibt es etwas in oder um uns, was zeitlos, jenseitig und irdisch zugleich ist? Sind wir also ein Wesen, das von *oben* und von *innen* gleichermaßen bestimmt wird?

Von der Seelenlehre der Ägypter wurde das griechische Verständnis der unsterblichen Seele beeinflußt, wie es vor allem Platon darstellt, als körperloses Wesen aus dem Kosmos, das sich in einem Menschen niederläßt, ihn bestimmt und mit dem Tod wieder aus ihm flieht, während der Leichnam auf der Erde bzw. auf dem Canapee zurückbleibt. Die Neuplatoniker, insbesondere Plotin (205–270), entwickelten diese Lehre weiter. Von hier aus führen direkte und verschlungene Pfade in die christliche Tradition und in die Mystik. Die gemeinsame Doppelfunktion von Körper und Seele beschrieb Plotin besonders eindrucksvoll: »Unsere Seele ist nicht gänzlich hinabgesunken [ins irdische Leben], sondern immer bleibt ein Teil ihres Wesens in der geistigen Welt, nur hat meist, was in der Sinnenwelt weilt, die Oberhand (...) Denn das geistige Erleben unserer Seele tritt erst dann in uns ein, wenn es herabsteigt und ins Bewußtsein kommt.«[3] Ob nun ein Teil dessen, was unsere »ewige Seele« erlebt, ins Bewußtsein kommt oder ob solches Erleben unbewußt bleibt, in beiden Fällen kann es unser irdisches Leben beeinflussen. Eine feste Grenze zwischen der im All verwurzelten Gesamt-Seele und der mit dem menschlichen Körper verbundenen Individualseele existiert für Plotin nicht. Der Mensch kann diese Grenze überschreiten, wenn er bereit ist, sich dem Geistigen zu öffnen.

»Über den Zusammenhang der Natur mit der Geisterwelt« hat Schelling ein ganzes Buch entworfen, einen Dialog, in dessen Mittelpunkt Clara steht, eine geistreiche Frau wie Schellings tief betrauerte erste Frau Caroline. Die Quintessenz aus den vielerlei Aspekten des »Herüberwirkens« der Geisterwelt in die irdische Welt faßt er in dieser Frage zusammen: »Folgt nicht aus allen diesen Erscheinungen, sagte ich hierauf, daß das geistige Wesen unserer Körperlichkeit, das im Tode uns folgt, schon vorher in uns gegenwärtig ist, daß es nicht erst dann entsteht, sondern bloß frei wird und in seiner Eigentümlichkeit hervortritt, sobald nicht mehr die Sinne und andere Lebensbande es an die Außenwelt fesseln?«[4] Die Folge hieraus ist nach Schellings Meinung, die insoweit auf alter Tradition beruht: Der Mensch muß sich in diesem Leben dem Geistigen öffnen, es in sich einlassen, es als Freude erfassen, denn nur solche Werte können ihm nach dem Tode bleiben, weil sie nicht in der Materie verwurzelt sind. Je mehr ein Mensch am Irdischen, Körperlichen hängt, desto mehr hat er mit dem Tode zu verlieren: seinen Körper und seinen Besitz. Denn, so sagt er an anderer Stelle: »Mir scheint (...), daß man schon hier jenen göttlichen Teil in sich pflegen und erziehen kann und so zum Teil schon hier die Seligkeit jenes anderen Lebens genießen.«[5]

Einen anderen Ansatz für die Überbrückung der von Descartes proklamierten Kluft zwischen Körper und Geist suchte schon Leibniz. Er schrieb einmal: »Trotzdem finde ich, daß es keinen abstrakten Gedanken gibt, der nicht von einigen materiellen Bildern oder Spuren begleitet wäre, und ich habe einen vollkommenen Parallelismus aufgestellt zwischen dem, was in der Seele vorgeht, und dem, was sich in der Materie ereignet.«[6] Der Körper muß also zumindest in Ansätzen spüren, was sich in der Seele ereignet. Und umgekehrt muß man daraus folgern: Spürt der Körper nichts, keine Freude, keine Befreiung, keine Liebe, keine Gesundung, keine Schuldlösung, keine Geborgenheit im All, dann geht auch die Seele leer aus. Der Parallelismus im Sinne von Leibniz könnte auch als eine Art von Resonanz zwischen zeitlosen Feldern und körperlicher Gegenwart gedeutet werden. Man kann daraus auch folgern, daß die in der Wirklichkeit zu beobachtenden Phänomene an uns zweierlei Ursachen haben: seelische, immaterielle und zugleich kausal erklärbare materielle. Wer sich für alles, was mit und an ihm geschieht, mit materiellen Erklärungen begnügt, der stellt sich die Frage nach anderen Ursachen nicht. Wer tiefer in das Geschehen eindringen will, sucht nach der seelischen, schicksalhaften Parallelursache. Der unsichtbare Geist reitet auf einem sichtbaren Pferd.

Das »Seelenheil« ist also eine doppeldeutige Sache. Es hat zeitliche und zeitlose Aspekte und betrifft doch nur eine Einheit. Es wäre eine Aufgabe der Kirchen, dem Menschen auf neue, ungewohnte Weise klarzumachen, daß er eine Heimat außerhalb der Materie hat, auf die er vertrauen kann, wenn er lernt, sich von den irdischen Dingen unabhängig zu fühlen. Die kosmische Geborgenheit, ein Uranliegen aller Religionen, braucht nicht hinter teilweise unverständlichen Dogmen verborgen zu sein. Sie kann im Alltag erfahren werden.

Dabei muß immer wieder erneut dies überdacht werden: Der heutige Mensch ist nicht schlechter als seine Vorfahren seit Urzeiten. Aber wenn ihm Religion irgend etwas bedeuten soll, dann muß sie ihm eine Leistung bringen, die über eine intellektuelle Erkenntnis hinausreicht. Hinter dieser Forderung verbirgt sich nicht ein modernes Effizienzstreben, sondern die nüchterne Einsicht, daß auch eine Kirche nicht am Markt vorbeiproduzieren darf, wenn ihr Anliegen einen Sinn haben soll. Sie muß gefragt, anziehend und not-wendig sein. Die Kirche darf verbrauchte Antworten nicht blind unter Menschen schleudern, die ganz andere Fragen stellen. Vielleicht wollen viele einfach nur erfahren, wie man den Zugang zum großen Mysterium erleben kann. Diese Frage kann man selbst mit einer gekonnten Bibelwortauslegung nicht so einfach beantworten. Wer als Pfarrer die Seele kaltläßt, sorgt dafür, daß auch die Kirchenbänke kalt bleiben. Und wenn der gängige Materialismus verhindert, daß die richtigen Fragen geäußert werden, dann muß die Kirche diesem Materialismus selbst begegnen und nicht versuchen, ihm nachzuhinken. Die soziale Verantwortung zu sehen und die richtigen Worte zu finden, das ist sicher wichtig und richtig. Darauf allein konnte eine Religion noch nie bauen, sie braucht unendlich viel mehr, um überleben zu können. Sie muß ein immerwährendes seelisches Urverlangen der Menschen erkennen, erwecken und erfüllen. Hier zeigt sich, daß eine nur an das Denken und an das soziale Verantwortungsgefühl appellierende Religion eine Halbheit ist, nach der sich die Menschen noch nie gesehnt haben. Dies alles mag abstrakt klingen, aber die Konkretisierung ist keine Sache des Papiers, sondern der lebendigen Menschen, die wie einst Franz von Assisi bereit sind, alles was sie haben, einzubringen, notfalls ihre Kleider.

[1] Zitiert aus Ludwig Reiners: »Der ewige Brunnen«, S. 598
[2] Philosophische Schriften, S. 55
[3] S. 34
[4] Clara, S. 137 (entspricht: Werke, 4. Ergänzungsband, S. 103 ff.)
[5] a. a. O., S. 127
[6] Fünf Schriften, S. 56

Die Weltmacht der Wehrlosen

Die drei Wahrheitsbegriffe

Tanja hatte drei Eigenschaften: Schönheit, Schläue und Charme. Dies waren ihre einzigen Waffen, mit denen es ihr gelang, sich und ihren kleinen Neffen, der eigentlich Ludwik Begleiter hieß, im besetzten Polen vor den Nazis zu schützen. Sie und der Junge überlebten als Juden in einer feindlichen Welt, denn auch auf die Polen konnte sich Tanja damals nicht verlassen. Tanja kämpfte; es war ein waffenloser Kampf gegen eine bewaffnete Übermacht, wie ihn in diesen Zeiten Millionen von Menschen führen mußten, allzuoft ohne Erfolg. Tanja gelang die abenteuerliche Flucht aus dem im Aufstand umkämpften Warschauer Stadtviertel. Ihre Geschichte handelt von Lügen, Verstellung und Heuchelei, die in einer absurden Welt zu rettenden Tugenden werden. Zugleich wird von einem nicht bewußt werdenden, aber sich aus der Sache ergebenden Urvertrauen erzählt. Aus dem kleinen Jungen wurde später der New Yorker Anwalt und Schriftsteller Louis Begley, der sein Überleben in dem Buch »Lügen in Zeiten des Krieges«[1] schilderte. Diese Geschichte *beweist* nichts, aber sie *zeigt* etwas: die »sündhafte Tugend«, die systemwidrige Ethik, die Logik der Unlogik. Man kann Gott und Welt nur gerecht werden, wenn man beide nicht von vornherein für gerecht hält. Gerecht, das heißt hier zugleich: konsequent. Vielleicht müssen wir wieder viel mehr auf das einzelne Schicksal der Dinge Rücksicht nehmen und nicht gleich verlangen, daß sich da etwas verallgemeinern und sprachlich ausdeuten lasse. Dies war auch die Grundeinstellung Goethes, wie er sie einmal in seinem Werk »Wilhelm Meisters Wanderjahre« formulierte: »Man suche nur nichts hinter den Phänomenen: Sie selbst sind die Lehre.« Vielleicht ermöglicht diese Einsicht uns einen alten, heute manchmal verkannten Zugang zur Bibel.

Daß man mit der Bibel in der Hand nicht mehr beweisen kann, als daß etwas in ihr steht, auf das man hinweisen möchte, wurde schon gesagt. Aber es gibt einen umgekehrten Beweis, einen, den das Leben führt. Offenbarung ist, so verstanden, das Leben selbst. Nicht die Bibel belegt, was ist, sondern das, was ist, belegt die Bibel, und zwar nicht in Theorien und Systemen, sondern im bedeutungsvoll herausgegriffenen Beispiel.

Eine der größten Herausforderungen an ein vorurteilsfreies und nüchternes Denken, das die religiösen Aspekte nicht aus dem Auge verlieren möchte, ist der Satz aus den Seligpreisungen der Bergpredigt: »Selig sind die Sanftmütigen, denn sie werden das Erdreich besitzen.« (Matth. 5, 5) Gibt es denn nichts Leichteres, als gerade diese Aussage zu widerlegen? Der Mensch ist aus einer nach menschlichem Zeitverständnis viele hunderttausend Jahre und, wenn man ihn auf die Ursuppe zurückführt, Milliarden Jahre reichenden Evolution hervorgegangen. Geht man davon aus, kriegerische Stämme hätten die friedlichen ausgerottet, dann sind wir alle miteinander Nachkommen der primitiven Draufgänger und Totschläger, dann sieht es so aus, als ob Gott bzw. die Evolution keine Nische für die Sanftmütigen bereitet hätte. Man könnte das biologisch so ausdrücken: »Wer sich nicht wehrt, der wird verzehrt« – oder, abgewandelt als Missionsgrundsatz aggressiver Religionen: »Selbst wenn er sich wehrt, er wird bekehrt.« So betrachtet, werden alle, die Waffen verabscheuen, von denen vertilgt, die sie anbeten. Ein oberflächlicher Blick auf die

Geschichte von Politik und Wirtschaft scheint dies zu belegen.

Wie kommt Jesus zu der Behauptung, die Sanftmütigen dürften herrschen? Wie diese Inbesitznahme der Welt aussehen wird, das allerdings bleibt offen. Die Auffassung, es könne sich hier vielleicht nur um eine private Gefühlsangelegenheit des einzelnen Sanftmütigen handeln, läßt sich nicht aufrechterhalten. Wenn Gott, wie es sogar von manchen dem Druck der Zeit nachgebenden Theologen eingeräumt wird, nur etwas wäre, an das man glauben kann oder nicht, das in jedem Falle eine Sache des Individuums bleibe, dann wäre auch die Frage privat, was Religion bewirken kann. Rudolf Bultmanns Satz: »Will man von Gott reden, so muß man offenbar von sich selbst reden«[2] mag ja in gewisser Hinsicht stimmen, aber auf die Dauer wird dieses Reden von sich selbst den anderen doch langweilig. Der Mensch möchte in die Substanz eindringen, die die vielerlei Privaterkenntnisse auf einen Nenner bringt, die ihnen einen übergeordneten Sinn verleiht und die ihm von einer Welt kündet, die nicht nur er selbst ist. Der als Privatangelegenheit verkündete Gott wäre so ärmlich wie derjenige, der ihn für sich allein zu besitzen meint. Damit ist noch lange nicht gesagt, daß sich der *Begriff* Gott definieren oder auf einen Nenner bringen lasse. Er bleibt unfaßbar, auch wenn es sehr wohl Sinn macht, von ihm als etwas Seiendem zu sprechen. Wer die Menschheit als einen Organismus erkennt, weiß, daß sie auch eine *gemeinsame* Seele haben muß, die mehr und anderes ist als die Summe privater Vorstellungen oder Denkverkrustungen. Damit kann man natürlich keinen Beweis führen, darauf kommt es nicht an, doch der Glaube muß sich auf etwas beziehen, was mehr ist als eine private psychische Innerei.

Wenn auf der ganzen Welt, in allen Völkern und Kulturen, unabhängig voneinander das Göttliche erkannt wird, dann ist dies eine Feststellung, die ein anderes Fundament hat als nur die Summe von Privatbiographien. Schelling drückte das so aus: »Die objektive, von menschlichem Meinen, Denken und Wollen unabhängige Entstehung gibt der Mythologie einen objektiven Inhalt, mit dem objektiven Inhalt zugleich objektive Wahrheit.«[3] Weitere Ansatzpunkte für empirische Feststellungen wären dann, so betrachtet, Handlungen, die der Mensch im Vollzug einer der Welt vorauszusetzenden Intelligenz begeht. Also nicht diese Intelligenz wird sichtbar, jedoch das, was der Mensch tut, der von ihr inspiriert ist.[4] Wenn man z. B. auf die Geschichte der Jeanne d'Arc zurückgeht, dann waren ihre Visionen privat; niemand konnte sie mitansehen und mitanhören. Was sie aber mit Hilfe dieser unbestellten Erleuchtungen und Eingebungen gewußt, bewirkt und an ihrer Welt verändert hat, das ist empirisch nachvollziehbar. Ohne diese Eingebungen wäre ihr Handeln ohne Sinn, dann wäre sie eine Verrückte, aber keine Heldin gewesen.

Wenn dies erkannt ist, dann dürfen wir zu unserem Beispiel zurückkehren. Wo sind die Taten der göttlich inspirierten Dulder? Wie sieht es aus, wenn sie die Welt in Besitz nehmen? Untersucht man dieses Problem, dann stehen Jesus und seine weltweiten Vorläufer im Geiste nicht mit leeren Händen da. Laotse, als er im Alter sein Land verließ, kämpfte nicht gegen die Gesellschaft, sondern räumte kampflos den Schauplatz, er erreichte mehr als eine bewaffnete Armee. Seine Weisheit zeugt immer wieder davon, wie das Schwache das Starke überwindet, so z. B. der Gedanke, daß das Weibliche über das Männliche siege. Laotse selbst ist der beste Beweis seiner Lehre. Sie wurde zur Grundlage einer weitverbreiteten Religion. Ihre Weisheit überdauert jetzt schon zweieinhalb Jahrtausende. Leben und Lehre stimmen auch überein in den durch Platon mitgeteilten Erkenntnissen des Sokrates, der nach seiner Verurteilung (399 v. Chr.) keine Gelegenheit zur Flucht nutzte und wehrlos den Schierlingsbecher trank. Er wußte, daß seinen Worten mehr Sprengkraft innewohnte als den Schwertern der Krieger. Siddharta Gautama (ca. 560–480 v. Chr.), bezeichnet als Buddha (der Erleuchtete), verbrachte einen großen Teil seines Lebens als ein durch die Lande ziehender Bettelmönch. – Über das (verklärt erlebte und geschilderte) Leben von Jesus wissen wir aus den Evangelien Bescheid. Die Menschen, die unbestritten die größte geistige Macht ausstrahlten und bis heute ausstrahlen, die das Erdreich in vieler Hinsicht in Besitz genommen haben, waren gewaltlos, jedoch nicht machtlos. Sie hatten in allen Kulturen zahlreiche Nachfolger, deren Namen nur zu einem ganz kleinen Teil überhaupt bekannt geworden sind. Frauen und Männer als Märtyrer, Propheten, Prediger, Ordensleute, Heiler, Pfleger, Tröster, aber auch Kämpfer mit geistigen Waffen. Selbst aus dem scheinbar so blutrünstigen 20. Jahrhundert gibt es genügend Beweise: Man denke nur an das Lebenswerk eines Mahatma Gandhi, der für eine waffenlose Beendigung der britischen Kolonialherrschaft in Indien geduldet, gelitten, gekämpft und gesiegt hat. Daß er einem Attentat zum Opfer fallen mußte, erscheint angesichts des Laufs der Welt geradezu natürlich. Aus unseren Tagen wären da ebenfalls eine ganze Anzahl von Namen und Fakten zu nennen. Und sei es nur das einzelne Schicksal einer Frau, die einen Jungen durch eine feindliche Welt rettet. Alle diese Menschen waren durch einen von ihnen selbst nicht bewußt herbeizitierten Geist beherrscht, der ihnen Geleit durch eine Welt aus machtgierigen, gewalttätigen Menschen wies. Es handelte etwas in ihnen, durch sie und aus ihnen heraus, das sich nicht einfach durch ihren persönlich zurechtgezimmerten Willen erklären läßt. Diese Menschen wußten, daß Es, oder besser gesagt, daß Er in ihnen handelte. Durch sie wird Empirisches aus einer geistigen Welt erkennbar. Die Seligpreisungen sind keine Zusammenfassung frommer Wünsche, sondern ein stets aktuell bleibendes Politikum. Zugleich sind sie ein Indiz für eine faßbare Substanz des Glaubens. Die Wahrheit der erwähnten Seligpreisung ergibt sich nicht daraus, daß sie in der Bibel steht. Es ist umgekehrt: Weil es eine Wahrheit ist, hat sie Jesus verkündet. Es ist eine der systemwidrigen Wahrheiten, die sich zunächst nur den ganz Großen, den Erleuchteten zeigten. Die Bibel tut uns also nicht den Gefallen, *umsonst* wahr zu sein. Sie kann nur durch aktives Handeln und Bezeugen wahr gemacht werden. Das ist recht unbequem. Um sich das Leben bequemer zu machen, hat man es Jesus bequem machen wollen. Man hat ihn auf den himmlischen Thron abgeschoben und ihn dort auf goldbestickten Kissen, unbeweglich rechts vom Seniorchef sitzen lassen. So war es sicher nicht gemeint. Der wirkliche Jesus ist immer unterwegs gewesen, seine Anhänger mußten ihm unter größtem Verzicht folgen. Statt dessen wurde Jesus zu einem kirchlichen Statussymbol und Hoheitsträger hochstilisiert, dessen vor zweitausend Jahren verkündete Wahrheiten weder bezweifelt noch weiterentwickelt werden durften. Jesus wurde als Alibi mißbraucht. Dabei deutet in dem, was über ihn niedergeschrieben wurde, nichts darauf hin, daß er sich das gefallen lassen würde. Vielleicht wäre es an der Zeit, hier ganz bewußt einen zusätzlichen Wahrheitsbegriff einzuführen. Es gäbe dann drei Typen von Wahrheit:

1. Die *objektive* Wahrheit, der man sich durch wissenschaftliche Forschung schrittweise annähern kann, und

die sich dadurch auszeichnet, daß man sie gegebenenfalls widerlegen (falsifizieren) kann (Karl Popper);
2. die *kommunikative* Wahrheit, die sich darin zeigt, wie sie Menschen trägt, wie man sich über sie einig ist, es ist die Wahrheit, die verbindet (Karl Jaspers); und
3. die *dynamische* Wahrheit, die darin besteht, daß sie, um nicht zu vergehen, immer wieder neu hergestellt werden muß.

Die dynamische Wahrheit kann nicht gehortet werden, weil sie demjenigen, der sie als festen Besitz beansprucht, unter den Händen vergeht, sobald er nicht mehr um sie ringt. Es ist die Wahrheit, die Jesus dem Pilatus gegenüber vertrat, als er sagte: »Ich bin in die Welt gekommen, daß ich für die Wahrheit zeugen soll. Wer aus der Wahrheit ist, der hört meine Stimme.« (Joh. 18, 37) Das ermöglicht einen Umkehrschluß: »Wer *nicht* aus der Wahrheit ist, der hört meine Stimme nicht.« Die Wahrheit muß also vom Vernehmenden mitverantwortet, mithergestellt, mitbezeugt werden, sonst ist sie wirkungslos. Die Bibel wird wahr, wenn und soweit sie der Mensch bewahrheiten kann. Diese drei Wahrheitsbegriffe stehen sich aber nicht etwa alternativ gegenüber, sondern sie deuten auf eine Erkenntnis hin, die sie alle miteinander verbinden kann. Sie widersprechen sich nur scheinbar, in Wirklichkeit sind sie verschiedene Stützen eines gemeinsamen Gebäudes.
Bei allem bleibt die ewig unlösbare Frage: Warum haben die Menschen mit dieser dynamischen Wahrheit so wenig im Sinn, warum haben sie die Welt nicht besser gemacht, sie hätten es doch wissen müssen? Statt einer Antwort sei hier nur der Hinweis gewagt auf eine abgewandelte Leibnizsche Erkenntnis: Die Welt muß so sein, wie sie ist, weil es sonst keine Welt geben könnte. Oder, noch kürzer formuliert: Die Eigenheiten der Welt sind

der Preis dafür, daß es sie gibt. Der Mensch kann auf eine bessere Welt hoffen, für sie kämpfen und dennoch zugleich sich vertrauensvoll in die bestehende fallen lassen. Solange wir hierin noch einen Widerspruch sehen, sind wir nicht am Ende unserer Entwicklung. Es gibt die Hoffnung, die Welt sei noch nicht *voll*endet. Aber das kann auch bezweifelt werden, vielleicht ist sie dabei zu *ver*enden.

[1] Wartime Lies, 1991
[2] 1. Band, S. 28
[3] 6. Band, S. 220
[4] Philosophie der Offenbarung, S. 145

Wohin treibt der Mensch?

Die Aussicht, den Jüngsten Tag zu verschlafen

Das spektakulärste Ereignis, das sich Menschen seit Urzeiten vorstellen konnten, sollte mit dem Ton der »letzten Posaune« beginnen und einen so großen Lärm verursachen, daß sogar die Toten aufwachen. Und inzwischen müssen wir uns mit der Frage abgeben, ob denn dieser Ton eventuell auch ganz anderer Natur sein könnte als die Töne, deren Schallwellen elektronisch aufzeichenbar und übertragbar sind. Auch der Jüngste Tag kann altern. Als seine Jünger Jesus fragten: »An welchem Tage wird die neue Welt kommen?«, da gab er ihnen zur Antwort: »Jene, die ihr erwartet, ist gekommen, aber ihr erkennt sie nicht.« (Thomas-Evangelium 51) Die neue Welt hat begonnen und beginnt jeden Tag neu, aber war uns statt dessen nicht ein spektakuläres Ereignis am Ende der Zeit, eine Art himmlischer Super-GAU, und sei es auch nur eine ordentliche Atomkatastrophe versprochen? Will uns der Thomassche Jesus nun auch noch die letzte Posaune wegspiritualisieren?

An eine Religionsstunde in Tübingen kurz vor dem Abitur kann ich mich noch erinnern; unser Religionslehrer versuchte uns einiges über Eschatologie zu erklären, er sprach über biblische Visionen vom Weltende, von den »letzten Dingen«. Unser Klassenprimus, der auf Einsen in Mathematik und in den naturwissenschaftlichen Fächern abonniert war, beschäftigte sich während dieser Stunde mit seinem Physikbuch, hielt es jedoch nicht für nötig, seine ganz und gar nicht zum Stoff passende Lektüre vor unserem Lehrer zu verbergen. Dabei erinnere ich mich noch ziemlich genau an diesen Dialog:

LEHRER: »Interessiert Sie denn dieses Thema nicht?«
SCHÜLER: »Um ehrlich zu antworten, nein.«
LEHRER: »Aber es geht hier doch um die existentielle Frage des Verhältnisses zwischen Gott und den Menschen!«
SCHÜLER: »Das mag ja sein, nur kann ich mit dem Begriff Gott nichts anfangen.«

Dem Lehrer fiel darauf leider nichts mehr ein, und er setzte seinen Unterricht fort, als ob nichts gewesen wäre. Wir Schüler dachten: typische Eins-zu-Null-Situation für uns. Wenn der Lehrer etwas zu erwidern gewußt hätte, dann würde ich mich vielleicht an diese Kurzszene nicht mehr erinnern. Was mir blieb, war also nicht die Antwort des Lehrers, sondern ihr Fehlen. Der Religionslehrer und der Schüler lebten sicher und, was zumindest für meinen Klassenkameraden galt, unangefochten in ihrem eigenen Land. Der eine sah die von Gott beherrschte und der andere nur die von auffindbaren Gesetzen geregelte Welt. Keiner von beiden war in der Lage, den Weg zu einem Grenzübergang zu finden, weil sie nicht wußten, wo sie suchen sollten. Der Religionslehrer hat in einem wesentlichen Aspekt seiner Aufgabe versagt. Er hätte versuchen müssen, dem Schüler eine Brücke zu bauen. Weil dies nicht geschah, marschierten beide genau in der Richtung weiter, die sie vor dieser Kurzdiskussion eingeschlagen hatten, jeder in seiner Teilwelt. Wenn wir statt Teilwelten wieder einen Zugang zur Gesamtwelt finden wollen, dann müssen wir suchen: Brücken über Gräben und Tore in Mauern. Das kann uns nach und nach, teilweise und nie widerspruchsfrei gelingen. Die ganze Welt ist grenzenlos, die Trennung zwischen den geistigen und materiellen Sphären ist eine menschliche Einbildung. Sie mag das Denken erleichtern, das ändert aber nichts an ihrer Vorläufigkeit. Wenn Gott einfach nur ein autoritärer Weltbeherrscher wäre, lohnte sich die Suche nach seinen

Spuren nicht, denn was einen Menschen beherrscht, das hat er schon, ob er danach fragt oder nicht. Soweit es jedoch um das »Suchet, so werdet ihr finden« geht, bleiben wir auf der Wanderschaft, denn es gibt tatsächlich etwas zu finden. Wäre unser Lehrer schlagfertig gewesen, dann hätte er wenigstens sagen können: »Suchen Sie von mir aus Gott im Physikbuch. Auch dort verbirgt er sich. Um ihn aber da zu finden, müssen Sie in Kauf nehmen, daß es außer der Physik noch andere Erfahrungsebenen gibt. Von einer dieser Ebenen rede ich gerade.«

Das Dilemma der längst vergangenen Religionsstunde ist uns geblieben. Religion kann in unserer Zeit im bisherigen Zuschnitt nicht mehr ohne weiteres weitergegeben werden. Die Kette der Tradition droht bei uns zu reißen. Das stellen Eltern und Lehrer fest, die gerne ihren Kindern eine religiöse Überlieferung vermitteln würden, aber auf verschlossene Ohren stoßen und dann selbst auch nicht weiterwissen. Solche Widerstände sind nicht allgemeiner Unwille und böse Absicht. Sie stammen aus unserer eigenen Welt; nicht aus dem, was sie vorgibt zu sein, sondern aus dem, wozu wir sie machen mit einem Scheinwerferlicht, das tiefe Schatten verursacht. Die vom blinden Vertrauen in die von selbst funktionierende Welt ausgehenden geistigen Felder drängen uns unwillkürlich von dem Weg, auf dem wir suchen und finden könnten. Aber wer sagt uns, daß wir uns dies gefallen lassen müssen? Gäbe es denn für die wenigen nicht die Möglichkeit, Widerstand zu leisten, einen unsichtbaren, unspektakulären Widerstand ohne umgekippte Autos und Molotow-Cocktails? Immer wieder gibt es Menschen, die bewußt oder unbewußt wie einst Kierkegaard in sich spüren: »Ich bin der einzelne!« Von ihnen kann man sagen, ihre Bindung an die Gesamtwelt ist stärker als die an ihre unmittelbare Umwelt. Sie lesen den Kosmos aus dem Chaos heraus. Diese Fähigkeit teilen sie mit dem Schöpfer. Ihr eigenes Ende und das Ende der Welt verlieren den Schrecken, weil sie im All aufgehoben sind. Doch da gibt es noch eine ganz anders klingende Vision. Vielleicht könnte man aus ihr einen Jüngsten Tag auf Raten ableiten. Vielleicht wäre es der Tag, an dem die Physikbücher von Gott und die Gebetbücher von Quantenelektronik reden. – Leider gibt es jedoch auch andere Prophezeiungen.

Erich Fromm sah schon 1966 in seiner Schrift »Ihr werdet sein wie Gott« die Gefahr »der Verwandlung des Menschen in ein Maschinenzubehör« und schilderte die der Technik Angepaßten so: »Sie sind beflissene, innerlich leere und isolierte Verbraucher, die das Leben langweilt und die ihre chronische Depression mit einem zwanghaften Konsum zu kompensieren suchen.« In dieser Welt sollten wir, meint Fromm, »statt zu fragen, ob Gott tot ist, lieber fragen, ob der *Mensch* tot ist«.[1]

Sind die Menschen der westlichen Industrienationen dabei, seelisch zu verenden oder zumindest eine neue, erschwerte Variante des Sündenfalls zu begehen? Wir streben immer noch nach dem alten Versprechen der Schlange: »Ihr werdet sein wie Gott.« Dabei begeben wir uns in Abhängigkeiten von unseren eigenen Produkten und Strukturen. Die Mauern, die immer näher auf uns zurücken, werden als neue Freiheiten auf den Markt gebracht und als solche von der überwältigenden Mehrheit akzeptiert, weil das, was wir auf sie projizieren können, wie Freiheit aussieht. Aber es werden uns körperliche Erleichterungen angepriesen und seelische Belastungen verschwiegen. Es gibt auch Freiheitsdrogen, die uns abhängig machen und uns damit den letzten Rest an innerer Freiheit so entziehen, daß wir das gar nicht wahrnehmen. Der Schall der letzten Posaune: durch technische Tranquilizer gedämpft, überhört, geflohen! – das könnte unser Schicksal werden. Über die neuen Abhängigkeiten zu sprechen, das ist tabu. Kaum einer hat heute noch den Mut, wirklich zu bekennen, daß auch unser völlig ethikfreies und menschenverachtendes Weltwirtschaftssystem, wenn es sich in der gegenwärtigen Richtung weiterentwickelt, uns in das Chaos führen kann. Wir sind dabei, technischen Entwicklungen ihr selbstherrliches Eigenleben zu lassen, anstatt darauf zu achten, daß sie in ethischer Verantwortung weitergeführt werden. Dies alles kann dazu führen, daß wir zum Maschinenzubehör werden, wie Fromm sagte. Wir schaffen Werke und wirtschaftliche Organisationen, die nur noch mit innerlich abgestorbenen Menschen funktionieren können. Daß darüber hinaus die Gefahr durch die von uns hergestellten Waffen mit dem Ende des Kalten Krieges ein für allemal gebannt ist, können nur die Naiven vermuten. Wer hat die Macht, dagegen anzukämpfen?

Für Menschen, die sich von den Nöten der Welt zu neuem Denken und neuem Tun inspirieren lassen, gibt es viel zu tun. Vielleicht zeigt es sich dann, um wieviel interessanter und aufregender die wirkliche Welt ist als die durch die Medien bis zum Überdruß vorgegaukelte.

Die Aussicht auf einen Weltuntergang beim »Klang der letzten Posaune«, bei dem die Sünder kreuz und quer herunter- und übereinanderpurzeln wie bei Michelangelos Jüngstem Gericht in der Sixtinischen Kapelle im Vatikan und auf anderen Gemälden aus alter Zeit, ist im Prinzip nicht verloren, nur könnte das Ereignis heute ein bißchen anders gemalt werden. Auch wenn Weltkatastrophen denkbar sind, kann das Ende auf leisen Sohlen daherkommen. In einer Zeit der künstlich verstärkten Geräusche ist ein leicht überhörbares, sanftes Ende vorstellbar. Es wird nicht eines Abends an einem 17. Oktober um 22.38 Uhr plötzlich hereinbrechen, sondern als ein außerzeitliches Ereignis, das der Mensch vielleicht nicht registrieren kann, weil er die Sinne, die ihm zeigen könnten, was da passiert, nicht mehr besitzt. Er hat sie verkümmern lassen. Man stelle sich vor: Die Menschheit stirbt und merkt es nicht, weil sie es verlernt hat, die Zeichen, die ihr den Tod signalisieren, zu deuten. Vielleicht überlebt der Mensch sich selbst, aber seine Welt ist dann nicht mehr die, für die er gelebt hat. Schon gibt es visionäre Künstler, die gott-, menschen- und sinnleere Räume in faszinierender Größe und Farbigkeit darstellen; Dichter, die Menschen ohne Bezug auf sich selbst und andere beschreiben; und Komponisten, die voneinander isolierte Töne ohne Bezugssystem und ohne Anklang auf das menschliche Gehör notieren. Solche Visionen müssen wir ernst nehmen. Sie stammen aus einer Welt jenseits des Aussagbaren. Sie vermitteln keine konkrete Information, ihre Werke sind selbst eine vorweggenommene Apokalypse. Diese verkündet oft mehr als der Künstler zu wissen meint oder vorgibt. Kommt der Jüngste Tag auf Raten? Können wir ihn verschlafen? Hören wir die Stimme, die uns »Wachet auf!« zuruft? Dürfen wir darauf vertrauen, daß ein »Wächter auf der Zinne« uns rechtzeitig aufweckt?

Es handelt sich hier nirgends um Ereignisse, die in eine datierbare Zeit fallen. Haß, Gewalt, Not, Hunger und Elend hat es immer schon gegeben. Die letzten Zeichen, die auf den Weltuntergang hindeuten, wurden seit zweitausend Jahren immer wieder beobachtet und, als dann niemand die Posaune hörte, wieder vergessen. Die Visionen des Apokalyptikers Johannes erfüllten sich auf Raten immer wieder. Waren denn die früheren Menschen, die zeitlebens Angst vor der Hölle hatten, die dem Hexenwahn ausgeliefert waren, die Hunger, Seuchen und Kriege täglich vor der Haustür hatten, in irgendeiner Weise besser dran als wir heute? Wir sollten darüber nicht voreilig urteilen. Nur das eine läßt sich feststellen: Die Visionen der früheren Dichter, Maler, Bildhauer, Architekten und Musiker kündeten überwiegend von einer Welt mit Aussicht auf seelische Erlösung, es war dies nicht nur eine vage Hoffnung auf die Zukunft, sondern diese Erlösung wurde mitgeteilt und zuteil. Die Künstler sahen und schufen stellvertretend für ihr Volk eine Welt der inneren Stimmigkeit. Lieder verkündeten eine Freude, die sich auf Mitsingende ausbreitete, eine Freude, von der wir heute nur noch träumen können. Künstler und Menschen, die sich an ihren Werken freuten, spürten die Übergänge in eine harmonische Unendlichkeit auf nahen Feldern, die heute zersiedelt sind. Wenn wir Kunst im weitesten Sinne aus früheren Jahrhunderten mit der heutigen vergleichen, dann wissen wir: Es ist etwas anders geworden! Wenn wir diese Werke aus früheren Jahrhunderten nicht hätten, wäre unsere Hoffnung im gleichen Zustand wie die künstlerisch dargestellte Hoffnungslosigkeit. Große Künstler vernehmen die Stimmen, auch wenn sie sie nicht hören.

[1] S. 183 f.

Weg und Wahrheit – kein Privateigentum

Theologie, Naturwissenschaft und Philosophie auf gemeinsamen Wegen

Seit Urzeiten gibt es immer wieder die Hoffnung auf einen Messias als Retter und Erlöser. Im Christentum ist es die Erwartung des wiederkommenden Jesus. Wenn der käme, würden sich manche jedoch ganz schön wundern. Der neue Jesus sähe gewiß nicht so aus, als ob er gerade mal eben einem Tizian oder Raffael von der Staffelei gesprungen wäre. Der damalige Jesus war ja für die Juden auch nicht der herbeigesehnte strahlende Held im Stile Davids. Er brachte Ärger und Zwist unter die damalige Gesellschaft, schließlich wurde er umgebracht. Wenn man schon einen neuen Erlöser erwartet, dann müßte man konsequenterweise sich darauf einstellen, daß er den bekennenden Christen ebensowenig ins Bild paßt, wie seinerzeit Jesus den frommen Juden, in deren Welt er hineingeboren war. Wer vom wiederkommenden Messias erhofft, es werde ein getaufter Kirchensteuerzahler sein, muß mit Enttäuschung rechnen. Gottes Zuständigkeitsbereich hält sich nicht an Steuerlisten. Vielleicht ähnelt der Wiederkommende als Typ eher einem Che Guevara als einem Kurienkardinal. Die etablierte Welt würde ihren Machtanspruch nicht sang- und klanglos aufgeben. Vermutlich werden an der Wallstreet die Börsenkurse nicht auf die Geburt eines neuen Erlösers reagieren. Wenn aber die schwangere Maria im Magnificat sang: »Er stößt die Gewaltigen vom Stuhl und erhebt die Niedrigen. Die Hungrigen füllt er mit Gütern und läßt die Reichen leer …« (Lukas 1, 52, 53), dann sieht es nicht so aus, als ob ein solcher Neuheiland viel Freude bereiten könnte.

Vermutlich würden die Gewaltigen und Reichen, falls er Zulauf hätte und mit der entsprechenden Thronräumung beginnen würde, ihn sang- und klanglos kaltstellen oder beseitigen, eine Praxis, die sich auch in unseren Zeiten immer wieder bewährt. Nicht nur in Lateinamerika. Demgegenüber ist eine Kreuzigung doch immerhin noch ein eindrucksvolles und vor allem öffentliches Schauspiel. Wer wären die »Gewaltigen« heute? Die Macht der Politiker ist schon längst harmlos geworden gegenüber der Macht, mit der in Chefetagen der multinationalen Konzerne, bei Bossen der internationalen Mafia oder bei Mediengiganten umgegangen wird. Wer nicht ins System paßt, wird beseitigt. Gewiß ist es humaner, nur beruflich abgeschossen und nicht erschossen zu werden, aber in bezug auf das, was einer bewirken kann, kommt es fast auf das gleiche heraus.
Es kommt nicht darauf an, einen einzelnen neuen Menschen zu erwarten, sondern es würde schon genügen, den in die Zeitlosigkeit entlassenen Jesus, den »kosmischen Christus« (M. Fox) ernsthaft und neu zu akzeptieren. Dabei wäre es gut, ihn weniger in der Rolle des Herrn zu sehen als in der des Bruders. Seine menschlichen Seiten sind gefragt, weniger seine himmlischen. Wenn Dogmen einst von Menschen formuliert worden sind, dann könnten Menschen sie auch wieder neu darstellen und bei dieser Gelegenheit als Vorbereitung zunächst einmal wieder das Neue Testament unvoreingenommen lesen. Ein wieder erscheinender oder ein neu entdeckter Jesus stünde wie damals am Wendepunkt der Zeiten zwischen dem alten Chaos und der beginnenden Ordnung, während die Kirchen heute trotz mancher hoffnungsvoller Impulse und Kräfte an der Erstarrung und Beharrung angelangt sind. Für manchen stehen sie daher dem Glauben eher im Weg als ihn zu fördern. Denn wo es nichts zu ordnen gibt, weil schon alles geordnet ist, fühlt sich der ord-

nungsliebende Mensch nicht gefragt. Glaube verlangt nach *zusätzlicher, wachsender* Ordnung, deshalb erträgt er keine *vollendete* Ordnung. Gott ist ein Chaot, denn vor der Welt muß er zunächst einmal das Chaos erschaffen haben. Dieses liebt er nach wie vor. Aber Gott ist auch die Kraft der Ordnung. Seine Schöpfung drängt neue Ordnungen in ein fortbestehendes Chaos hinein. Solange Gott damit nicht fertig ist, hat er zu tun. Eine Kirche hingegen, deren Entstehung zu Ende ist, ist am Ende. Der Glaubende, der nicht spürt, wie Ordnung in ihm wächst, spürt gar nichts. Die Schöpfung für abgeschlossen zu halten, war ein grundlegender Irrtum der jüdisch-christlichen Tradition. Der Abschluß kommt am Ende der Welt und nicht schon nach sechs Tagen oder einigen Milliarden Jahren. Wir sind mittendrin.
Trotz dieser Probleme sind die Kirchen und Menschen, die sich aktiv zu ihnen bekennen, unverzichtbar, weil sich sonst niemand für eine Reihe von Aufgaben einsetzen könnte. Dabei geht es nicht nur um karitative Funktionen. Für die Kirchen gäbe es auch sonst allerhand Neues zu tun, sobald sie bereit sind, vom Weg des geringsten Widerstands abzuweichen. Der Mensch entfaltet sich nicht in einem ihm unverständlichen und starren Ordnungssystem, denn er will sich zunächst einmal selbst erleben. Daneben braucht er Liebe, Vorbilder, Anleitung, Anerkennung und Gemeinschaft. Es gibt Formen des religiösen Erlebens, z. B. durch Liturgie und Riten vermittelte, die er sich nicht selbst bereiten kann, er braucht dazu eine Gemeinde Gleichgesinnter. Und darum bleiben die unauflösbaren Spannungsverhältnisse. Jeder braucht nicht nur Freiheiten, sondern auch Traditionen und Menschen, die sich zu ihnen bekennen. Es gibt keine Ordnung ohne Unterordnung, und es gibt keine Freiheit ohne Anpassung an andere. Das dialektische Spannungsverhältnis zwischen Ordnung und Freiheit nimmt uns keiner ab.

Man kann daher über die Kirchen sagen, was man will, sie sind unser Schicksal und können, so Gott will, auch in Zukunft im Mittelpunkt der abendländischen Identität bleiben. Ohne Kirchen wären viele Menschen vermutlich noch gottverlassener, als sie ohnehin schon sind. Voraussetzung dafür ist, daß die Kirchen ihre Chancen aktiv nutzen und nicht einfach abwarten, bis andere Zeiten kommen. Andere Zeiten kommen zwar, werden dann aber ganz anders sein.

Die Weltgesellschaft wächst zusammen, und die globalen Abhängigkeiten nehmen zu. Und da ist es nicht mehr möglich, daß ein Mensch denkt: Du bist mein Freund, mein Kollege, mein Geschäftspartner; uns unterscheidet nur eines: Ich habe den richtigen Glauben, du den falschen, ich komme später mal in den Himmel, du aber mußt, so leid es mir tut, in der Hölle braten! – Nein, das ist heute ausgeschlossen. Noch fühlen sich (strenggenommen) das Christentum (je nach Kirche und Gemeinschaft in unterschiedlicher Deutlichkeit) und vor allem moslemische Gemeinschaften nur allzuoft als alleinige Verwalter eines Heilsmonopols. Dabei dürften sich alle Religionen nur als *möglicher* Weg zu einer diffusen Wahrheit verstehen. Man weiß das zwar spätestens seit der Aufklärung, aber zumindest in dieser Hinsicht gibt es noch manchen dogmatischen Nachholbedarf.

Das ist das Wesentliche: Der Mensch, der sich auf den Weg macht, kann nicht mehrere Wege gleichzeitig begehen. Ob er sich entscheidet oder ob er durch Herkunft oder Intuition geleitet wird, er muß *seinen* Weg suchen und finden, auch wenn er sich immer bewußt bleiben muß, daß andere auch *ihren* Weg finden. Ein oft zu einseitig interpretiertes Wort soll Jesus einmal gesagt haben: »Ich bin der Weg, die Wahrheit und das Leben; niemand kommt zum Vater denn durch mich.« (Joh. 14, 6) Hat Jesus hier wirklich ein Heilsmonopol für seine Anhänger in Anspruch genommen? Passen die Hinweise auf die Verdammung all derer, die nicht speziell *seinem* Weg folgen, zu der Persönlichkeit Jesu, oder passen sie mehr zu der Theologie der Evangelisten? Verstünde man diesen Satz jedoch so: »Ich bin Weg, Wahrheit und Leben, zum Vater kommt man durch mich«, so bliebe diese Botschaft gültig, ohne einen christlichen Absolutheitsanspruch. Das Wort könnte aber auch so gedeutet werden: »Wer bereit ist, mir zu folgen, für den bin ich *der* Weg, *die* Wahrheit und *das* Leben ...« Es gibt zwar viele Wege, aber wer einem Weg folgt, für den gibt es nur den *einen*, den begangenen. Wer viele Wege für richtig hält und daher keinen begeht, der bleibt auf der Strecke. Friedrich Schiller hat ein früher oft zitiertes Distichon geschrieben mit dem Titel »Mein Glaube«:

»Welche Religion ich bekenne? Keine von allen,
Die du mir nennst. ›Und warum keine?‹ Aus
Religion.«

Dieser Spruch ist mißverständlich, denn es gibt keine Religion der Nichtreligion oder der unverbindlichen Beliebigkeit. Schillers These ist von anderer Natur. Er wollte sich nur zu einer Religion bekennen, die die Freiheit des Menschen nicht einengt. Und eine solche war damals (wie auch heute) nicht im nennbaren Angebot; *seine* Religion mußte dogmatische Unterscheidungen und Abgrenzungen, Standes- und Rassenunterschiede überwinden, dies bekannte er auch deutlich genug in seiner »Ode an die Freude«, die so revolutionär ist, daß sie Schiller selbst abschwächen mußte. Beethoven verwendet in der Neunten Symphonie die harmlosere Fassung. Man stelle sich Schillers Originaltext vor!:

»Bettler werden Fürstenbrüder,
Wo dein sanfter Flügel weilt.«

Da klingt es doch unverbindlicher, wenn man nur singt: »Alle Menschen werden Brüder ...« Die Menschen gelangen zu ihrem Glauben nicht, weil er ihnen mit der Rute eingebleut wurde, sondern weil sie ihn in ihrer Freude an der Gemeinsamkeit selbst spüren. Schiller drückt damit aus: Gott wird nicht verkündet, sondern erlebt.

»Seid umschlungen, Millionen!
Diesen Kuß der ganzen Welt!
Brüder – überm Sternenzelt
muß ein lieber Vater wohnen.«

Der Aufruf zur gemeinsamen Religion der ganzen Welt barg und birgt revolutionären Zündstoff, der sich noch nicht entladen hat. Der Kampf um sie hat noch nicht begonnen, er wird auch nicht durch angenehme Gefühlsbäder zu gewinnen sein:

»Duldet mutig, Millionen!
Duldet für die beßre Welt!
Droben überm Sternenzelt
Wird ein großer Gott belohnen.«

Der hymnische Traum von der einenden Weltreligion, für die es zu kämpfen gilt, wurde von vielen als Untermalung einer euphorischen Festtagsstimmung mißdeutet. Aber das wäre für Schiller viel zu harmlos gewesen. Ist da in diesem Sinne in der Zukunft noch etwas zu retten, oder war das alles nur ein längst vergangener idealistischer Schulausflug in höhere Regionen? Es lohnte sich, darüber nachzudenken. Nur wird man dabei eines beachten müssen: Man darf nicht einen entropischen Prozeß in Richtung auf ein globales Religionseinerlei anstreben. Verwischung und Vermischung hat noch nie deutliche Strukturen hervorgebracht, sondern nur alte ausgelöscht. Eine weltweite Gemeinsamkeit muß sich der Vielfalt bewußt bleiben und deren Kräfte in eine Ökumene im weitesten Sinne einbringen, in einen Glauben, der alle Religionen (nicht nur die christlichen Kirchen) als gleichberechtigt umfaßt und sie doch in ihrer bunten Vielfalt bestehen läßt. Das Bewußtsein der Eigenständigkeit kann gerade dadurch gestärkt werden, daß man sich den anderen verbunden weiß. Wer Freunde hat, wird ja auch nicht unbedingt mit ihnen im gleichen Haus wohnen wollen. Man lernt von und mit anderen, ohne dadurch seine Identität in Frage zu stellen. Die gemeinsamen Kräfte und Wurzeln alles Religiösen, von denen in diesem Buch einige dargestellt oder angedeutet wurden, sind so stark, daß sie das weltweite Anliegen tragen können, das darin besteht, einem einseitigen und antihumanen Materialismus entgegenzuwirken. In diesem Sinne könnte eine religiös bestimmte Opposition erst richtig beginnen, sich Geltung zu verschaffen und zu zeigen, was sie nicht hinnehmen will. Das Christentum hat wie andere Religionen viele gute Kräfte, die noch längst nicht verbraucht sind. Die Menschen suchen nach wie vor, und viele wissen gar nicht, daß sie suchen. Und doch wäre es an der Zeit, manches neu zu überdenken und zu erfühlen, denn die Nachfrage nach dem Seelischen hat sich belebt, sie wird einst kaum mehr befriedigt werden können; darum dürfen wir es nicht zulassen, wenn diese Kräfte nach und nach vom Markt gezogen werden. Zuflüsse müssen geöffnet werden, und deshalb müßten Wege zu alten und doch ewigen Quellen wieder zu finden sein. Ein neues Jahrtausend wird neue geistige Felder aufbauen und neue Freizügigkeiten verlangen und schaffen. Nutzen wir sie, wehren wir uns gegen alle, die uns einmauern wollen. Die neue Freiheit und die neue Herausforderung werden darin bestehen, daß wir auf völlig neue Weise suchen müssen, menschliche Erkenntnisse auf ein gemeinsames Funda-

ment zu stellen. Dies gilt auch für die Wissenschaften, ohne die heute keine Hoffnung mehr möglich wäre.
Für die Frage, wie religiöse Erfahrungen einerseits und Forschungsergebnisse der Naturwissenschaft andererseits, die noch immer meist zusammenhanglos auf grundverschiedene Weise diskutiert werden, sich in Richtung auf ein einheitliches Weltbild zubewegen können, gibt es theoretisch dreierlei Wege:

1. Das religiöse Weltbild paßt sich der modernen Naturwissenschaft an. Dabei erhebt sich dann allerdings die Frage, ob der religiöse Rest dann noch religiös genannt werden darf. (Diesen Weg sind dennoch etliche Theologen – erfolglos – gegangen.)
2. Die Naturwissenschaft öffnet ihren materialistisch verengten Blickwinkel und erweitert ihr Weltbild um vernachlässigte, bisher nur von den Religionen beackerte Felder. (Dieser Weg wird von einigen unangepaßten Naturwissenschaftlern angestrebt.)
3. Die Erforscher von Geist und Materie tun sich zusammen und suchen nach gemeinsamen Grundlagen und Ausdrucksweisen. (Anfänge gibt es auch hier.) Man könnte dies auch als eine Art »Wissenschaftsökumene« bezeichnen.

Und die Philosophie? Wo bleibt sie bei all dem? Wenn wir sie auf die Gebiete beschränken wollen, die jeder kritischen Vernunft standhalten, dann hat sie in Glaubensfragen nichts mehr mitzumischen. Doch diese durch Kant proklamierte Einengung hat sie nicht verdient. Sophia, die Weisheit, hält sich an keine Grenzen, sie überbrückt Diesseits und Jenseits, sie lebt vor allem auch da auf, wo wir mit unserem Latein und unserer Logik am Ende sind, weil sie in der Lage ist, unlösbare Widersprüche zu lösen, indem sie uns aus ihnen erlöst. Schließlich kann auch der

Himmel, eine Tabuzone aller seriösen Philosophen seit der Aufklärung, in unsere Weltsicht integriert werden. Die Aufgabe der Philosophie könnte darin bestehen, die zumindest sprachliche Plattform zu schaffen, auf der sich Materielles und Geistiges, Eingegrenztes und Grenzenloses miteinander verbinden. Sie müßte ein Forum bieten, auf dem Kernphysik und Weltgeist nicht aneinander vorbeireden. Eine neue philosophische Sprache würde Erkenntnisse ermöglichen, aus denen ersichtlich wird, warum einst verheißen war, daß die Ehre Gottes und der Friede auf Erden untrennbar miteinander verbunden sind. Die Schlagbäume können abgebaut werden.

Literatur

Andreä, Johann Valentin: Fama Fraternitatis, Chymische Hochzeit; hrsg. von Richard van Dülmen; Stuttgart 1973

Angelus Silesius (Johannes Scheffler): Cherubinischer Wandersmann; hrsg. von Louise Gnädinger; Stuttgart 1984

Apokryphe Bibel – Die verborgenen Bücher der Bibel; hrsg. von Erich Weidinger; Augsburg 1991

Aurelius Augustinus: Bekenntnisse; deutsch von Wilhelm Timme; Zürich 1950/München 1982

Bateson, Gregory: Ökologie des Geistes (Steps to an Ecology of Mind – 1972); deutsch von H. G. Holl; Frankfurt am Main 1981

Beck, J.: Die Lehrtafel der Prinzessin Antonia von Württemberg; Calw 1930

Berger; Klaus: Qumran und Jesus; Stuttgart 1993

Böhme, Jakob: Schriften, hrsg. von Hans Kayser; Leipzig 1923

–: Morgenröte im Aufgang; Von den drei Prinzipien; Vom dreifachen Leben; hrsg. von Joseph Grabisch; Jena 1921

–: Christosophia, hrsg. von Gerhard Wehr; Frankfurt am Main/Leipzig 1992

Buber, Martin: Werke, München, Heidelberg 1962–1964

Buggle, Franz: Denn sie wissen nicht, was sie glauben; Reinbek bei Hamburg 1992

Bultmann, Rudolf: Glauben und Verstehen – Gesammelte Aufsätze. 1. Bd., 7. Aufl.; Tübingen 1972; 4. Bd., 4. Aufl.; Tübingen 1984

Capra, Fritjof: Das Tao der Physik; deutsch von F. Lahmann und E. Schuhmacher; Bern/München/Wien 1963

Carmichael, Joel: Leben und Tod des Jesus von Nazareth; Frankfurt am Main 1968

Chargaff, Erwin: Bemerkungen; Stuttgart 1981

Descartes, René: Philosophische Schriften; Hamburg 1996

Douglas-Klotz, Neil: Das Vaterunser; deutsch von Gita Onnen und Eva Ploes; München 1992

Drewermann, Eugen: Wort des Heils Wort der Heilung, Gespräche Interviews, I–IV; Düsseldorf 1990 ff.

Dschuang Dsi (Tschuang-tse): Das wahre Buch vom südlichen Blütenland; deutsch von Richard Wilhelm; Düsseldorf/Köln 1969

Dürr, Hans Peter (Hrsg.): Physik und Transzendenz mit Beiträgen von D. Bohm, N. Bohr u. a.; Bern/München/Wien 1986

Meister Eckhart: Deutsche Predigten und Traktate; ausgew., übertragen und eingeleitet von Friedrich Schulze-Maizier; Leipzig 1927

Meister Eckhart: Deutsche Predigten und Traktate; hrsg. und übersetzt von Joseph Quint; München 1963
Eckle, Wolfgang: Den der Herr liebhatte – Rätsel um den Evangelisten Johannes; Hamburg 1991
Eco, Umberto siehe: Martini, Carlo Maria
Feuerbach, Ludwig: Das Wesen der Religion (1843/45); hrsg. v. Albert Esser, 3. Auflage; Heidelberg 1983
–: Anthropologischer Materialismus – Ausgewählte Schriften I und II; hrsg. von Alfred Schmidt; Frankfurt am Main 1967
Flusser, David: Jesus; Reinbek bei Hamburg 1968
Fox, Matthew: Die Vision vom kosmischen Christus (The Coming of the Cosmic Christ); deutsch von Jörg Wichmann; Stuttgart 1991
Frankl, Viktor E.: »... trotzdem Ja zum Leben sagen«; München 1977
Freud, Sigmund: Das Ich und das Es und andere metapsychologische Schriften; Frankfurt am Main 1978
Frisch, Max: Tagebuch 1946–1949; Frankfurt am Main 1950
Fromm, Erich: Psychoanalyse und Religion; deutsch von Elisabeth Rotten; Zürich 1966
–: Ihr werdet sein wie Gott (1966); deutsch von L. und E. Mickel; Reinbek bei Hamburg 1980
Die Gnosis – Koptische und mandäische Quellen; eingeleitet, übers. und erl. von Martin Krause und Kurt Rudolph, hrsg. von Werner Foerster; Zürich 1995
Grimm, Jakob und Wilhelm: Kinder- und Hausmärchen (1812/15); Stuttgart 1985
Grönbold, Günter: Jesus in Indien – Das Ende einer Legende; München 1985
Gruber, Elmar R. und Holger Kersten: Der Ur-Jesus; München 1994
Habermas, Jürgen: Nachmetaphysisches Denken; Frankfurt am Main 1988
Harnischfeger, Ernst: Mystik im Barock – Das Weltbild der Teinacher Lehrtafel; Stuttgart 1980
Hawking, Stephen W. : Eine kurze Geschichte der Zeit (A Brief History of Time); deutsch von Hainer Kober; Reinbek bei Hamburg 1988
–: Einsteins Traum (Black Holes and Baby Universes and Other Essays); deutsch von Hainer Kober; Reinbek bei Hamburg 1993
Hegel, Georg Wilhelm Friedrich: Werke; Frankfurt am Main 1986
Heidegger, Martin: Schellings Abhandlung über das Wesen der menschlichen Freiheit; Tübingen 1971
Heisenberg, Werner: Physik und Philosophie; Stuttgart 1959
–: Erste Gespräche über das Verhältnis von Naturwissenschaft und Religion, in Dürr: Physik und Transzendenz, S. 295 ff.
Holl, Adolf: Jesus in schlechter Gesellschaft; Stuttgart 1971
Hübner, Kurt: Die Wahrheit des Mythos; München 1985
Ibsen, Henrik: Peer Gynt; übersetzt von L. Passarge; Leipzig o. J.

Jaspers, Karl: Der philosophische Glaube (1948), Neuausgabe; München 1974
–: Der philosophische Glaube angesichts der Offenbarung; München 1962
Jonas, Hans: Philosophische Untersuchungen und metaphysische Vermutungen; Frankfurt am Main u. Leipzig 1992
Jung, Carl Gustav: Werke; Olten 1981 ff.
–: Welt der Psyche (ausgewählte Aufsätze); München 1978
–: Erinnerungen, Träume und Gedanken; aufgezeichnet und herausgegeben von Aniela Jaffé; Olten 1971
Kant, Immanuel: Gesammelte Schriften; hrsg. von der Königlich Preußischen Akademie der Wissenschaften; Berlin 1902/10
Kersten, Holger: Jesus lebte in Indien; München 1983
Kierkegaard, Sören: Einübung im Christentum und anderes; hrsg. von Walter Rest; München 1977
–: Agitatorische Schriften und Aufsätze 1851–1855; übers. und hrsg. von A. Dorner und Chr. Schrempf; Stuttgart 1896
Koch, Eduard und Richard Lauxmann: Die Kernlieder unserer Kirche im Schmuck ihrer Geschichte; Stuttgart 1876
Laotse: Taoteking; übers. und hrsg. von Lin Yutang; Frankfurt am Main 1955
Lauxmann, Frieder: Der philosophische Garten; München 1994
–: Mit Hegel auf der Datenautobahn; München 1996
–: Das philosophische ABC; München 1997
Leibniz, Gottfried Wilhelm: Die Theodizee; hrsg. und übersetzt von Herbert Herring in: Philosophische Schriften, Bd. 2.1 und 2.2; Frankfurt am Main 1986
–: Die Hauptwerke; zusammengefaßt und übertragen von Gerhard Krüger; Stuttgart 1949
–: Fünf Schriften zur Logik und Metaphysik; deutsch von Herbert Herring; Stuttgart 1966
Lévi-Strauß, Claude und Didier Eribon: Das Nahe und das Ferne – Eine Autobiographie in Gesprächen; deutsch von Horst Henschen; Frankfurt am Main 1989
Lichtenberg, Georg Christoph: Schriften und Briefe; hrsg. von Wolfgang Promies; München 1968 (Aus den »Sudelbüchern« wird nach Heft und lfd. Nr. zitiert)
Lüdemann, Gerd: Der große Betrug – Und was Jesus wirklich sagte und tat; Lüneburg 1998
Martini, Carlo Maria und Umberto Eco: Woran glaubt, wer nicht glaubt?; deutsch von B. Kroeber und K. Pichler; Wien 1998
Monod, Jacques: Zufall und Notwendigkeit – Philosophische Fragen der modernen Biologie (Le hasard et la nécessité); deutsch von Friedrich Griese; München 1971
Mystische Texte des Mittelalters »Erhebe dich, meine Seele«; hrsg. von Johanna Lanczkowski; Stuttgart 1988

Mystische Texte aus dem Mittelalter; hrsg. von Walter Muschg; Zürich 1986
Nietzsche, Friedrich: Werke, hrsg. v. Gerhard Stenzel; Salzburg 1983
Nigg, Walter: Große Heilige; Zürich 1946
Nikolaus von Kues (Cusanus): Vom Sehen Gottes (de visione dei); deutsch von D. und W. Dupré; Zürich 1987
Oetinger, Friedrich Christoph: Sämtliche Schriften; hrsg. von K. Chr. E. Ehmann; Stuttgart 1858
Pascal, Blaise: Œuvres complètes, hrsg. von Jacques Chevalier; Paris 1954
–: Über die Religion (Pensées); deutsch von Ewald Wasmuth; Heidelberg 1978
Peat, F. David: Der Stein der Weisen, Chaos und verborgene Weltordnung (The Philosopher's Stone); deutsch von Hainer Kober; Hamburg 1992
Platon: Sämtliche Werke; deutsch von Rudolf Rufener; Zürich und München 1974
–: Sämtliche Werke – Berliner Ausgabe von 1940; deutsch von Friedrich Schleiermacher u. a.; Heidelberg 1982
Plotin: Ausgewählte Schriften; Stuttgart 1986
Popol Vuh, das Buch des Rates, die sog. »Maya-Bibel«; hrsg. von Wolfgang Cordan; Düsseldorf/Köln 1962
Reiners, Ludwig, Hrsg.: Der ewige Brunnen – Ein Volksbuch deutscher Dichtung; München 1955
Rilke, Rainer Maria: Briefe aus den Jahren 1902 bis 1906; Leipzig 1930
de Rosa, Peter: Der Jesus-Mythos (The Great Myth); deutsch von Mara Huber; München 1991
Scaligero, Massimo: Die Logik als Widersacher des Menschen; deutsch von G. F. Schulz; Stuttgart 1991
Schelling, Friedrich W. J.: Werke; hrsg. von Manfred Schröter; München 1927 (Hauptbände 1–6; Ergänzungsbände 1–6; Nachlaßband)
–: Clara – Über den Zusammenhang der Natur mit der Geisterwelt; Andechs o. J.
–: Philosophie der Offenbarung 1841/42 (Paulus-Nachschrift); hrsg. und eingel. von Manfred Frank, 2. Aufl.; Frankfurt am Main 1993
Schopenhauer, Arthur: Werke, hrsg. von Ludger Lütkehaus; Zürich 1988
Schrödinger, Erwin: Das arithmetische Paradoxon – Die Einheit des Bewußtseins, in: Dürr, Hans-Peter (Hrsg.): Physik und Transzendenz, S. 159 ff.
–: Mein Leben meine Weltansicht; Wien/Hamburg 1985
Schweitzer, Albert: Gespräche über das Neue Testament (1901–1904); hrsg. von Winfried Döbertin; Esslingen/München 1988
–: Straßburger Predigten (1900–1919); hrsg. von Ulrich Neuenschwander; München 1986
–: Aus meinem Leben und Denken; Leipzig 1931
–: Die Weltanschauung der indischen Denker – Mystik und Ethik; München 1965

Shankara: Das Kleinod der Unterscheidung; deutsch von Ursula v. Mangoldt; Bern/München 1981
Sheldrake, Rupert: Das Gedächtnis der Natur (The Presence of the Past); deutsch von Jochen Eggert; Bern/München/Wien 1990
–: Die Wiedergeburt der Natur (The Rebirth of Nature); deutsch von Jochen Eggert; Bern/München/Wien 1991
–: und Matthew Fox: Die Seele ist ein Feld – Der Dialog zwischen Wissenschaft und Spiritualität; deutsch von Michael Schmidt; Bern/München/Wien 1998
Shibayama, Zenkei: Quellen des Zen; Bern/München/Wien 1976
Sölle, Dorothee: Es muß doch mehr als alles geben – Nachdenken über Gott; Hamburg 1992
Spinoza, Bento: Ethik in geometrischer Weise dargestellt (1677); hrsg. von Friedrich Bülow; Stuttgart 1976
Steindl-Rast, David: Fülle und Nichts – Die Wiedergeburt christlicher Mystik (The Heart of Prayer); deutsch von K. Pflughaupt und V. Palmers; München 1989
Teresa von Avila: Die innere Burg; deutsch von Fritz Vogelgsang; Stuttgart 1966
»Theologia deutsch«; hrsg. von Gerhard Wehr; Freiburg i. Brsg. 1980
Tipler, Frank J.: Die Physik der Unsterblichkeit (The Physics of Immortality); deutsch von I. Leipold und B. Schaden; München 1994
Die Vorsokratiker – Griechisch/Deutsch; Auswahl und Übersetzung von Jaap Mansfeld; Stuttgart 1987
Wehr, Gerhard: Marin Buber; Reinbek bei Hamburg 1968
Wilber, Ken: Eros Kosmos Logos; deutsch von Jochen Eggert u. a.; Frankfurt am Main 1996
Wittgenstein, Ludwig: Tractatus logico-philosophicus (1921); Frankfurt am Main 1960
Zahrnt, Heinz: Wozu ist das Christentum gut?; München 1972
–: Leben – als ob es Gott gibt; München 1992

Die Bibelstellen wurden i. d. R. aus der Lutherbibel nach dem revidierten Text von 1912 zitiert.

Register

M

N

O

P

320 S., ISBN 3-485-00775-7

Frieder Lauxmann

Das philosophische ABC

Neue Wege zu alten Einsichten

Ein Lese- und Denkvergnügen für alle, die in Philosophie nicht eine den Fachleuten vorbehaltene Wissenschaft sehen, sondern ein Medium, das uns alle unmittelbar angeht und das uns dabei helfen kann, die Welt und ihre geistigen Zusammenhänge besser zu verstehen.

nymphenburger

Bei nymphenburger erschienen außerdem:

Frieder Lauxmann: *Mit Hegel auf der Datenautobahn*
304 Seiten, ISBN 3-485-00747-1

Frieder Lauxmann: *Der philosophische Garten*
256 Seiten, ISBN 3-485-00696-3